명장,
그들은 이기는
싸움만 한다

전설의 군대에서 찾은 100퍼센트 승리의 비결

명장, 그들은 이기는 싸움만 한다

임용한 지음

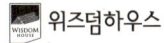

| 들어가는 말 |

역사에 대한 속설 중 두 가지 심각한 오해가 있다. "역사는 돌고 돈다"는 것과 "역사는 진보한다"는 것이다. 그러나 사실 역사는 돌고 도는 동시에 진보하기도 하며, 새롭게 창조되기도 한다. 아니, 세상에는 그런 유의 집단과 인간이 서로 갈등하며 공존한다는 말이 옳을 것이다. 그리고 그들 중 창조하는 사람은 언제나 소수다. 전쟁사에서도 이 진리는 무한 반복된다.

세계적인 명장으로 불리는 사람들이 있다. 적국에서도 그들을 존경한다. 한 예로 영국의 수상 처칠은 로멜을 세계적인 위대한 명장이라고 치켜세웠다. 그렇다면 세계적인 명장이란 어떤 사람들일까? 전쟁에서 상상을 초월한 승리를 거둔 사람일까? 소수의 병력으로 압도적 다수의 병력을 격파한 사람일까?

이 책에 나오는 장군들은 대부분 객관적으로 볼 때 절대 열세인 병력으로 대군을 격파한 경력을 지니고 있다. 하지만 그것만이 기준이라면 우리는 더 많은 장군들, 예를 들면 고작 수백 명의 병력으로 잉카 제국을 점령한 프란시스코 피사로도 명장의 반열에 넣어야 할 것이다. 그가 비록 야바위 속임수와 학살, 적의 분열과 전염병이라는 굉장한 운으로 전쟁에서 성공했다고 해도 기만술과 적의 약점을 이용한 것은 중국 고전 《손자병법》에도 나와 있는 전쟁의 요령 중 하나다. 그러나 진정한 명장은 승리의 양만이 아니라 승리의 방법으로도 존경을 받는 사람이다. 새로운 전술을 창안하고, 전쟁의 역사를 바꾼 사람들, 그들이 바로 진정한 명장이다.

우리는 오늘날 변화, 창조라는 말을 귀에 못이 박히도록 듣는다. 그러나 역사를 살펴보면 변화와 창조는 특별한 사람들에게만 허락된 재능이라는 사실을 알게 된다. 왜 그럴까? 천부적인 능력을 타고나야 하기 때문일까? 아니면 변화의 주도자, 시대를 바꾸는 창조자가 되려면 특별한 난관을 극복해야 하는 것일까?

위대한 지휘관들은 말 그대로 특별하다. 그들은 동시대인들과는 한없이 차별적이다. 그러나 묘하게도 그들의 미덕과 그들이 창안한 전술에는 공통점과 연결성이 있다. 그래서 나는 세계 전쟁사에서 그 거대하고 기묘한 줄기를 형성하는 여덟 장군의 전술과 리더십, 그들의 자기경영 방법을 분석해보기로 했다.

개인적인 욕심 같아서는 로마의 정복자 카이사르, 조선의 명장 이순신, 스웨덴 왕 구스타프, 프로이센 왕 프리드리히 2세, 프랑스 황제 나폴레옹, 현대의 몇몇 장군들도 더 다루고 싶었지만, 지면상 부족한 점도 있고 부가적인 설명이 너무 많이 필요한 경우도 있어 제외했다. 이 책에 수록한 여덟 장군들의 전쟁을 완전하게 분석하려면 각 개인별로 한 권의 책 분량으로 서술하기에도 부족할 것이다. 그런 이유로 이 책에서는 그들을 당대의 영웅으로 만든 전술과 승리의 비결을 서술하는 데 중점을 두었다.

끝으로 출간을 약속하고 오랜 시간이 지났는데, 탈고하기까지 참고 기다려준 위즈덤하우스 연준혁 대표이사와 편집에 수고해준 모든 분들에게 감사드린다.

2014년 1월
임용한

| 차례 |

들어가는 말 004

01 | 역전 전술의 시작, 사선대형의 창조자
: 에파미논다스

적의 혼란을 겨냥한 위장 전술의 탄생 013
전통적인 배치를 바꿔 한 방을 노리다 015
다양한 병종을 활용하다 018
4차원 전술, 사선대형으로 승리하다 021
현상에 숨은 원리와 발상의 전환에 주목하라 029

02 | 모든 전쟁사의 교훈이 된 명장
: 알렉산드로스

두뇌와 용맹을 겸비한 맹장 037
생존을 위해 개혁하다 040
뛰어난 리더는 모든 방법을 적절히 사용한다 047
적진의 중앙으로 돌진하다 052
불리한 상황도 유리하게 만들 수 있다 061
승자가 되려면 용기와 확신이 필요하다 070
기회는 포착하는 즉시 잡아라 081
강을 지키는 자는 반드시 패배한다 083
돌발 상황을 필연으로 전제하라 092
승리의 가능성에만 집중하라 101

03 | 원거리 전략으로 맞선 세기의 대결
: 한니발과 스키피오

독특한 전술과 안목을 가진 두 지도자 107
가능성이 아닌 당위에 도전하라 110
전쟁에서 중요한 것은 실전과 타이밍이다 114
미리 시나리오를 구상하고 실행에 옮겨라 124
신은 인간에게 두 가지 재능을 주지 않는다 139
좋은 전략은 모방하라 144
무능한 자는 행운을 바라고, 유능한 자는 행운을 만든다 152
결정적인 실수의 차이가 승패를 좌우한다 163

04 | 팔색조의 능력을 발휘한 리더
: 벨리사리우스

비잔틴 제국의 난제를 해결한 장군 171
자기 역할을 모르는 지휘관은 위험하다 175
개별 장기를 멀티플레이로 바꾸다 182
리더의 이해력에 따라 전세가 바뀐다 190

05 | 한계를 극복하고 제국을 세운 왕
: 칭기즈 칸

몽골의 잠재력을 이끌어내다 **197**
역경의 함정에서 벗어나라 **200**
훈련과 단련으로 전술을 완성시키다 **209**
진정한 창의는 전례가 없다 **216**
기동·자유·소통으로 승리하다 **226**

06 | 명나라의 위기를 구한 전술의 마법사
: 척계광

왜구의 침략에 대응할 수 없었던 현실 **233**
황당한 무기와 전술로 일본도를 잠재우다 **237**
자신의 장점을 활용하는 법을 알면 이긴다 **249**
구성원의 행동 양식을 꿰뚫어라 **251**
현실에서 뒹굴 것을 고민하라 **257**

07 | 격동과 기동을 최대로 활용한 전략가
: 로멜

킬링 존의 고군분투 267
기회는 언제나 신속함을 요구한다 269
도전하는 사람에게 행운이 온다 280
신속하게, 면밀하게, 과감하게 실행하라 282
관습도 습관도 합리적으로 이용하면 효율적이다 288
모든 노력은 변화를 위한 준비여야 한다 296
방어가 아닌 기동으로 이겨야 한다 300

참고문헌 308

일러두기

- 본문에 나오는 책명은 《 》로 표기했다.
- 인명, 지명 등 외국어표기는 국립국어원 외래어표기법에 따라 표기했다.

01

역전 전술의 시작, 사선대형의 창조자

: 에파미논다스

: 적의 혼란을 겨냥한 위장 전술의 탄생

기원전 371년 그리스의 레욱트라 평원(지금의 레브크트라 부근), 약 20,000명 정도의 병사들이 철커덕 소리를 내며 대형을 정렬하기 위해 분주히 움직이고 있었다. 고대 그리스의 전쟁은 중장보병대(팔랑크스)의 정렬과 배치로 시작한다. 그러나 적이 지켜보는 가운데 6,000명이 넘는 중장보병대의 위치를 잡아주는 것은 쉬운 일이 아니다. 팔랑크스들이 여기저기서 뭉쳐 있는 동안 나지막하게 함성이 울리며 한 대의 중장보병대가 보무 당당하게 전선의 앞으로 행군해 나왔다. 그들의 갑옷과 방패는 유난히 빛났고 화려했다. 대오는 당당했고, 걸음걸이는 자신이 넘쳤다. 그들이 앞으로 나오는 동안 주변의 중장보병들은 박수를 치거나 방패를 두드리며 성원을 보냈다. 300명으로 구성된 그들은 전장의 앞으로 쑥 걸어가더니 횡렬 6열에 종렬 5열의 대형으로 정렬했다.

이 300명은 '신성대'라고 불리는 최고의 엘리트 중대였다. 비록 300명에 불과하지만 그들은 총사령관 에파미논다스(기원전 401?~기원전 352)의 친구이자 테베군의 제2인자인 펠로피다스(?~기원전 364)가 직접 지휘하고 있었다. 신성대가 굳건하게 자리를 잡자 선두에 있던 펠로피다스가 붉은 망토를 휘날리며 손을 흔들었다. 그들이 배치의 기준점이었다. 곧바로 그들 뒤로 비슷한 규모의 팔랑크스 몇 개가 나란히 정렬했다. 그러자 기병이 달려나가 신성대의 앞 선에 정렬했다. 기병 1,500명은 횡대로 포진하면서 신성대의 모습을 적의 시선에서 가려버렸다. 곧이어 투창과 돌팔매를 무기로 하는 경보병들이 우르르 달려나와 기병대와 신성대 사이와 중장보병대의 왼쪽에 서자 신성대의 모습은 더 안 보이게 되었다.

테베군은 신성대를 중심으로 활기차게 움직이고 있었지만, 건너편에 있는 스파르타군에서 보기에 테베군의 움직임은 과도하게 흥분한 것처럼 보였다. 신성대는 테베군의 전체 대형에서 홀로 너무 튀어나왔다. 그러자 흥분한 다른 부대들이 신성대 주변으로 몰려드는 바람에 테베군 좌익 전체가 나 홀로 앞으로 튀어나온 꼴이 되었다. 팔랑크스 간의 전투에서는 부대 간의 간격, 위치, 정렬이 성패를 가르기 때문에 그리스군은 언제나 침착함과 중용을 미덕으로 삼는다. 그런 그리스 군대 간의 전쟁에서 이런 과도한 흥분 상태는 보기 드문 경우였다. 스파르타군은 테베군의 만용에 경의를 표했지만, 이것은 승리의 전조라고 생각했다. 스파르타군은 이미 신성대와 싸워본 적이 있었고, 신성대가 최강 스파르타군에 결코 뒤떨어지지 않는 상대라는 사실을 인정하고 있었다. 그러나 오늘 전투에서는 병력과 투지, 모든 면에서 스파르타군이 우세하다. 가련한 테베군은 신성대에게 너무 크게 기대고 있다. 신성대가 설사 스파르타 정예병과 맞상대를 한다고 해도, 그들은 겨우 300명에 불과하다. 그들이 전체 전황을 바꿀 수는 없다.

스파르타군의 지휘관이자 스파르타의 국왕인 클레옴브로토스는 좀 더 냉정하게 상황을 주시하고 있었다. 적장 에파미논다스는 테베뿐 아니라 그리스 전체에서도 뛰어난 명장이자 전술가다. 그가 흥분 상태로 전투에 임할 리는 없다. 벌써 테베군은 그리스 사회에서 지켜온 전술의 원칙 하나를 깨뜨리고 있다. 보통 그리스군은 강한 군대를 우익에 배치하고 좌익에 수비 부대를 배치한다. 전투가 시작되면 각각의 우익이 전진해서 상대방의 좌익을 공격한다. 여기서 상대의 좌익을 적보다 먼저 격파하고, 중군을 압박하는 쪽이 승리한다.

전통적인 배치를 바꿔 한 방을 노리다

우익은 전진하고 좌익은 수비한다. 그리스군은 왼손에 방패를 들고 자기 방패로는 몸의 왼쪽 반만 가린다. 우측면 절반은 오른쪽 사람의 방패에 의지한다. 그러다 보니 오른쪽 사람쪽으로 자꾸 의지하게 되므로 대형이 똑바로 전진하지 못하고 오른쪽으로 쏠려서 행진하게 된다. 그 결과 우익은 적의 좌익과 정면으로 충돌하지 않고, 자연히 적의 좌익과 약간 빗겨서 충돌하게 되었다. 이것이 오히려 전투를 빠르고 효과적으로 끝내게 해주었다. 우익은 적 좌익의 측면을 감싸게 된다. 이때 빨리 날개 모양으로 적의 측면을 감싸며 좌익 대형을 먼저 파괴하는 쪽이 승리한다.

그런데 오늘 테베군은 주력을 좌익에, 즉 스파르타군의 주력인 우익 앞에 배치했다. 강팀끼리 맞붙어 승리를 내자는 것이다. 이 상황을 이해하려면 이날 양군의 전체적인 병력을 알아야 한다. 스파르타나 테베나 순수한 자국 병력은 소수였다. 병력의 절반 이상은 동맹군 도시와 용병이었다. 스파르타는 진짜 스파르타 중장보병대를 맨 우익에 두었다. 그 오른쪽에는 스파르타가 고용한 경보병 용병들을 두었다. 스파르타군 다음으로 믿을 만한 스파르타 동맹군을 스파르타군 왼쪽에 배치했다. 그리고 차례로 이 전투에 스파르타 편으로 가담한 포키스와 아르카디아, 아카이아 등 협력도시의 군대를 배치했다. 맨 좌측에는 이 중에서 제일 쓸 만한 부대이자 강력하다고 믿은 코린트군을 배치했다. 그들은 그리스에서 내로라하는 전통적인 폴리스이고 해군력으로는 아테네 다음의 '2위 국가'인데 늘 '2류 국가' 취급을 받는 것이 불만이었다. 그래서 그들은 언제나 스파르타의 강력한 우군이 되어 아테네와 대적해왔다. 아테네가 약화되자 테베가 부상했는데, 코린트는 이들을 물리치고 과거 아테네나 지금의 테베가 차지하는 지위를 차지하고 싶어 했다.

전통적인 배치라면 테베 역시 자신들의 우익, 즉 스파르타 중장보병대의 반대편 사선에 자신들의 정예를 배치해야 한다. 그러나 이날은 반대로 좌익에 테베군을 배치하고, 우익에 보이오티아(그리스 북부 지역을 지칭하는 말) 동맹군을 배치했다. 그 결과 양측의 최정예 부대가 마주보는 상황이 되었다.

테베군은 스파르타와 상대하기 위해 오랫동안 준비했다. 최정예 특수부대인 신성대를 창설하고, 정예병의 수준을 스파르타와 맞상대할 정도로 끌어올렸다. 그러나 여타 부대와 동맹군의 전력은 스파르타에 비해 떨어진다. 그러므로 강팀과 약팀의 대결이라는 방식으로 싸우면 강팀이 더 강하지 않고, 약팀이 더 약한 자신들이 불리하다. 테베 주력과 스타르타 주력의 능력이 엇비슷하다고 해도 동맹군의 전력은 테베가 약하므로

스파르타군이 테베군을 먼저 격파할 것이기 때문이다. 그러므로 테베군은 강한 우익이 약한 적의 좌익을 공격하는 전통적인 방식을 포기하고, 주력을 좌익에 배치해서 주력과 주력끼리 격돌하려고 했다. 테베로서는 최상의 방식이다. 하지만 그래도 스파르타가 유리하다. 주력과 주력이 박빙의 승부를 펼친다고 해도 동맹군 전투는 스파르타가 승리할 것이다.

테베의 속셈은 그것이 전부가 아니었다. 그 시간 테베군 진영은 긴장감 있게 움직이고 있었다. 기병과 경보병이 중장보병대 앞에서 먼지를 일으키며 부산스럽게 움직이는 동안, 그들이 일으킨 먼지 뒤로 숨어 새로운 중장보병대들이 은밀하게 보충되고 있었다. 마치 고인 웅덩이에 물이 계속 유입되면서 웅덩이가 불어나는 것처럼 중장보병대의 대열은 계속 늘어났다. 그리스 군대의 평균적인 규모는 종렬이 10~12열이었는데, 테베군의 좌익은 이미 50열 가까이로 늘었다.

에파미논다스의 작전은 강팀과 강팀의 대결이 아니었다. 그는 상대의 네 배에 해당하는 병력을 우익에 모으고, 우세한 병력으로 적의 우익을 단숨에 분쇄하고 적진의 측면을 따라 중앙부로 밀고 들어가려는 것이었다. 좀더 세부적으로 보면 좌익 50열 부대의 전위에는 결사의 각오를 다진 300명의 신성대를 배치했다. 그리고 신성대 앞에는 테베군이 스파르타군보다 유일하게 전력이 강했던 기병을 배치했다. 기병을 좌익의 전위에 둔 것이 교묘했다. 일단 기병의 좌익 배치는 50열로 강화된 비장의 좌익을 숨기는 효과를 거둘 수 있다. 하나는 스파르타 기병의 유인이다. 중장보병의 약점은 기병의 측후면 기습이다. 따라서 테베 기병이 스파르타의 우익을 노리면, 스파르타 기병도 테베 기병의 대척점에 배치될 것이다. 만약 스파르타 기병이 스파르타의 좌익에 배치되어 테베의 약한 우익을 공격한다면 그들은 테베군 우익의 처진 기동과 테베의 노림수를 눈치 챌 가능성이 있었다.

에파미논다스는 초조하게 배치 완료 보고를 기다리고 있었다. 스파르타군이 눈치채기 전에 집결을 완료하고 해머처럼 한 방에 적을 내리쳐야 했다.

: 다양한 병종을 활용하다

레욱트라 전투는 엄밀히 말하면 스파르타와 테베의 전투가 아니라 스파르타 동맹군과 테베 동맹군의 전투였다. 이 전투의 승자가 기원전 431년부터 시작된 긴 내전(펠로폰네소스 전쟁)을 종식하고 그리스 최후의 승자가 될 것이었다.

스파르타 동맹군의 중장보병은 모두 10,000명이었다. 하지만 스파르타는 인구가 적어 그중 스파르타 중장보병은 2,000명에 불과했다. 포키스와 아르나니아의 병력이 각기 1,500명과 1,000명, 코린트와 아르카디아가 각 2,000명, 아카이아 엘레이아 시키온의 병력이 합쳐서 1,500명으로 모두 합쳐서 10,000명이었다. 기병은 1,000명, 경보병은 도합 1,200명으로 스파르타가 고용한 경보병이 300명, 포키스와 트라키아의 경보병이 900명이었다. 테베군의 중장보병은 보이오티아 인의 동맹군을 포함해서 6,500명이었다. 기병은 약간 우세해서 1,500명이었으며 경보병은 1,000명이었다. 전통적인 방식대로 전투를 하면 테베군은 기병 전력이 조금 앞설 뿐 모든 면에서 열세였다. 기병의 우위도 전세를 바꿀 정도는 아니었다.

각각 우익이 진격해서 상대를 타격하는 그리스의 전통적 전술은 양측이 서로 마주보고 라이트와 스트레이트를 교환하는 형태라고 할 수 있다. 스트레이트의 교환도 전투를 중장보병대가 주도하기 때문에 별다른 잔재주는 없다. 궁수와 경보병, 약간의 기병이 동원될 때도 있지만 보통은 보조적인 역할만 한다. 전투는 중장보병대의 힘과 용기, 팀워크로 승부가 나뉜다. 물론 중장보병 간의 타격전이라고 해도 그렇게 단순하지는 않다. 창과 방패로 치고받는 기술, 팀 전술은 대단히 정교하고, 용기와 적절한 상황 판단, 노련미가 필요하다. 그래도 전술적으로 단조롭고 우직한 형태인 것은 분명하다. 그리스 인들이 이 특이한 전투 방식을 유지한 이유는 고대인 특유의 순박한 심성이나 지나치게 풍부한 스포츠맨십 탓이 아니다. 중장보병으로 근무한다는 것은 폴리스에서 투표권과 참정권을 지닌다는 것을 의미했다. 그보다 낮은 신분은 경기병, 궁수, 선원이 되었고, 그들에게는 참정권이 없었다. 이 정치적·사회적 특권을 보존하고 향유하기 위해서 전쟁은 중장보병 중심으로 운영되어야 했다.

중장보병 중심의 전술은 폴리스 간의 전투에서는 아무런 문제가 없었다. 그러나 전혀 다른 군대와 전술을 지닌 페르시아가 쳐들어오자 상황이 달라졌다. 페르시아와의 전쟁 이후 그리스, 특히 그리스의 두 나라 아테나와 스파르타는 두 가지 교훈을 깨달았다. 첫 번째는 군사적 깨달음이다. 그리스의 전술에는 한계가 뚜렷했다. 보병진으로서는 최강이었지만 중장보병대에 의존하는 탓에 비탈이나 좁은 계곡, 시가전에서는 매우 불리했다. 한 개의 팔랑크스는 한 열에 열 명 정도의 병력이 여덟 개 열(후대에는 12열)로 편성된 사각형 대형이었다. 이런 대형 몇 개가 도열할 수 있는 평지가 전투장이 됐다. 하지만 이것도 상대가 똑같은 중장보병 대일 경우에 한해서다. 상대가 기병, 궁수, 경보병, 투창, 돌팔매 부대 등을 동원해 역동적으로 공세를 펴면 중장보병대는 대응책이 없었다. 그래서 중장보병대는 역동적으로 움직이는 적군을 만나면 오히려 자신들에게 불리한 지형, 즉 계곡 평야와 같이 양쪽이 막힌 좁은 지형에서 싸우는 것을 선호했다.

이런 치명적인 약점을 지닌 군대가 페르시아에게 승리한 것은 기적이었다. 그리스가 운 좋게 페르시아를 물리치긴 했지만, 그리스는 페르시아와의 전쟁을 계기로 팔랑크스에 의존하는 데서 탈피해 기병, 경보병 등 다양한 병종을 활용할 필요가 있다는 점을 깨달았다. 그래서 펠로폰네소스 전쟁 말기로 가면, 기병과 경보병을 동원해 팔랑크스의 측면을 보호할 수 있을 정도로 전술적 개량이 이루어진다. 그러나 그리스 인들은 아직은 보수적이어서 여전히 중장보병의 전술적 우위에 집착했다. 특히 참정권이란 특권을 지니고 그것을 기병과 경보병에게 나누어줄 마음이 절대로 없는 특권시민층인 중장보병대를 하급신분 내지는 용병, 약한 동맹국 폴리스로 채워지는 기병이나 경보병으로 몰살하는 야만적인 짓을 잘 하지 않으려고 했다.

두 번째 깨달음은 정치적 자각이다. 그리스도 이제는 폴리스 간의 느슨한 연맹이 아닌 좀더 집중력 있는 국가 조직을 갖춰야 한다는 것이었다. 이 깨달음을 실천하기 위해 아테네와 스파르타는 그리스 전체의 맹주 자격을 놓고 20년 동안 긴 전쟁을 벌였다. 그것이 펠로폰네소스 전쟁이다.

두 강호가 너무나 오랜 기간 싸웠던 덕에 제3자가 기회를 잡았다. 북방의 맹주였던 테베다. 그리스는 도시국가인 폴리스로 이루어진 나라라고 하지만, 보통의 폴리스가 오늘날의 소도시 규모라면 아테네와 스파르타는 여러 개의 폴리스를 합친, 우리나라로 치면 도에 해당하는 영역을 지닌 국가였다. 그래서 두 나라가 전체 그리스를 좌지우지하는 강호가 되었는데, 각각 그리스의 중남부를 동서로 나눠먹고 있다. 그리고 그리스 북부에는 중소 폴리스의 연합으로, '보이오티아 연방'으로 알려진 '북부 연맹'이 있었는데 테베는 바로 북부 연맹의 맹주였다.

4차원 전술, 사선대형으로 승리하다

아테네와 스파르타가 싸우는 동안 북쪽의 테베는 야금야금 세력을 키웠다. 그러나 아직은 힘이 약했다. 아테네를 제압한 스파르타는 테베로 진입해 괴뢰정권을 세웠다. 스파르타의 승리는 거의 확정적이었다. 이때 테베가 마지막 불꽃을 태웠다. 테베의 애국자들이 봉기해 괴뢰정권을 타도했다. 이 봉기를 주도한 사람이 테베의 젊은 장수 펠로피다스와 에파미논다스였다. 물론 스파르타가 가만있을 리 없었다. 마침내 양국의 군대가 다시 격돌했다. 이 레욱트라 전투에서 객관적인 전력이 불리했던 테베군은 좌익 50열이라는 유래 없는 극단적 작전을 준비했다.

그런데 조금만 생각해보면 좌익을 극단적으로 강화한다는 에파미논다스의 아이디어는 단순하면서도 멍청한 것이었다. 가뜩이나 중장보병의 전력이 스파르타군의 전력에 비해 60퍼센트밖에 안 되는 상황에서 좌익을 극단적으로 강화하면 테베군의 중앙과 우익이 지나치게 약해진다. 그러므로 스파르타의 좌익 역시 약화된 테베의 우익을 단숨에 분쇄하고 테베군의 중앙으로 파고들 것이다. 그러므로 이런 전술은 상대보다 병력이 월등한 국가에서나 사용할 수 있는 전술이었다. 지금까지 그리스군이 이런 전술을 사용하지 않고, 3군(좌익, 중앙, 우익)의 병력을 균등분할한 것은 그 사정을 알기 때문이었다.

에파미논다스의 진가는 이 해묵은 난제를 해결하기 위한 발상의 전환에 있다. 그는 강화한 좌익과 약화된 우익이라는 고질병을 해결하기 위해 '사선대형斜線隊形'이란 방식을 고안했다. 전군이 좌우측 부대와 횡렬을 맞추며 같은 속도로 진군하는 게 아니라 좌익은 빠르게, 우익은 천천히 진군하도록 했다. 그래서 전체적인 모습이 수평이 아니라 비스듬히 기우는 사선이 된다. 좌익이 앞서서 진군하게 함으로써, 테베의 좌익이 스파르타의 우익을 치는 동안 테베의 약한 우익이 적의 좌익과 조우하는 시간을 최대한 늦추려는 것이었다.

레욱트라 전투는 사선대형을 역사상 최초로 선보인 전투였다. 그리고 최대의 성공작이었다. 사선대형은 놀라운 승리를 거뒀다. 스파르타군은 우익이 두들겨 맞는 동안 좌익은 테베군과 조우하지도 못했다. 스파르타군 우익은 압도적 병력을 맞이해서 최선을 다해 싸웠지만, 강력한 테베의 왼쪽 펀치가 전장을 압도했다. 스파르타 왕 클레옴브로토스는 중상을 입고 쓰러졌다. 그는 스파르타로 호송되었으나 부상을 이기지 못하고 숨졌다. 이 전투에서 스파르타 인 500명이 전사했다. 많지 않아 보이지만 전체 스파르타 중장보병의 25퍼센트였다. 그리고 고대 전쟁에서 전사자는 중장보병 간의 충돌 때보다는 전열을 잃고 도주할 때 90퍼센트 발생한다. 그러므로 팔랑크스 간의 전투에서 500명의 전사자는 상당히 격렬했던 전투임을 말해주는 것이다. 테베군은 300명이 전사했다. 최강의 명성을 자랑하던 스파르타는 충격적인 패배를 당했다. 이 전투의 피해가 어찌나 컸던지 스파르타는 다시는 그리스의 패자로 재기하지 못한 채 역사에서 사라졌다. 이날 이후로 사선대형은 근대와 현대 전투에서도 즐겨 사용될 정도로 전술학에서 확고부동한 위치를 차지하게 된다.

그런데 전술이라는 관점에서만 보면 사선대형 자체는 전술이라기보다는 눈속임에 가깝다. 이런 눈속임을 전술이라고 할 수 있을까? 더욱이 이런 속임수는 상대가 간파하면 성공하기 어렵다. 레욱트라에서 테베가 한번 성공했다고 해도 사선대형이 보급되고, 소문이 퍼지면 누구도 속아 넘어오지 않을 것이다.

게다가 레욱트라에서도 스파르타군은 사실 사선대형에 속지 않았다. 스파르타군이 속은 것은 테베군의 우익 50열 대형의 편성을 눈치채지 못한 데까지였다. 막상 전투가 개시되고, 테베와 보이오티아 동맹군이 사선으로 늘어진 것을 보자, 스파르타군은 단박에 테베군의 의도를 알아차렸다. 그 대응책 역시 앞에서 이미 제시한 대로였다. 스파르타군은 테베군의 예봉을 피해 우측으로 빗겨났다. 그리고 전체 대형을 움직여 반원을 그리며 공성추와 같은 테베군의 예봉을 감싸려고 했다. 형편없이 약화된 테베군의 우익은 스파르타군 좌익의 일부, 아마도 코린토스군만으로도 충분했을 것이다. 나머지 병력을 모두 동원해 테베군을 삼면으로 포위하는 것이다. 지금 당장은 테베군의 굵은 대형이 스파르타 중장보병대를 압도하지만, 전체 병력에서 스파르타 측의 동맹군과 지원군이 훨씬 많다. 집결과 포위에 성공하면 테베군의 운명은 전멸이다.

그러나 스파르타군이 우익으로 휘어져 전개하면서 대형이 흐트러졌다. 스파르타군은 오랜 공동생활로 워낙 훈련과 단합이 좋아서 아무리 산개해도 즉시 전투대형을 편성할 수 있는 능력으로 유명했다. 그 때문에 그들이 흐트러진 모습을 보여도, 혹은 적의 눈앞에서 이동하다가 대형에 허점을 노출해도 다른 군대가 쉽게 달려들지 못했다. 그런 오랜 전통과 자만 때문인지 스파르타군은 대형의 이완과 해체에 별로 신경 쓰지 않았다. 그리고 테베의 중장보병대는 너무 큰 단위로 뭉쳤기 때문에 속도와 기동성이 더 느려질 것이기 때문이다.

이때 펠로피다스가 지휘하는 300명의 신성대가 튀어나왔다. 그리고 마치 마라톤 전투 때처럼 빠르게 스파르타군을 향해 돌진했다. 스파르타군은 당황했다. 감히 그리스 역사상 스파르타보다 적은 병력으로, 아니 병력이 같은 경우에도 그들에게 덤벼든 나라는 없었다. 그런데 겨우 300명이 2,000명의 스파르타군에게 돌격을 감행한 것이다. 너무 어이가 없었던 탓일까, 신성대가 너무 빨랐던 탓일까? 스파르타군은 대형을 정비하지 못했다. 그리고 신성대의 충격에 무너지기 시작했다. 그 뒤의 상황은 정확하지 않지만, 스파르타군의 전열이 허물어지는 것을 보고 좌익의 동맹군과 지원 부대는 섣불리 테베군에게 덤벼들지 못했을 것이다. 이들은 스파르타군이 굳건하게 우위를 점유할 때만 적극적인 전투를 벌일 수 있었다. 스파르타군이 신성대에게 얻어맞는 바람에 이동은 멈췄을 것이고, 그래서 테베의 50열 주력은 스파르타군을 들이받을 수 있었다. 이것이 전투의 실상이다. 결코 스파르타군이 사선대형의 속임수에 걸려든 것이 아니다.

테베의 승리는 신성대라는 엘리트 부대의 성장과 스파르타군의 약화가 첫 번째 요인이다. 스파르타의 전성기였다면 아무리 엘리트 부대라고 해도 잘해야 스파르타군과 겨우 맞상대를 할 수준일 것이다. 그러나 스파르타의 전설은 이미 식고 있었다. 기원전 394년 '코로네아'라는 곳에서 신성대와 스파르타군이 정면충돌한 사건이 있었다. 스파르타군은 스파르타 최후의 명장 아게실라오스 왕이 지휘하고 있었다. 이날 전투에서 신성대는 스파르타군과 막상막하의 혈전을 벌였다. 스파르타의 명예를 사수하기 위해 최고의 전사 수십 명이 목숨을 잃었고, 승부는 거의 무승부로 끝났다. 이것은 매우 중요한 상징이었는데, 신성대는 스파르타의 중장보병대 중에서도 최정예와 밀리지 않는 싸움을 했다.

더 분명한 증거는 그 다음 테귀라 전투에서 벌어졌다. 테베의 신성대는 700명, 혹은 900명쯤 되는 스파르타군과 테귀라의 좁은 산길에서 조우했다. 후퇴할 수도 없었던 테베군은 싸우기도 전에 자신들은 죽거나 포로가 될 것이라고 지레 겁에 질렸지만, 펠로피다스는 포로가 될 자들은 스파르타군이라고 말하며 신성대를 앞으로 몰았다. 그리고 신성대는 놀랍게도 스파르타군의 전위를 격파했으며 지휘관 두 명을 모두 살해했다.

수백 년간 무적이며, 최고라고 자부해왔던 스파르타군은 소수의 병력이 자신들을 향해 돌진해오는 이 어처구니없는 상황에 판단력을 상실했다. 아직도 그들은 무적이고, 적은 우리를 두려워할 것이라고 생각한 스파르타군은 가운데를 열어 길을 내주었다. "그래, 너희들 훌륭하게 싸웠으니 우리가 살려서 보내주겠다"는 식이었다. 전의에 불타던 펠로피다스는 이 기회를 놓치지 않고 스파르타가 열어 놓은 가운데로 들어갔다. 그리고 무방비 상태로 있는 양쪽의 스파르타군을 쳤다. 그는 대승을 거두었고, 스파르타군은 혼비백산해서 도주했다.

이전까지 스파르타군은 백병전에서 다수의 적에게 패한 적이 거의 없었다. 테귀라 전투는 그들보다 더 적은 병력의 적에게 패배한 최초의 전투였다. 수백 년간 공포를 주도한 '라케다이몬 사람(스파르타 인)의 전설'은 끝났다. 그 사실을 스파르타 인들도, 심지어 현대 역사가들도 잘 인정하지 않으려 하지만, 현장에 있던 펠로피다스는 확신할 수 있었을 것이다. 스파르타는 약해졌다. 오랜 전쟁 때문인지, 아니면 너무 오랫동안 맹주의 자리에 있었기 때문인지 몰라도 스파르타는 과거 불굴의 용기와 명예심, 조국에 대한 긍지를 잃어버렸다.

아리스토텔레스와 크세노폰은 스파르타 인의 타락에 대해 냉정한 평가를 내렸다. 전설의 군사강국 스파르타를 만든 힘은 스파르타 전사들의 균질한 삶과 동지의식이었다. 그러나 스파르타가 그리스의 맹주가 되고, 권력과 부가 쏟아져 들어오면서 탐욕이 전사의 기질과 미덕을 단숨에 휩쓸어갔다. 전사를 최고의 명예로 알던 국가에 병역기피와 면제가 횡행했다. 병력은 단숨에 줄고, 살아서 돌아오는 것보다 명예를 잃는 것을 걱정하던 어머니와 아내들은 사치에 빠지면서 군인 남편보다는 자신과 함께 놀아줄 군 면제자 남편이나 정부를 원하게 되었다. 3만 명의 중장보병을 낼 수 있는 국가가 몇 천 명의 군대를 간신히 유지하는 상태가 되었다.

제일 심각한 문제는 이런 현실에도 불구하고, 부와 권력에 도취한 스파르타 인들이었다. 그들은 자신들이 처한 현실은 모르고, 여전히 허위의식에 가득 차 있었다. 전투에서 지고 있는 상황에서 길을 열어준 행동이 그 증거다. 마치 몰락한 귀족이 갑부가 된 옛 하인을 만나서 "너 신수가 좋아졌구나. 자, 이거 살림에 보태 써라"라고 푼돈을 쥐어주는 격이다.

그렇게 허위의식과 자신들의 신화에 빠져 있던 스파르타군은 레욱트라에서 전사들의 '용기'가 아닌 '수'에 의존하는 전투를 했다. 그들은 상대가 전혀 감복하지 않는 헛된 명성과 수적 우위에 의존해서 느리게 움직였고, 전장의 주도권을 장악하지 못했다. 그 결과 신성대가 그 중심에 일격을 가하자 오래된 시계처럼 꾸물거리던 스파르타 동맹군 전체가 멈춰버린 것이다.

테베 측에서 보면 펠로피다스의 전술적 변화가 이 전투에 큰 도움이 되었다. 이전에 테베군은 신성대를 마치 오늘날의 부사관처럼 전 테베군의 중장보병대에 분산배치했다. 평범한 병사들 사이에 엘리트를 배치함으로써 전체 테베군의 전투력과 용기를 신장시킨다는 의도였다. 하지만 펠로피다스는 그 방식이 수적 우위에 집착하는 방식임을 깨달았다. 그는 이전의 방식을 버리고 신성대를 한 개의 단위 부대로 모았다. 그리고 이 부대를 강력한 망치로 집중 운영했다. 코로네아와 테귀라, 레욱트라에서 신성대는 스파르타보다도 더 단단한 망치임을 증명했다.

그러면 사선대형은 이론을 좋아하는 탁상의 전략가들이 만들어낸 허상일까? 아니다. 레욱트라에서 사선대형은 눈속임 작전 수준에 불과했다. 그 눈속임은 성공하지도 못했다. 그러나 예정된 작전이었는지, 우연이었는지 알 수 없지만, 사선대형에 숨어 있던 진정한 전술적 가치가 작동하면서 테베군의 승리에 기여했다.

전술의 역사에서 사선대형의 가치는 전장에 시간이라는 4차원적 개념을 넣어주었다는 것이다. 혹은 전투의 현장을 여러 개의 시공간으로 분할시켰다고도 할 수 있다. 전술의 기초적 원리는 '적'은 분할하고 '나'는 집중해서 강타하는 것이다. 병력 수에서 열세라도 병력의 집중적 운용을 통해 승리를 거둘 수 있다. 그런데 보통 적을 분할하는 방법은 적을

벤저민 웨스트, 〈에파미논다스의 죽음〉, 1773
두 강호, 아테네와 스파르타가 그리스 전체의 맹주 자격을 놓고 긴 전쟁을 벌이는 동안 제3자가 기회를 얻었다. 바로 그리스 북부 연맹의 맹주 테베였다. 에파미논다스가 이끄는 테베군은 레욱트라에서 사선대형으로 스파르타군에게 타격을 줌으로써 강국 스파르타의 패권을 빼앗았다. 이후 테베는 에파미논다스의 죽음과 함께 패권을 잃었다.

속이고 유인해서 적군을 분산시키고, 서로 다른 지역에서 공격하는 방식이 유일했다. 즉, 공간과 시간을 함께 분할해야만 했다.

하지만 사선대형은 동일 공간에서 우익, 중익, 좌익이 같은 패턴의 전투를 치르지만 시간차를 두고 전투를 벌인다. 즉, 공간이 아닌 시간을 분할한다. 왠지 말장난 같지만 여기에는 열 배의 적에게도 승리를 가능하게 하는 중요한 비밀이 숨어 있다. 같은 공간에서 동시에 똑같은 상황이 벌어진다면 사람들의 반응 역시 동일하게 나타난다. 그러나 같은 공간에서 같은 프로세스가 진행되더라도 그 프로세스의 진행 단계가 구역에 따라 각기 다르게 나타난다면 사람들의 대응방식 역시 달라지고 혼란스러울 수밖에 없다. 더욱이 전쟁은 돌발 상황의 연속이다. 돌발 상황에 허둥대고, 여러 부대들이 서로 다른 순서를 밟는 혼돈이 벌어진다면, 이 전체 과정을 예측하고, 시간의 주도권을 잡고 움직이는 팀은 적은 병력으로도 적의 중심을 강타해서 승리를 거둘 수 있다.

┋ 현상에 숨은 원리와 발상의 전환에 주목하라

레욱트라에서 스파르타군은 올바른 판단을 했지만, 작동 메커니즘이 늦었다. 스파르타 정예병은 대형을 확고하게 유지하며 움직여야 했고, 다른 부대들은 좀더 빠르고 확신에 찬 기동을 해야 했다. 그러나 그 순간 스파르타군은 길게 뻗은 좌익이 적을 포위할 때까지 걸리는 시간, 그 시간을 벌기 위해 자신들이 이동해야 하는 거리와 위치를 찾아내기가 쉽지 않았다. 그것이 그들이 대형을 허물고 이동한 이유였다.

반면 좌익의 부대들은 제각기 앞에 놓인, 각자 거리가 다른 적군을 의식해야 했다. 적이 멀리 떨어져 있는 부대는 측면을 드러내면서라도 스파르타 쪽으로 오려고 했겠지만, 적과 가까운 부대는 우향우를 해서 자신들의 측면을 드러내기가 껄끄러웠을 것이다. 이처럼 서로 판단이 다르면 전체적으로 가장 느리고 꿈틀대는 쪽에다 맞추기 마련이다. 그렇게 좌익의 시계가 느리게 움직이는 사이에 스파르타 주력이 쓰나미에 얻어맞듯이 쓸려나갔다.

과거에 이런 상황이 벌어지지 않았던 이유는 그리스군의 전장과 병력이 너무 작았기 때문이다. 그러나 펠로폰네소스 전쟁을 거치면서 전투의 규모가 점점 커졌다. 그리스군은 페르시아 전쟁을 거치며 기병, 경기병과 같은 병종의 다양화와 그 운용법은 깨달았지만, 같은 형태의 전투도 병력이 커지면 운영원리가 달라질 수밖에 없다는 사실은 미처 깨닫지 못했다.

폴리스 전쟁 초기에는 1,000명, 1,500명이 맞붙던 전쟁이 10,000명이 넘는 병력이 격돌하는 대전투로 발전했다. 여기에 병종도 다양하고, 열 개 가까이 되는 단위 부대가 서로 격돌한다. 전투가 복잡하므로, 부대마다 서로 다른 대응을 요구하게 되면 지휘부는 통제를 상실한다. 그렇다면 병력이 적의 10분의 1에 불과하더라도 적군을 어지럽히고, 강하고 빠른 부대가 시간의 주도권을 잡고 적의 중심을 기습적으로 타격하면 승리를 거둘 수 있다. 주변의 적들은 돌발 상황에 민첩하게 체계적으로 대응할 수가 없다.

이것이 사선대형이 던져준 전술학적 메시지였다. 그러나 승리를 거둔 에파미논다스나 펠로피다스도 이 교훈을 정확히 이해하지는 못했던 것 같다. 그들은 자신들이 창안한 전술원리를 더 극대화할 수 있는 새로운 전술적 방법을 찾아내지 못했다. 에파미논다스는 기원전 362년 만티네이아 전투에서 레욱트라 때와 똑같은 전술을 사용하며 싸웠다. 그러나 스파르타군이 포함된 만티네이아군은 이번에는 유도작전에 걸려들지 않고, 진지를 굳건하게 사수했다. 그래도 에파미논다스는 기습적으로 좌익을 강화하고 적군을 덮치는 데 성공했다. 레욱트라와 달라진 점은 적이 이 전술의 약점을 알고 있을 것으로 생각하고, 약화된 사선대형, 즉 우익을 적이 덮치지 못하도록 기병을 보내 적을 교란하고 진격을 저지했다. 그 사이에 강화된 좌익이 압도적인 힘으로 만티네이아군의 우익을 파괴했다. 하지만 적이 레욱트라 때처럼 속아주지는 않았다. 테베군도 고전했고, 전황을 유리하게 이끌기 위해 동분서주하던 에파미논다스는 치명상을 입고 쓰러진다.

펠로피다스는 그보다 2년 앞서 키노스 케팔라이에서 더 고전적인 방식으로 페라이의 알렉산드로스와 싸우다가 전사했다. 이 전투에서 알렉산드로스의 병력이 두 배가 넘었고, 유리한 언덕을 먼저 점령했다. 그러나 펠로피다스는 우세한 기병을 이용해 적을 포위하는 한편, 중장보병대를 진두지휘해서 적의 진지를 강타했다. 테베군은 적은 병력과 언덕을 오르는 불리함에도 불구하고 펠로피다스의 열정적이고 용감한 지휘에 고무되어 맹렬한 전투를 벌였다. 승세를 탈 무렵, 열정이 펠로피다스에게 옮겨 붙었다. 흥분한 그는 소수의 병력으로 적장 알렉산드로스를 추격했다. 그의 기세에 놀란 적군은 접근전을 회피하고 투창 세례를 퍼부었고, 펠로피다스는 창에 찔려 수없이 많은 상처를 입고 전사했다.

에파미논다스와 펠로피다스에게 사선대형은 아직은 속임수와 기습의 범주에 있었다. 그들은 자신들이 창안한 전술의 진정한 의미를 깨닫지 못했다. 다른 전술가들도 사선대형에 숨어 있는 교훈을 깨닫지 못하거나 실현에 옮기지 못했다. 사선대형은 전술 자체만 보면 눈속임 전술이다. 그러나 그 내면에는 전혀 새로운 개념, 전장을 하나의 공간이 아니라 여러 개의 공간과 시간으로 분할한다는 혁신적인 개념이 포함되어 있었다. 전쟁의 규모가 커지고, 병종이 다양해지고, 전장이 넓어졌으니 시공간의 분할은 누구나 깨달을 수 있는 당연한 것이라고 생각하기 쉽다. 그러나 절대로 그렇지 않다. 통제해야 할 범위가 넓어지고 대상이 다양해서 통제가 어려워지면 사람들은 통제의 불안감을 느끼게 되고, 불안감을 느낀 사람들은 더 인위적·획일적으로 통제하기 위해 노력하고 집착하게 된다.

이런 현상은 현대의 기업에서도 똑같이 나타나고 있다. 오늘날 많은 기업들, 특히 규모가 큰 거대 공룡 기업들은 현대식 스파르타와 비슷하다. 겉으로는 하나의 기업이지만 그 안에는 서로 다른 세계가 공존한다. 사업부 간 성격이 다른데도 좌익과 우익, 전위와 후위에 모두 동일한 원리를 적용한 스파르타처럼 통합된 원리를 적용하곤 한다. 이는 곧 사선대형에 무너질 수 있는 소지를 내포하고 있다는 뜻이다.

규모가 적은 기업들은 그들대로 대기업과의 경쟁이 겁나서 정면 승부를 피하고 틈새시장을 찾기 위해 분주히 움직인다. 기득권 업체들이 판치는 '레드 오션' 대신 경쟁이 없는 '블루 오션'을 찾는다는 미명하에 무작정 여기저기를 살핀다. 그러나 무주공산을 찾듯 블루 오션을 찾는 데는 한계가 있다. 진정한 블루 오션은 버려진 빈 공간, 실수로 미처 보지 못한 영역이 아니다. 시대와 기술의 변화, 발전에 따라 새롭게 창출되는 공간을 선점하는 것이다. 그러기 위해서는 새로운 전술개념으로 상대의 약점을 파고들어야 한다. 테베가 사선대형으로 거대한 스파르타군의 균형을 무너뜨린 것처럼, 규모가 큰 기업일수록 균형을 깨뜨릴 수 있는 여지가 숨어 있을 공산이 크다. 반면 거대 조직은 동질성과 통합을 강조하기 전에 시간과 공간의 차이가 존재한다는 점을 인식하고 그것을 통솔할 방법을 찾아야 한다.

하지만 사선대형에는 더욱 중요하고 본질적인 교훈이 있다. 창조와 혁신을 원한다면 현상을 보지 말고, 그 속에 숨어 있는 원리와 발상의 전환에 주목해야 한다는 것이다. 많은 사람들이 블루 오션을 찾듯이 벤치마킹할 제품을 찾아 헤맨다. 누가 어떤 기업이 대성공을 거두었다고 하면 당장 그것을 보고 베끼고 비슷한 제품을 만들려고 한다. 그것도 필요하지만 대단히 성공적·획기적인 성공을 이룬 제품일수록 그 내면에 "시간과 공간을 분할하라"는 사선대형의 교훈처럼 발상의 전환을 내포하고 있는 경우가 많다. 이 새로운 원리를 포착하면 완전히 새로운 신세계가 열릴 수도 있다.

오늘날 세계인의 아침 식사를 장악한 시리얼 제품은 바쁜 현대 생활과 맞벌이 생활, 풍족한 생활이 남긴 소산으로, 이런 것들이 겹치면서 식사, 특히 아침식사에 대한 개념을 바꾸어놓았다. 최초의 시리얼 제품은 20세기 초 미국 미시간 주 배틀 크릭에 있던 켈로그 박사의 요양원에서 탄생했다. 그러나 켈로그는 이 제품이 인류가 수백만 년 동안 고수해온 식사 개념의 변화를 야기하는 제품이라는 사실을 파악하지 못했다. 채식주의자로서 요양원 사람들에게 제공할 육식 대신 맛이 괜찮은 채식 제품을 찾고 있던 그는 이 바삭바삭한 비스킷 같은 먹거리가 요양원 사람들에게 인기를 끄는 것에 만족했다. 나중에 시리얼 제품이 상용화되고 큰 인기를 거둔 다음에도 마찬가지였다. 어떤 이들은 유사한 시리얼 제품을 개발해서 성공해보려고 했다. 작은 성공을 거둔 기업도 많지만, 이미 세계 시장을 장악하고 있는 거대 기업을 이기기는 힘들었다. 하지만 진정한 통찰가라면 새로운 시리얼 제품으로 거대 식품회사에 도전하기보다는 시리얼이 가르쳐준 새로운 원리, 즉 간편하고 빠른 것에 대한 현대인의 강박증은 절대 변하기 힘든 식사 습관까지도 바꾸어버릴 정도라는 원리를 활용할 방법을 찾을 것이다.

　이것이 진정한 통찰이고 창조의 비결이다. 전술과 명장의 역사에서도 마찬가지다. 사선대형과 레욱트라 전투가 남긴 교훈은 전혀 엉뚱한 곳에서 생각지도 못한 영웅에 의해 실현된다. 오늘날 우리는 그 사람의 이름을 다 알고 있지만, 당시로서는 상상할 수 없었던 일이었다. 그리고 그 깨달음과 개혁이 가져다준 결과는 그의 이름과 업적을 알고 있는 현대인들도 인지하지 못할 정도로 엄청난 것이었다. 그 영웅이 바로 마케도니아의 알렉산드로스 대왕이다.

02

모든 전쟁사의 교훈이 된 명장
: 알렉산드로스

두뇌와 용맹을 겸비한 맹장

페르시아는 동쪽으로는 중앙아시아, 서쪽으로는 소아시아(현재의 터키)까지 펼쳐진 대제국이었다. 군대는 100만 명이 넘는다고 알려져 있다. 기원전 4세기 페르시아의 작은 주보다도 작은 그리스의 도시국가 연합군이 페르시아를 덮쳤다. 알렉산드로스(기원전 356~기원전 323)는 50,000명이 채 되지 않은 군대로 단 4년 만에 페르시아를 정복하고 멸망시켰다. 그리고 그의 군대는 지구의 절반을 질주해 현대까지도 난공불락으로 알려진 아프가니스탄을 단숨에 정복하고, 파키스탄과 인도 북부까지 침공했다. 그리스를 떠나 원정을 시작한 지 겨우 8년 만이었다.

알렉산드로스는 영화의 주인공으로 삼을 만큼 매력적이면서도 막상 묘사하기는 꽤 어려운 인물이다. 그는 미남자에, 단단하고 강인한 육체의 소유자였다. 올림픽 출전을 권유받았을 정도로 무술과 격투기의 실력자였다. 왕자였기 때문에 상대가 일부러 져주거나 최선을 다하지 않았다고도 생각할 수 있지만 그는 실전에서 자신의 실력을 유감없이 증명했다. 그는 번쩍이는 황금색 갑옷을 입고 스스로 모든 적의 표적이 되면서 격전지의 선두에서 싸웠다. 그의 전기작가 모두가 전쟁에서 죽지 않고 살아난 것을 믿을 수 없다고 했을 정도였다.

두뇌와 용맹을 겸비한 장군은 많지만 전쟁사에서 그처럼 전술가로서 대단한 명성을 얻으면서도 군대의 선두에서 싸웠던 맹장도 드물다. 그만큼 저돌적이고 용맹했기 때문에 그는 간간이 격정을 주체하지 못했다. 술에 취하면 특히 위험했다. 부친을 향해 칼을 빼어 들고, 절친한 친구를 찔러 죽이고, 페르시아의 수도를 불태웠다. 지극히 이성적일 때도 그는 충분히 위험했다. 항복한 사람, 위험하지 않은 사람에게는 관대했지만, 반대파와 반란자는 신속하고 철저하게 숙청했다. 그가 즉위한 직후 테베가 반란을 일으켰다. 그는 전체 그리스에 본보기를 보이기 위해 테베를 가혹하게 응징했다. 저항하던 테베 시민 6,000명이 학살되고 30,000명이 포로가 되었다. 도시는 완전히 파괴되고, 모든 시민은 노예로 팔렸다.

저돌적인 투사인데다가 필요하다면 얼마든지 잔혹해질 수 있는 인물이었지만, 그의 외모는 오히려 고독을 타는 얌전한 젊은이에 가까웠다. 피부는 희고 투명해서 옅은 홍조가 돌았다. 고개는 항상 약간 왼쪽으로 기울이고 있었고, 눈은 맑고 인자했다. 플루타르코스에 의하면 알렉산드로스의 초상과 조각이 꽤 많이 만들어졌는데, 작가들은 알렉산드로스의 이 특징들이 전사의 이미지와 어울리지 않는다고 해서 피부를 좀 검게 만들 정도였다고 한다.

전투와 격정의 시간은 짧다. 전장 밖에서 알렉산드로스의 평소 모습은 그의 용모가 주는 이미지와 맞았다. 쓸데없는 유흥을 자제했으며, 사색과 전술 연구로 시간을 보냈다. 고대의 정복자로서는 정말 특이하게 여자에게도 무관심했다. 덕분에 성적으로 이상한 소문도 돌았지만, 육체적 결함이 있었던 것은 아니고 '일중독자'에 가까웠다. 항복하는 적에게 관용을 베풀고 용기 있는 적에게는 경의를 표했다. 평소의 그는 명예와 고결함을 존중할 줄 아는 신사였다. 테베를 초토화한 후 그는 이 결정을 후회했고, 테베를 성심껏 보살폈다. 정치적 제스처였을 수도 있지만, 그 또래의 젊은이에게서 나타나기 쉬운 순박함 또는 이 시대에는 보기 드문 이중성 덕분에 테베 시민은 알렉산드로스에게 오히려 감사했고 그를 누구보다 존경했다. 노련하고 지각 있는 인물이라면, 알렉산드로스가 젊고 경박한 폭군이 아니라 두 얼굴을 지닌 사랑 받는 독재자가 될 수 있는 가능성을 충분히 간파했을 것이다.

그의 정복욕과 영토욕 역시 많은 학자들을 혼란에 빠뜨렸다. 전장의 알렉산드로스는 분명 저돌적이고 무모한 대책 없는 싸움꾼이었다. 영토와 보물을 포함하여 눈에 보이는 것에 대한 무한한 탐욕이 그의 병사들이 늙고 지쳐서 더는 싸울 수 없게 될 때까지 그를 세상 끝까지 달려가게 했다. 그러나 그의 정복 활동을 탐욕만으로 설명하기는 어렵다. 아니면 우리들이 차마 이 위대한 인물이 감당이 안 되는 욕정의 폭식가였다고 인정하는 것이 더 어려운지도 모른다. 그래서 어떤 이들은 그를 이상주의자로 간주하기도 하고, 무한한 도전과 열정의 소유자라고 얼버무리기도 한다(적어도 현대인들에게는 이 말이 그럴듯하게 들릴 것 같다). 심한 경우는 무언가로부터 세상 끝까지 달아나고 벗어나고자 하는 강박증 환자로 묘사하기도 한다.

그러나 이런 애처로운 노력들도 그의 동기를 설명할 수 있을지는 모르나, 그의 성공을 설명할 수는 없다. 전술가든 경영자든 우연한 성공을 거두는 경우는 분명히 있다. 그러나 그런 운은 두세 번 반복되지 않는다. 더욱이 알렉산드로스는 병력과 보급이 거의 최악인 상태에서 폭풍처럼 진군하며 매번 전혀 다른 땅에서 전혀 다른 적과 싸웠다. 그 이후로 유럽과 중동의 군대는 아무리 오랜 시간을 투자해도 알렉산드로스의 영광을 재현할 수 없었다.

생존을 위해 개혁하다

기원전 336년 7월, 20세의 청년 알렉산드로스가 왕위에 올랐다. 정식 명칭은 알렉산드로스 3세다. 오늘날 우리는 위대한 지휘관으로서 알렉산드로스에 대해 무한한 경외심을 품고 있지만, 기원전 4세기에 혜성과 같이 출현해서 그리스와 페르시아를 전율하게 한 공포의 정복자는 알렉산드로스의 부친 필리포스 2세(기원전 382~기원전 336)였다.

너무 잘난 아들(알렉산드로스 대왕)을 둔 덕에 필리포스는 올바른 평가를 받지 못했지만, 그는 이 책의 한 단락을 차지하기에도 부족함이 없는 불패의 전략가이자 혁신가였다. 그는 딸의 결혼식장에서 암살당하기 전까지 전쟁에서 한 번도 패한 적이 없다.

그의 성장 과정 역시 극적이다. 마케도니아는 오랫동안 그리스 인들에게서 오랑캐 취급을 받던 나라였다. 마케도니아의 막내 왕자로 태어난 필리포스는 10대 시절 6년간(기원전 368~기원전 363) 테베에서 인질 생활을 했다. 당시 테베는 최첨단의 전술을 구사하는 선진국가로, 명장 에파미논다스의 지도 아래 스파르타를 꺾고 그리스의 패자가 되어 있었다.

테베에서 돌아온 필리포스는 테베에서 배운 신전술과 그만의 독창적인 개혁안을 더해 마케도니아를 강국으로 변모시켰다. 오늘날, 후진국은 결코 선진국에 진입할 수 없고, 중소기업은 대기업이 될 수 없다는 회의주의적인 이론이 횡행하지만, 필리포스는 그것이 불가능하지 않다는 사실을 증명한 진정한 역전의 경영자였다. 게다가 그의 승리는 그리스가 분열하거나 몰락하는 기회를 틈탄 것이 아니라, 그리스 역시 성장하고 변신하던 시기에 그리스에서 배운 이론을 가지고 더 빠르고 혁신적인 개혁을 일군 성과라는 점에서 더욱 값진 것이었다.

페르시아 전쟁과 펠로폰네소스 전쟁을 겪으면서 그리스는 자신들이 지닌 중장보병의 가치와 중장보병 위주의 단조로운 한계를 함께 깨달았다. 그리스의 청동보병은 나무 방패를 들고 투구도 쓰지 않은 페르시아의 경보병에게는 강력하고 치명적인 펀치였다. 기병들조차도 중장보병과 정면으로 맞서서는 이길 수 없었다. 하지만 중장보병에게도 치명적인 약점은 있었다. 측면과 후방이 무방비 상태고, 무거운 장비 때문에 기동력이 엉망이었다. 또한 싸울 수 있는 장소가 제한되고, 한 번 접전으로 모든 힘을 소모하기 때문에 전투에서 이겨도 적을 추격해서 섬멸할 수가 없었다. 이것은 페르시아와 같은 강대국과 싸울 때는 특히 불리했다. 객관적으로 열세인 군대일수록 이길 기회가 많지 않으므로 한 번 이길 기회를 잡았을 때 적을 확실히 섬멸하지 않으면 안 된다.

중장보병을 공략하는 쉬운 방법도 개발되었다. 넓은 지형에서 경보병, 궁수, 기병 등이 거리를 두고, 아웃복싱을 펼치면 속수무책이었다. 그리스에도 기병, 궁수, 경보병이 있었지만, 전술의 중점은 오직 중장보병의 팔랑크스에 있었다. 마치 스포츠 게임처럼 그리스 인들은 팔랑크스 위주의 전투를 했고, 다른 병종들은 보조적 수단에 머물렀다.

하지만 전투의 대상과 목적이 바뀌면서 그리스도 변화의 필요를 절감하기 시작했다. 여기에 많은 그리스 인들이 용병이 되어 페르시아 제국에 복무하게 되면서 다양한 병종을 활용하는 전술에 눈이 뜨였다. 전술이 변하면서 무기와 장비의 개량이 따르고, 그것이 다시 새로운 전술의 아이디어를 주었다. 그리스 철학을 탄생시킨 그리스 인의 두뇌는 전쟁과 전술에서도 창의를 쏟아냈다. 변화와 발전이라는 면에서 이 시기 그리스는 분명 페르시아를 앞섰다. 그것은 페르시아라는 대제국의 위협에 처한 그리스의 자각과 생존을 위한 노력의 소산이었다.

역사는 역경을 통해서만 진보한다는 것이 역사법칙의 제1장이다. 처음에는 생존을 위한 노력이었지만 그 결실은 대견스러웠다. 서로 같은 편제를 갖추었다고 했을 때, 페르시아군은 전술, 조직력, 병력 효율성, 단위 전투력에서 모두 그리스군에게 밀렸다. 그리스 경보병, 궁수, 기병의 실력은 페르시아군과 비슷해졌다. 게다가 공격에서는 해머, 수비에는 철벽 역할을 하는 중장보병대는 전체 병종의 무게중심과도 같은데, 대제국 페르시아는 그러한 중장보병을 양성하려는 노력을 하지 않았다. 상대적 우월감이 주는 안이함에 빠진 그들은 중장보병대를 양성하기보다는 그리스 용병을 고용해 무게중심의 약점을 해결하려고만 했다. 이 태도는 페르시아가 망하는 날까지 바뀌지 않았다.

페르시아의 장점은 월등한 영토와 병력뿐이었다. 그러나 페르시아는 오늘날로 치면 '다민족 연방국가'였다. 따라서 페르시아군은 여러 민족의 혼성군으로 구성되었고, 그 결과 전술 숙지도와 팀워크가 항상 취약했다. 전술 개량의 노력이 부족했던 것도 이런 사정 탓이 크다. 다른 부족의 영역과 문화까지 간섭할 수가 없었다. 그리스 장군들은 그 사실을 충분히 간파했고, 몇몇 야심가들은 이제 거꾸로 페르시아를 정복하자는 야심을 노골적으로 드러내기 시작했다.

그리스에서 발생한 여러 전술적 변화에서 제일 앞섰던 나라가 테베였다. 그러나 이 정도 장점만으로는 작은 그리스가 큰 페르시아를 정복할 수는 없었다. 치타의 사냥 성공률이 사자보다 월등히 높다고 해서 치타가 초원의 제왕이 될 수 없고, 견실한 중소기업이 동종의 대기업보다 재무건전성, 수익률, 생산성이 높다고 해서 바로 시장을 장악할 수 있는 것도 아니다. 그 자신이 먼저 시장을 감당할 수 있는 구조로 변해야 한다.

그런데 그리스는 바로 이 부분에서 멈칫거렸다. 자신들의 새로운 전술을 적용하려면 기존의 사회구조와 기득권을 재구성해야 한다는 사실을 발견했던 것이다. 필름 왕국이던 코닥 사가 디지털카메라를 제일 먼저 발명하고도 필름 시장에 대한 미련 때문에 디지털카메라 개발을 덮어두었다가 몰락해버린 것과 같은 경우다.

테베에 인질로 와 있던 필리포스는 테베 인들이 보물을 캐고도 사용을 망설이고 있음을 발견했다. 고국으로 돌아와 왕이 된 그는 유래가 없는 추진력으로 사회구조를 뒤바꾸고, 듣도 보도 못한 강력한 병사와 새로운 전술을 창출했다.

이 변화의 상징적인 부대가 유명한 마케도니아의 장창대다. 그들은 5.2미터(17피트)나 되는 사리사sarisa라는 장창으로 무장했다. 너무 길어서 두 손으로 들어야 했으므로 방패는 경량화해서 목에 걸거나 팔에 설어서 사용했다. 전성기의 팔랑크스는 열여섯 명이 하나의 열을 이룬 16열 횡대로 구성되었는데, 5열까지의 창이 전열 앞으로 튀어나왔다. 전통적인 창은 잘해야 2.5미터 정도였으므로 대열 앞으로 돌출하는 창은 1열 또는 2열의 창이 고작이었다. 다섯 자루 창과 두 자루 창의 대결이었으니, 중장보병은 물론 기병과 코끼리도 다섯 자루 장창의 힘을 이기지 못했다.

    창이 길면 유리한 점도 있지만 대신 무겁고 끝이 너무 흔들려서 정확도가 떨어진다. 대형변환은 더 힘들다. 그럼에도 마케도니아 팔랑크스는 사리사를 능숙하게 사용했고, 그리스의 어떤 팔랑크스보다도 빨랐으며, 선회와 대형변환에 강했다. 첫 번째 비결은 과감하게 생략한 방어구였다. 방패도 작아졌지만, 정강이받이와 같은 무겁고 거추장스러운 장비를 걷어버리고, 몸통을 두르는 갑옷으로 대체했다. 이 아이디어는 아테네 장군 이피크라테스의 작품인데, 필리포스가 제대로 수용해서 활용한 셈이다.

    두 번째는 좀더 근본적인 요인으로 '강훈련'이었다. 그런데 이 강훈련이 단순히 피지컬 트레이닝을 강화한 것이 아니다. 전통 그리스 군대와 마케도니아 군대는 구성원의 질과 구동원리 자체가 달랐다. 그리스의 중장보병은 폴리스의 지배층인 중산층 시민으로 구성된다. 많은 사람들이 착각을 하는데, 이 시민은 오늘날의 시민과는 전혀 다른, 실제로는 유한계층인 상층 지주계층이었다. 이 시민보병대의 밀집대형을 유지시키는 힘은 지배층으로서의 엘리트의식과 신사들의 동맹과 같은 계급의식이 바탕이 된 동지적 유대관계였다. 이런 상황에서 특별히 강하고 잘 훈련된 군대를 만들려면 계급적 공동체의식, 또는 구성원 간의 특별한 유대감이 필요했다. 이 대표적인 성공 사례가 스파르타다. 스파르타의 지배층은 너무나 소수여서 순수하게 그들만으로 구성된 군대는 5,000명 미

만에 불과했다. 그들은 열 배나 되는 헤로이타이(스파르타의 원거주민으로, 스파르타에게 정복을 당해 군에 복무하지 않고 생산계층으로 존속했다)를 지배해야 했으므로 스파르타식이라는 군사적 사회문화를 창설했고, 어려서부터 집단생활을 하면서 동지애(특별한 유대감)와 팀워크를 익혔다.

스파르타식 교육과 훈련은 스파르타의 특수한 곤경에서 탄생한 것이어서 다른 나라에서는 그것을 흉내 낼 수가 없었다. 테베는 스파르타의 동지애를 능가하는 특별한 유대감을 찾기 위해 고심하다가 신성대라고 불리는 300명의 엘리트 부대를 고안했다. 이 부대는 동성애 애인들로 편성된 부대였다. 칼과 죽음보다 강한 것이 사랑 아닌가? 그러나 스파르타식이든 애인 부대든 이런 방식으로는 병력을 무한히 확충할 수 없었고, 또한 중장보병대가 지니는 특권을 시민층 밖으로 내보낼 수도 없었다. 이것이 그리스의 한계였다.

하지만 마케도니아의 필리포스는 중장보병대를 지주(시민)의 군대에서 농민의 군대로 바꾸고, 특권적 엘리트의식을 능력과 성취욕, 욕망에 기초한 엘리트주의로 바꾸었다. 여기에는 약간의 설명이 필요하다. 마케도니아는 고지대인 서부 마케도니아와 저지대인 동부 마케도니아로 나뉜다. 이 두 지대는 산업, 자원, 경제와 문화 수준이 확연히 달랐다. 고지대인들은 거의 알몸에 양 몇 마리를 치며 사는 무일푼 방랑자였다. 필리포스는 이들을 저지로 이주시키고, 점령지의 농지를 무상으로 분배해서 농민으로 변화시켰다. 이들이 강건하고 복종적인 마케도니아 사병의 근간이 되었다. 필리포스와 알렉산드로스 휘하에서 최고의 장군이었던 파르메니온이 바로 이 고지 마케도니아 출신이다.

필리포스는 군의 병종을 다양화하고, 오직 기능성이란 관점에서 각자의 역할을 재구성했다. 그리스의 중장보병은 특권층이었으므로 스포츠와 육체 단련은 존귀하게 여겼지만 노동은 경멸했다. 전쟁터에 갈 때도 자신은 마차를 타고 가고, 장비와 무기는 종들이 운반했다. 체력을 절감해야 한다는 것이 명분이었지만, 본질은 신분적 고결함이었다. 필리포스는 그들을 마차에서 끌어내리고 마차에는 보급품을 싣게 했다. 이제 중장보병은 자기 장비는 자신이 메고 가야했다. 체력 문제의 해결책은 강행군과 구보 훈련으로 더 강한 체력을 기르는 것이었다. 오늘날 세계 최고의 행군 능력을 자랑하는 한국군에는 비할 바가 아니지만, 마케도니아군은 제2차 세계대전 당시 보병 기준에 필적하는 구보 훈련을 받았다.

병종과 신분이라는 제약을 벗겨내자 각각의 병종을 기능주의적 관점에서 더 손쉽게 개량하고 개선할 수 있는 길이 열렸다. 앞에 언급한 장창병의 방패와 갑옷, 경보병과 기병 장비의 개량과 다양한 협력 전술의 개발이 이어졌다. 이 다양한 병종들이 전장에서 창출하는 기능성과 역동성은 유럽과 중앙아시아의 어떤 군대보다도 월등했다.

그렇다고 필리포스가 그리스를 무계급 사회로 바꾼 것은 아니다. 마케도니아 군대의 진정한 장점은 엘리트의 활용이다. 필리포스는 기병과 보병에서 모두 엘리트 병사로 편성된 특별한 부대를 편성했다. 이들에겐 특별한 대우와 명예가 수여되었고, 이런 유의 특수 부대를 계속 창설했다. 과거 그리스에도 이런 부대가 있었지만 신분적 제한에 묶여 소수로 편성되던 것을 필리포스는 대상을 크게 확대했다. 특히 동료 혹은 동반자들이라고 불린 '컴패니언 기병'은 전통 귀족과 신진 엘리트를 결합한 새로운 우생집단이었다. 같은 부대 안에도 다양한 장교층과 보직을 만들어 오늘날로 치면 초급 장교와 하사관, 베테랑 고참 병사와 같은 계급적 구분을 지속적으로 시행했다. 이 엘리트 부대의 위력은 이후 알렉산드로스가 이끄는 전쟁에서 진가를 톡톡히 발휘하게 된다.

뛰어난 리더는 모든 방법을 적절히 사용한다

기원전 338년, 필리포스는 카이로네이아 전투에서 아테네와 테베가 중심이 된 그리스 연합군을 격파하고 전 그리스를 석권했다. 그러나 2년 후 이 여세를 몰아 페르시아로 건너가려던 차에 암살로 생을 마쳤다. 범인은 필리포스의 근접 경호원이었다. 필리포스의 나이는 한창 인생의 전성기를 영위할 때인 46세였다(고대인은 수명이 짧기는 했지만 건강한 사람은 또 충분히 오래 살았다).

알렉산드로스가 즉위했을 때, 아마도 그리스와 페르시아의 모든 사람들은 이 젊은 왕에게 오늘날 갑자기 거대 기업을 세습하게 된 젊은 2세 경영인을 바라보는 것과 똑같은 우려와 기대를 던졌을 것이다. '야만족(그리스 인들은 마케도니아 인들을 야만족이라는 의미의 발바로스로 불렀다)' 마케도니아에 의해 폴리스의 자유를 짓밟히고, 그들의 지배를 받게 된 그리스 인들은 더욱 '기대'가 컸다. 사실 필리포스의 뒤를 이은 알렉산드로스는 정치가로서나 군사령관으로서 아직 어떤 능력도 보여준 적이 없었다. 카이로네이아 전투에서 18세였던 그가 기병을 이끌고 아테네군과 테베군의 벌어진 틈으로 돌격해 전투를 종식시켰다고 하지만, 이는 후대 역사가의 추정일 뿐이다. 당시에도 그의 활약이 명확히 밝혀지지는 않았다.

갑자기 흥한 기업은 갑자기 망하는 법이다. 게다가 필리포스의 암살은 뭔가 깊은 음모가 내재해 있다는 의심을 주기에 충분했다. 가장 의심스러운 사람이 알렉산드로스 자신이었다. 모친 올림피아스는 팜 파탈의 분위기를 풍기는 여인이었는데, 필리포스의 바람기로 인해 두 사람의 사이는 극도로 벌어져 있었다. 마침내 올림피아스는 오빠가 왕으로 있는 몰로시아로 망명했고, 알렉산드로스도 궁중을 떠나 거의 유배에 가까운 생활을 했다. 여기에 필리포스의 일곱째 부인이던 클레오파트라가 아들을 낳자 알렉산드로스를 왕위계승자 자격에서 밀어내려는 움직임까지 생겼다. 이 과정에서 복잡한 궁중음모가 전개되었다. 이 이야기들은 진위를 확인하기 어렵지만, 필리포스 암살의 배후가 알렉산드로스나 올림피아스라는 의심이 일어날 만한 충분한 정황을 제공했다.

소문은 꼬리를 물고, 의심은 한이 없다. 여기에 마케도니아 귀족 사회는 저지와 고지라는 해묵은 지역 갈등과 종족 갈등을 내포하고 있었다. 필리포스는 순전히 개인적인 능력으로 이 갈등을 누르고, 자랑스러운 군대를 만들어냈다. 하지만 필리포스가 의문의 죽음을 당하고, 능력을 신뢰할 수 없는 청년 왕이 즉위한 지금, 그 갈등은 충분히 터질 수 있었고, 군 조직 내부까지 깊이 들어와 있다. 갈등은 차치하고서라도 암살 배후라는 의심까지 받고 있는 알렉산드로스가 필리포스에게 충성을 맹세했으며, 억세고 분열적 경향이 있는 마케도니아 장군과 병사들을 통제할 수 있을까?

기원전 335년, 알렉산드로스가 일리리아 반군 토벌에 참가하자마자, 이내 마케도니아군이 패배하고 그가 전사했다는 소문이 퍼졌던 것은 그만큼 알렉산드로스가 믿음을 주지 못하고 있었다는 증거였다. 알렉산드로스는 신속하게 그리스로 돌아왔지만, 이미 반란의 불길은 그리스와

J.L.G. 페리스, 〈알렉산드로스와 아리스토텔레스〉, 1895
마케도니아 궁정의사 아들이었던 아리스토텔레스는 필리포스 2세의 부름을 받고 13세였던 왕자 알렉산드로스의 스승이 되었으며, 두 사람의 사제 관계는 알렉산드로스가 16세가 될 때까지 이어졌다고 전한다.

주변국으로 번져가고 있었다. 그러나 알렉산드로스는 단호한 판단력과 결단력으로 단 1년 만에 모든 것을 정리했다. 그는 정적을 빠르고 가혹하게 제거했고, 반反마케도니아의 선봉에 섰던 테베를 정벌하고 테베 인들을 학살함으로써 그가 유약하고 우유부단한 귀공자가 아님을 과시했다.

때로 리더에게는 과감하고 잔혹한 행동이 필요하다는 의미가 아니다. 알렉산드로스의 행동은 이 시대의 기준으로 보면 놀랍기는 했지만, 비상하게 가혹한 것은 아니었다. 우리는 알렉산드로스의 인격과 정의를 고민할 것이 아니라 알렉산드로스가 모든 그리스에 내재한 문제를 확실하게 처리했다는 점에 주목해야 한다. 내우외환의 위기에 몰렸을 때, 당근과 채찍 중 어느 것이 효과적이냐는 질문은 우문이다. 뛰어난 리더는 모든 방법을 적절하게 사용한다. 테베의 파괴마저도 그리스 인의 분노를 지피는 대신 그들을 침묵하게 했다.

이것은 알렉산드로스가 필리포스 최후의 2년, 즉 자신의 정치적 고난기에 자포자기하거나 동요하지 않고, 냉정하게 정세를 분석하고 준비하고 있었다는 증거다. 이것이 흰 얼굴에 항상 갸우뚱한 모습으로 각인된 알렉산드로스의 무서운 장점이다. 대다수의 역사가들이 알렉산드로스의 역동적이고 충동적인 성격에 매료되는 경향이 있는데, 알렉산드로스는 차분하고 냉정한 분석가였다. 무서움을 모르고 저돌적인 그의 전술도 실제로는 진지한 고민과 사색이 바탕이 된 것이었다.

그러나 그는 아직도 증명할 것이 많았다. 무엇보다도 전투 사령관으로서 확고한 신뢰를 얻어야 했다. 그리스를 평정하고 페르시아 원정을 감행할 때 알렉산드로스는 유약한 귀공자의 이미지는 벗었지만, 여전히 작은 성공에 들뜬 젊은이의 모습 그대로였다. 마케도니아에서 제일 노련한 장수이면서 보이지 않는 경쟁자였던 파르메니온 역시 알렉산드로스의 능력을 완전히 신뢰하지 못하고 있었다.

기원전 334년 알렉산드로스는 대망의 페르시아 원정에 올랐다. 전체 병력은 보병 32,000명, 기병 약 5,000명이었다. 그러나 문제는 군자금이었다. 플루타르코스는 이때 알렉산드로스가 보유한 금액이 겨우 70달란톤에 식량은 30일 분이었다고 말한다. 게다가 빚이 무려 200달란톤이었는데, 알렉산드로스는 재정을 보충하기는커녕 측근들에게 왕실 재산을 펑펑 나눠주고 있었다. 보다 못해 페르디카스가 왕에게 물었다. "전하께선 전하를 위해서 무엇을 남겨두셨습니까?" 그러자 알렉산드로스는 이렇게 대답했다. "바로 내 희망이요."

그러자 페르디카스는 이렇게 말했다고 한다. "그렇다면 대왕을 모시고 출정하는 우리들도 재물 대신에 그 희망을 나눠가지기로 하겠습니다." 페르디카스는 자기에게 할당된 재산을 반납했고, 다른 측근들도 모두 반납하거나 더 받기를 원하는 자들에게 기꺼이 나눠주었다. 이렇듯 알렉산드로스 왕 시대의 국가 재산은 개인에게 나누어져 없어지고 말았다.

플루타르코스는 재물에 대한 알렉산드로스의 담백함과 측근들의 충성 내지는 존경심을 보여주는 미담처럼 서술했지만, 사실은 수도와 궁정을 비우기에는 마케도니아의 정치가들을 믿기 힘들었던 사정을 반영한 것이다. 알렉산드로스가 나눠준 것은 현금이 아니라 토지, 항구, 촌락의 조세수입권이었다. 국가의 일부를 떼어 나눠준 것과 유사하다. 나중에는 페르디카스 같은 심복들의 지분까지 헐어서 분배했다. 알렉산드로스가 말한 희망은 기존의 수입구조는 버리고, 새로운 정복지, 새로운 시장에서 수입원을 찾자는 말이었다. 이것은 안정된 회사를 다니는 친구에게 회사를 그만두고 같이 사업을 하자고 유혹하는 일과 같다. 그러나 사업 상대가 세계 최대의 다국적기업이다.

보통 사람들 같으면 이런 불안정한 상태에서 궁정을 비우고 원정을 떠나지 못했을 것이다. 게다가 상대는 세계 최대의 제국이며 객관적으로 그리스보다 100배는 강한 제국이었다. 그러나 알렉산드로스는 그날을 기다리다가는 부친 필리포스처럼 늙어버릴 것이라고 걱정했던 것 같다. 이런 알렉산드로스의 행동이 주변인들에게 젊은 혈기로 앞뒤 가리지 않고 조급해하는 것으로 보였을 것이다. 하지만 이 서두름에도 알렉산드로스의 냉철한 계산이 깔려 있었다.

적진의 중앙으로 돌진하다

알렉산드로스는 헬로스폰트 해협(다르다넬스 해협)을 건너 소아시아로 들어갔다. 해협의 폭은 겨우 1~6킬로미터에 불과했고, 전통적으로 제해권은 그리스가 장악하고 있었으므로 해협을 건너는 것은 어렵지 않았다. 해협 입구의 남쪽에 트로이가 있다는 전설이 있었다. 해협을 건넌 알렉산드로스는 제일 먼저 근처에 있었다고 하는 아킬레스의 무덤을 찾아 헌화했다. 마케도니아 왕가가 스스로를 아킬레스의 후손이라고 내세우기도 했지만, 알렉산드로스 자신이 《일리아드》의 열렬한 팬이었다. 알렉산드로스는 평생의 스승이었던 아리스토텔레스가 직접 주석했다고 하는 《일리아드》를 가지고 다녔다. 잘 때도 베게 밑에 단검과 《일리아드》를 넣고 잤는데, 이소스 전투 때 다리우스의 황금상자를 노획한 뒤로는 그 속에 보관했다.

소아시아의 페르시아 연합군은 그라니코스 강(현재의 코카바스 강)에 집결해서 방어선을 쳤다. 소아시아는 꼭 말머리처럼 생겼는데, 이곳은 말의 입에 해당하는 지점이다. 플루타르코스는 소아시아로 들어가는 길목이라고 했는데, 딱 입안에 음식이 놓이는 위치였다.

알렉산드로스의 일차적 목표는 소아시아 해변과 섬에 산재한 식민도시들을 장악하는 것이었다. 그것은 타당하고 절박한 목표였다. 한 세기 전에 발발한 페르시아와 그리스의 전쟁도 이 소아시아 도시들의 지배권이 발단이 되었지만, 이 도시들이 형성하는 상권과 무역로는 페르시아 제국 최대의 보고였다. 한때 '리디아 왕국'이었던 이 소아시아 말머리 지역의 부는 그리스 인들에게는 환상 그 자체였다. 손에 닿는 것은 무엇이든 황금으로 변했다는 전설이 있는 미다스 왕의 나라 프리기아도 바로 이 지역에 있던 왕국이다.

미다스의 이야기가 전설이라 실감이 나지 않는다면 구체적인 증거도 있다. 제2차 페르시아 전쟁 때 크세르크세스가 침공군을 이끌고 소아시아로 들어왔을 때 리디아 왕 퓌티오스가 크세르크세스를 영접하면서 충성의 징표로 페르시아 100만 대군의 군자금을 자기가 모두 부담하겠다고 했다. 이에 크세르크세스가 이게 무슨 큰소리냐 싶었는데, 그의 측근들이 "큰소리가 아닙니다. 그는 아마 우리 제국에서 폐하 다음으로 부자일 겁니다"라고 말했다. 퓌티오스는 황제에게 자기 재산을 공개했다. 1년 수입이 얼마인지는 말하지 않았지만, 당시 자기 금고에 보유하고 있는 금만 약 1,000달란톤(34톤), 은이 2,000달란톤(약 66톤)이었다.

금은 너무 고가여서 보통 화폐 단위로 달란트를 사용할 때는 은을 기준으로 한다. 알렉산드로스의 군자금 70달란톤과 빚 200달란톤도 분명 은이다. 금값과 은값의 비율은 현재도 대략 60대 1이다. 이 비율에 의거해서 알렉산드로스의 재산과 빚을 금으로 환산하면 각각 1.2달란톤과 3.3달란톤이 된다(1달란톤은 20~40킬로그램 정도로, 평균치로 계산해 1달란톤을 33킬로그램으로 환산했다).

이것이 마케도니아와 소아시아의 경제력의 차이였다. 미다스의 왕국은 100만 명이나 되는 원정군도 감당할 수 있는 보고였다. 알렉산드로스의 군대는 50,000명이 되지 않았으니 말 그대로 그 금액은 세상 끝까지 갈 수 있는 자본금이었다. 액수만 놓고 보면 희망이 아니라 희열을 느껴도 부족할 판이었다. 그러나 그라니코스 강의 대안對岸을 보는 순간 마케도니아 병사들은 그 황금이 지옥의 저편에 있다는 사실을 깨달았다. 이 강은 급류와 진창으로 이루어진 데다가 한쪽에 하안단구가 발달해서 강력한 방어지형을 형성하고 있었다.

페르시아군의 구성은 기병 10,000명에 9,500명의 경보병(펠타테스), 그리스 용병인 중장보병 5,000명이었다. 페르시아군은 강가 전방에 궁기병을 배치하고, 보병대를 후미에 배치했다. 아마 중앙에 중장보병대를 두고, 좌우로 경보병을 배치했을 것이다. 혹은 제1선에 경보병, 그 뒤에 중장보병을 두었을 수도 있다.

페르시아의 작전은 궁기병의 사격과 기동력을 이용해서 알렉산드로스군이 강을 건너는 동안 최대한의 타격을 가하는 것이었다. 알렉산드로스는 분명 좁은 지점으로 정예 부대를 보내 최대한 빨리 강을 건너 강기슭에 교두보를 확보하려고 할 것이다. 페르시아군은 궁기병이 그들이 물속에 있는 동안 화살을 퍼붓고, 그들이 강기슭으로 올라오면 경기병이 투창 세례를 퍼붓는다. 마케도니아군이 동요하면 중장보병이 바로 달려들어 섬멸하거나 물러서서 포위하고 사격한다. 그래도 마케도니아군이 화망을 무릅쓰고 앞으로 나오면 그리스 용병 중장보병대가 진격해서 장벽을 세우고, 강기슭에 올라온 적은 청동방패와 창으로, 강으로 건너오는 적은 화살과 투창으로 쓸어버린다.

강과 페르시아군의 포진을 보면 누가 봐도 머릿속에 그려볼 수 있는 전황이었다. 여기에 페르시아군은 한 가지 작전을 더 추가했다. 적의 머리, 알렉산드로스를 노리는 것이었다. 선두에서 싸우고 싶어 하는 알렉산드로스의 성격이 이미 알려졌던 모양이다. 알렉산드로스를 찾기는 쉬웠다. 화려하게 빛나는 갑옷을 입고(아테네 신전에 봉헌되어 있던 열 개의 갑옷 중에서 제일 멋진 옷이었다. 물론 공짜로 약탈한 것은 아니고 자신이 입고 있던 갑옷과 바꾸었다) 양쪽에 커다란 흰색 깃털이 꽂힌 투구를 쓴 그는 벌써 기병대의 맨 앞에서 보란 듯이 왔다 갔다 하고 있었다.

파르메니온은 지형이 불리하고 이미 시간이 늦었으니 밤에 상류로 올라가 새벽에 몰래 강을 건너자고 제안했다. 알렉산드로스는 이 제안을 거부했다. 투지가 넘치는 젊은 왕은 이렇게 말했다. "이 정도 장애를 두려워해서야 앞으로 무엇을 할 수 있겠느냐." 페르시아군은 강 건너편에서 그리스 침공군이 좌우로 길게 전개하는 것을 보았다. 가운데 보병을 두고, 좌우로 기병이 전개했다. 흰색 깃의 장수는 (페르시아군이 보기에) 절반의 기병을 이끌고 좌측으로 달려갔다. 양 날개에서 기병으로 강습도하를 하려는 시도다. 그것이 제일 좋은 방법이다. 병력을 최대한 벌려 적군을 분산시키고, 후속할 보병대가 도하하는 동안 적의 화살 공격을 최대한 멀리 유인할 수 있다.

페르시아군은 알렉산드로스를 잡는다는 목표에 따라 좌익으로 기병을 증파했다. 그러려면 어딘가에서 기병을 덜어내야 한다. 그곳은 당연히 중앙이다. 우익에서도 이미 파르메니온이 지휘하는 사나운 기병들이 페르시아군에게 도전하고 있었다.

이제 검은 알렉산드로스가 등장할 차례였다. 갑자기 알렉산드로스가 비호같이 강으로 뛰어들었다. 그러나 놀랍게도 그는 똑바로, 즉 전면의 페르시아군 좌익으로 전진하지 않고 중앙부를 향해 사선으로 강을 횡단하기 시작했다. 적 앞에서 도하를 강행하면서 그것도 궁기병이 장기인 적 앞에서 사선으로 움직인다는 것은 미친 짓에 가까운 만용이었지만, 알렉산드로스는 중앙의 기병이 좌익으로 몰려간 잠깐의 틈을 놓치지 않았다. 이 장면에 대해서, 중앙돌파를 시도한 부대는 소크라테스가 지휘하는 기병중대이고, 그들이 적의 주의를 붙들어 놓는 동안 알렉산드로스는 분견대를 거느리고 크게 우회해서 적의 후방을 쳤다고 보는 견해도 있다. 병법가적 시각으로 보면 이 전술이 더 그럴듯하고 화려해보이지만, 이것은 알렉산드로스의 성격이나 전술적 특징, 전투 직전에 벌인 파르메니온과의 대화와 맞지 않는다. 다른 모든 전쟁사도 그렇지만 후대인들은 시간이 갈수록 전황을 점점 더 정교하고 복잡하게 기술하는 경향이 있다.

이는 너무나 급작스럽고 위험한 행동이었다. 또 기병의 주력은 좌익의 페르시아군을 붙잡아두어야 했기 때문에 알렉산드로스를 뒤따르는 기병은 열세 명밖에 되지 않았다. 그러나 강 저편에서 그들을 막고 저지할 기병은 더 적었다. 게다가 적군의 궁수를 양익으로 유도하고 정작 자신은 사선으로 기동하며 중앙으로 나갔기 때문에 사정거리에서 쉽게 벗어났을 수도 있다. 알렉산드로스 일행은 피해를 입지 않고 단숨에 강을 건너 강가로 올라섰다. 양쪽의 군대 모두가 놀라움과 당혹감 속에서 꿈틀거리기 시작했다. 전투가 시작된 것이다. 그러나 알렉산드로스는 이미 전투가 벌어진 시간과 장소의 주인이었다.

무사히 강기슭으로 올라왔지만 알렉산드로스 일행은 병력이 너무 적어 대형을 펼칠 수 없었다. 그 사이 페르시아군이 물밀듯이 밀려왔다. 알렉산드로스는 대담하게 대형을 포기하고 난투극으로 버티라고 명령을 내렸다. 알렉산드로스 일행은 아마도 중장갑기병이었을 것이다. 페르시아도 중갑보병이 있고, 장수들은 충분히 갑을 했겠지만, 주력은 어디까지나 경기병이었다. 백병전에서도 마케도니아 기병이 우세했다. 경기병들은 단병접전을 꺼려했으므로 마케도니아 기병은 어느 정도 영역을 확

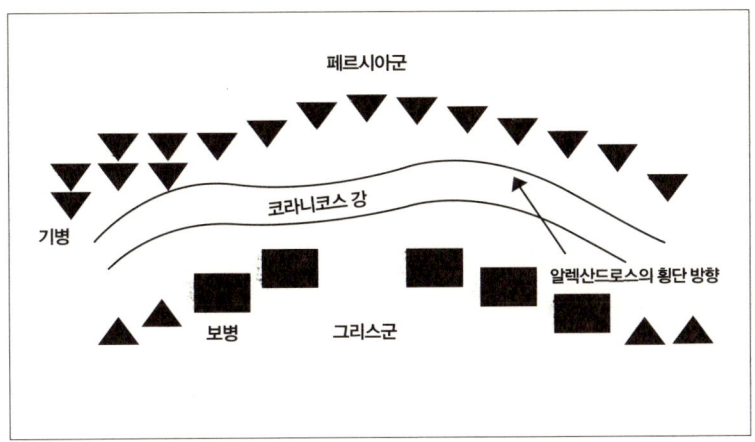

그라니코스 강 전투 배치도
알렉산드로스는 전면의 페르시아군 좌익으로 전진하지 않고 중앙부를 향해 사선으로 강을 횡단했다. 급작스럽고 위험한 행동이었지만, 결과적으로 마케도니아군이 전장을 확보하고 승리할 수 있었던 결단이었다.

보할 수 있었다. 그렇다고 경기병의 원거리 공격을 가볍게 보아서도 안 된다. 투창과 활은 충분히 위력적이었다. 투창 하나가 알렉산드로스의 갑옷에 박혔지만 상처를 입히지는 못했다.

마침내 충분히 무장한 페르시아의 두 장수가 알렉산드로스에게 달려들었다. 스피트리다테스라는 장수가 먼저 알렉산드로스를 창으로 찔렀다. 알렉산드로스는 그 창을 피하면서 옆에 있던 로이사케스의 가슴을 찔렀다. 그러나 갑옷에 막혀 창만 부러졌다. 알렉산드로스는 즉시 검을 뽑아들었다. 창을 쓰기에는 너무 가깝게 접근했으므로 적장 로이사케스도 똑같이 했을 것이다. 두 장수가 검과 검을 부딪히는 동안 스피트리다테스는 즉시 말을 채서 알렉산드로스의 후미로 돌았다. 그는 말 위에서 몸을 세워 일으키며 있는 힘껏 도끼로 알렉산드로스의 투구를 내리찍었다. 도끼가 투구를 거의 부수고 날이 머리카락까지 닿았지만, 투구가 간신히 버텨냈다.

　이 당시 안장에는 등자가 없었다. 스피트리다테스가 몸을 일으켜서 도끼에 최대한 체중을 실으려고 했지만, 발이 허공에 떠 있기 때문에 몸만을 세웠을 뿐이다. 만약 등자가 있었다면 발로 등자를 딛고 일어섰다가 체중을 실어 진정한 강편치 일격을 날릴 수 있었고, 그 일격을 맞은 알렉산드로스는 살아남을 수 없었을 것이다. 알렉산드로스는 엄청난 충격을 받았지만 의식을 잃지 않았다. 그때 알렉산드로스의 유모의 아들이며, 검은 장군이라고 불리는 클레이투스가 달려들어 스피트리다테스를 창으로 찔렀다. 동시에 그 와중에도 집중력을 잃지 않고 있던 알렉산드로스는 검으로 로이사케스를 내리쳐서 쓰러뜨렸다.

　이렇게 기병이 난전을 벌이며 강기슭을 사수하고 있는 동안 알렉산드로스의 기병들이 계속 후속해서 전투에 가담했다. 중앙에 포진했던 마케도니아 중장보병도 서둘러 움직여 강기슭에 도달했다. 페르시아군의 입장에서 보면 기병의 도하보다도 더 흉악한 결과였다. 도하 작전에서 강가에 교두보를 확보하고 돌파를 넓히는 데는 기병보다 중갑장창보병대가 더욱 위력적이었기 때문이다.

　알렉산드로스를 공격하던 페르시아 기병들이 후퇴했다. 밀집장창보병은 기병의 천적에 가까웠다. 후미에 있던 페르시아 보병이 상대하러 나왔으나 그리스 최정예인 중갑장창보병대를 당할 수 없었다. 경보병들은 일찌감치 도주했다. 그리스 용병대인 중장보병만이 후퇴하지 않고 명예를 지켰다고 하는데, 그들은 경보병처럼 빨리 달아날 수 없었기 때문일 수도 있다. 이미 경보병과 기병으로 충분한 기동력을 확보한 마케도니아군에게서 중장보병이 단독으로 달아나기란 불가능했다. 달아나려면 갑옷과 방패를 버려야 하는데, 그것은 값이 비싸서 확실히 나무껍질로 만든 방패를 버리는 것보다는 망설여지는 행동이었다. 그것이 명예심의 발로라고 할 수도 있지만, 아무튼 중장보병은 시간을 놓쳤고, 낮은 언덕 아래에서 그들보다 빠른 기동을 자랑하는 마케도니아식 중장보병과 기병에게 포위되었다.

알렉산드로스는 보병대를 끌고 언덕으로 밀고 올라가며 전장을 확실히 확보했다. 그리스 용병대는 알렉산드로스의 말에게 부상을 입힐 정도로 잠시 격렬하게 저항했으나 패주하고 말았다. 그들은 항복을 원했지만 알렉산드로스는 짐짓 모르는 척하며 그의 군대가 절반 정도를 살해한 뒤에야 항복을 받아주었다. 2,000명의 포로는 마케도니아 은광으로 보내 죽을 때까지 강제노역에 종사하게 했다. 마케도니아에 남아 있던 정치가들은 한 무더기로 들어온 이 값싼 노동력에 다시 한 번 입이 벌어졌다.

이 조치가 실수였다고 평가하는 학자도 있다. 당시 소아시아의 수비대는 그리스 용병들이 주력을 이루고 있었는데, 이 가혹한 조치로 그들의 항전 의지를 북돋았다는 것이다. 그러나 공포는 언제나 양면성을 지닌다. 테베의 파괴처럼 이 조치가 용병들과 도시의 항복을 얻어내는 효과가 더 컸다. 게다가 아직 그리스 인들은 알렉산드로스를 그리스의 패자로 인정하지 않으려 했고, 알렉산드로스의 제국은커녕 통일 그리스라는 관념조차도 받아들이기 꺼려하던 상태였다. 알렉산드로스는 모든 정복자들과 마찬가지로 일단 먼저 공포를 주고, 항복하는 자들에게 관용을 보이는 방법을 사용했다. 현대인의 기준으로 보면 잔혹한 방법이다. 어떤 학자들은 알렉산드로스의 이중적 태도를 도무지 이해하지 못해 황당한 설명을 붙여대지만, 겨우 20세 청년에 불과한 알렉산드로스는 공포와 관용이라는 극단적 무기를 위험할 정도로 단호하고 능숙하게 사용했다.

이 전투에서 알렉산드로스 측은 34명의 사상자를 냈다. 너무 적은 수이지만 옛날 전쟁에서 즉사자는 많지 않다. 물론 부상자는 사상자의 열 배가 넘었을 것이고, 그중 일부는 며칠 내로 죽거나 불구가 될 것이다. 그렇지만 극소한 희생이었다. 짧고도 격렬하며 극적이면서 감동적인 승리였다. 알렉산드로스의 부친 필리포스가 양성하고, 그가 고안한 전술로 다져진 장병들이 전신戰神 알렉산드로스의 탄생을 보았다. 알렉산드로스의 용병술은 원석을 보석으로 바꾸는 재주와도 같은 것이었고, 앞으로 증명되겠지만 누구도 쉽게 따라할 수 없는 능력이었다.

그라니코스 강 전투에서 승리한 후 알렉산드로스는 여세를 몰아 해안 지방의 도시들을 차례로 함락했다. 제법 저항하는 도시들도 있었지만, 항복하는 도시들이 많았다. 알렉산드로스는 소아시아의 해안 지대와 황금을 확보했다. 미다스의 전설이 탄생한 프리기아 왕국과 수도 고르디움도 정복했다. 고르디움에는 황금의 손 대신에 유명한 고르디우스의 매듭이 그를 기다리고 있었다. 이 매듭은 산수유 나무껍질로 만든 밧줄로 전차 연결부를 동여맨 것인데, 이 매듭을 푸는 자는 세계의 왕이 될 것이라는 예언이 전해오고 있었다. 오랫동안 아무도 매듭을 풀지 못했는데, 매듭이 엮인 부분을 다시 밧줄로 감아서 매듭에 아예 접근할 수가 없었다. 잘 알려진 대로 알렉산드로스는 칼로 매듭을 끊어서 문제를 해결했다. 수레에서 못을 뽑아서 풀었다는 설도 있는데, 그보다는 칼로 잘라버렸다는 것이 분명하고 인상적이다.

무일푼이던 알렉산드로스는 손쉽게 희망을 획득했다. 알렉산드로스는 결혼한 병사들을 돌려보내고, 든든해진 지갑으로 그리스 최강인 스파르타 용병들을 고용하기 위해 클레안드로스를 펠로폰네소스로 파견했다.

불리한 상황도 유리하게 만들 수 있다

소아시아의 전황은 다리우스 3세에게 큰 충격을 주었다. 이길 수도 있는 전쟁을 어리석은 장군들이 놓쳤다는 생각에 더욱 속이 쓰렸다. 알렉산드로스와의 첫 대결에서 페르시아군은 큰 실수를 했다. 전술의 기본은 내가 강하든 약하든 적의 약한 곳을 치는 것이다. 페르시아군은 방어에 유리한 지형에서 싸운다는 전술원칙에 충실했지만, 더 중요하고 본질적인 약점, 즉 보급과 군수를 간과했다. 이 약점을 간파한 사람이 로도스의 멤논이었다. 다리우스는 그리스 용병대장 출신인 로도스의 멤논에게 소아시아 방어 책임을 맡겼다. 멤논은 알렉산드로스의 약점이 군자금인 것을 알고, 지연전과 청야전을 주장했다. 군자금이 없으면 병사들의 월급을 지불할 수도 없고 식량을 구입할 수도 없었다. 용병은 물론이고 마케도니아 장병도 사실상 급료병이어서 그 타격은 심각했다.

나아가 멤논은 해군기지를 건설해 해협을 차단함으로써 알렉산드로스의 보급을 끊고, 페르시아의 최대 무기인 막강한 자금을 풀어 그리스의 도시들을 매수하며, 알렉산드로스에 대항하는 용병들을 모으려고 했다. 멤논의 전술이 알렉산드로스를 괴롭히는 데는 최선의 전술임은 분명했다. 특히 그리스의 분열과 해협의 차단은 대단히 신경쓰이는 것이었다. 그리스의 해군력이 해협 봉쇄를 저지하고 있었지만, 그리스 해군의 주력이 반마케도니아 정서의 중심지인 아테네였다. 알렉산드로스는 그리스의 모든 도시 중에서도 아테네를 제일 믿지 못했다. 따라서 이런 상태가 지속되면 그리스 도시 중 최소한 아테네가 모반할 가능성도 있었다. 알렉산드로스는 상당한 곤경에 빠지고, 소아시아 정복에도 오랜 시간과 병력을 소모해버릴 수도 수도 있었다.

그러나 페르시아의 장군과 태수들은 이 현명한 제안을 거부했다. 대페르시아의 군대가 이 작은 도적에게 청야전을 편다는 것을 수치스럽게 생각했기 때문이라고 했지만, 사실은 자신들이 입을 경제적 손실이 아까웠기 때문이었다. 멤논이 솔선수범을 보여 자기 근거지부터 태웠다면 이야기가 달라질 수도 있었겠지만, 멤논의 근거지 로도스는 한참 남쪽에 있어서 그것도 불가능했다. 페르시아 인들은 이것도 맘에 들지 않았을 것이다.

조직이 스스로 문제를 해결할 수 없을 때, 그것도 방법을 몰라서가 아니라 이해관계로 인해 방법을 실행하지 못할 때, '그것을 조정하고, 강행할 수 있도록 하는 것'이 상위에 있는 '리더의 능력'이다. 그러나 페르시아는 이런 리더십을 전혀 발휘하지 못했다. 그것은 다리우스 3세의 문제일 수도 있고, 페르시아 제국의 본질적인 문제일 수도 있다. 어떤 경우든 그 약점은 이미 반세기 전에 그리스 인에게 노출된 것이었다. 그리고 이 약점은 작은 그리스가 페르시아를 정복하자고 공공연히 떠들어낼 수 있을 정도로 심각한 것이었지만, 페르시아의 리더십은 이 문제를 전혀 해결하지도 보완하지도 못하고 있었다. 그 결과가 그라니코스 강의 패전이었다. 그 후에 비로소 멤논의 전술이 주도권을 쥐었지만, 멤논이 갑자기

병사함으로써 그의 전술은 물거품이 되었다.

알렉산드로스의 군대는 소아시아를 지그재그로 헤집으며 내륙으로 진입하기 시작했다. 알렉산드로스가 페르시아 전체를 노린다는 것은 이제 확실해졌다. 참을 수 없게 된 다리우스는 대군을 소집해 진압에 나섰다. 알렉산드로스는 카파도키아를 넘어 이소스를 점령하고 시리아 쪽으로 계속 진군했다. 이곳은 말머리의 인후에 해당하는 곳으로 페르시아의 몸 안으로 들어오는 길목이다.

기원전 333년 다리우스는 60만 대군(동원한 총 병력을 과장한 수치)을 몰아 알렉산드로스를 향해 나아갔다. 여기서 그는 우연인지 실력인지 모르지만 진군하는 알렉산드로스를 빗겨 그의 후미로 돌아가는 데 성공한다. 대군의 치명적인 약점이 느린 기동임을 감안하면, 이 상황은 마치 폭격기가 전투기의 꼬리를 물은 격이었다. 다리우스의 대군은 이소스 시를 기습해서 후방에 잔류한 마케도니아 병사들을 학살했다.

다리우스가 알렉산드로스의 후방으로 진출하는 바람에 알렉산드로스의 병참선이 끊겼다. 마케도니아군의 살길은 즉시 샛길을 찾아 빠져나가거나 페르시아군을 돌파하는 것이었다. 그런데 마케도니아의 입장에서는 소아시아 전체가 적지다. 그런 이유로 탈출로를 찾아 돌아다니다가는 결국 기진맥진이 될 것이다. 강행돌파를 하자니 적은 열 배가 넘는 대군이다. 알렉산드로스가 꼬리를 잡힌 이상 페르시아군은 그들이 원하는 장소로 알렉산드로스를 끌어낼 수 있었다. 유리한 지형은 다섯 배, 열 배의 이익을 준다. 그러므로 페르시아는 열 배의 병력에 열 배의 이점을 가지고 싸울 수 있었다.

이 상황에서 그들은 알렉산드로스에게 완전하게 승리하지 못해도 치명적인 타격은 입힐 수 있었다. 유리한 지형을 선점하고 소모전을 펴는 것이다. 마케도니아군은 병력도 적지만 그 정도 수준의 훈련된 병사는 쉽게 보충할 수 없다는 것이 더 큰 약점이었다. 50,000명이 채 안 되는 병력으로 100만 명의 페르시아군을 상대하면서 언제나 희생을 최소화하는 승리를 거두어야 한다는 것이 마케도니아의 최대 고민거리였다.

그런데 다리우스는 적을 평원으로 끌어내거나 소모전을 펴지도 않고, 자진해서 마케도니아군이 가장 소원하는 지형으로 찾아갔다. 양군이 만난 곳은 서쪽은 바다, 동쪽은 산지인 폭이 약 2~3킬로미터 정도밖에 안 되는 협로였다. 그 이유는 여전히 미스터리인데, 그들이 이 협로에서 마케도니아군과 마주칠 것이라고 생각하지 못했다는 설도 있다. 부하들이 위험을 경고했지만 다리우스는 듣지 않았다. 양군은 6킬로미터 정도를 두고 서로를 발견했는데, 알렉산드로스조차 믿기 어려운 조우였다.

알렉산드로스의 병력은 히파스피스트 3,000명, 팔랑크스 12,000명, 연합 그리스 보병 7,000명으로 보병이 총 22,000명, 트라키아 인과 일리리쿰, 기타 용병으로 구성된 경보병이 13,000명이었다. 기병은 총 5,850명으로 중무장 기병 2,100명, 테살리아 기병 2,100명, 기타 1,650명이다. 다리우스군은 중장보병이 약 30,000명으로 이 중 3분의 1이 그리스 용병이었다. 경보경은 50,000명이 넘었고, 기병은 10,000명에서 13,000명 정도였다.

병력에서는 절반도 되지 않는 열세였지만, 병력 수는 전혀 걱정하지 않는 알렉산드로스였다. 그는 하늘이 준 기회를 놓칠 수 없었다. 적이 대군이고 그 위력을 가늠할 수 없다고 해도, 기왕에 싸울 적이라면 이보다 좋은 조건에서 만나기도 힘들었다. 물론 알렉산드로스의 군대가, 적이 자신들이 회군하고 있던 후방 지역에 있고, 또한 자신들이 달아날 곳이 없다는 상황에 심적 동요만 일으키지 않는다면 말이다. 바로 이 점이 제일 어려운 것으로써 이런 환경에 처하면 병사들이 너무 쉽게 동요하고 무너지는 경우가 허다하다. 그러나 잘 단련된 알렉산드로스군은 전혀 동요하지 않았고, 최선을 다해 싸울 태세를 갖췄다.

어쩌면 알렉산드로스는 가우가멜라 전투 때보다 이 전투를 앞두고 더 고민하고 불안해했던 것 같다. 이때 벌써 인도까지 가겠다는 장대한 목표를 가지고 자신만만하게 출발했지만 다리우스의 본대는 수준을 가늠하기 어려웠고, 그들이 가진 세계지도를 기준으로 하면 상대는 세계의 80퍼센트를 지배하고 있는 대제국 페르시아였다. 그 불안감의 발로인지 알렉산드로스는 병사들을 향해 그의 웅대한 꿈과 정복전의 선포식과도 같은 다소 화려한 연설을 한다. 그것은 전투를 앞둔 병사들이 아니라 취임식이나 그리스 항구에서 개최한 출정식에서나 더 어울릴 법한 연설이었지만, 한 가지 현실적인 멘트를 잊지 않았다. "여러분이 일리리아와 트라키아의 험준한 바위산에서 한 고생이 열매를 맺을 것이고, 동방 전체의 전리품이 여러분에게 주어질 것이다. 여러분은 이제 칼을 쓸 필요조차 없다. 단지 방패로 밀어붙이기만 해도 겁에 질린 적군은 맥없이 뒤로 밀려날 것이다."

군대 특유의 과장이었다고 해도 마지막 말은 어느 정도 진실이었다. 페르시아는 그리스 용병을 고용하는 방법 외에는 서쪽에서 온 이 흉폭한 군대에 대처할 병력과 전술을 전혀 개발하지 못하고 있었다. 전통의 페르시아 보병은 여전히 효율성이 떨어지는 투창을 주무기로 하며, 갑옷은 입지 않고, 때로는 투구조차 쓰지 않고, 허약한 나무 방패로 방호하는 경장보병이 중심을 이루고 있었다. 화려하기 그지없는 페르시아군의 행렬은 퍼레이드용 군대와 같았다. 플루타르코스는 한마디로 이 두 군대를 비교했다. "양군이 마주서자 강렬한 지중해의 석양이 양군을 비추었다. 페르시아군에게서는 금과 은빛의 광채가 피어올랐다. 그리스 군대는 강철의 차가운 광택과 청동빛뿐이었다."

알렉산드로스는 전면에 경보병을 일렬로 배치한 뒤, 뒤에 중장보병과 기병을 두었다. 이 부대를 반으로 갈라 서쪽 해안가에 마케도니아 중장보병대 주력을 배치하고 파르메니오에게 지휘를 맡겼다. 우측은 히파스피스트와 기병을 두고 자신이 지휘를 맡았다. 다리우스는 강을 앞에 두고 중장보병을 일렬로 배치하고 양쪽에 기병을 두었다. 중장보병대의 중앙에는 최정예인 그리스 중장보병대가 있었다. 그러나 전체 페르시아군의 절반 이상이 지형 때문에 중장보병대 뒤에 설 수밖에 없었다. 결국 페르시아군은 2~3층으로 쌓인 케이크와 같은 형태가 되었다. 좁은 협로여서 페르시아군의 유일한 장점인 병력이라는 우위를 살릴 수 없었던 것이다. 전위와 후위의 협력도 어려웠고, 전투를 예상하지 못하고 행군대형으로 진군한 탓에 전투 준비도 제대로 되지 않았다. 즉, 전체 자원을 재구성하지 못하고, 전위에 있던 부대만으로 싸우게 된 것이다.

다리우스는 우세한 경보병을 우측 산지로 보내 산지를 넓게 장악해서 알렉산드로스의 측면을 포위하고, 위에서 아래로 내려다보며 싸우려고 했다. 그러나 부대가 빨리 준비되지 않아서, 혹은 명령을 받은 부대가 겁을 먹고 우물거린 탓에 그 기회를 놓쳤다.

병력만 적었지 전투력, 전투경험, 사기, 팀워크, 기동성에서 마케도니아군이 월등히 앞섰다. 특히 보병전의 우위는 분명했다. 페르시아의 경보병

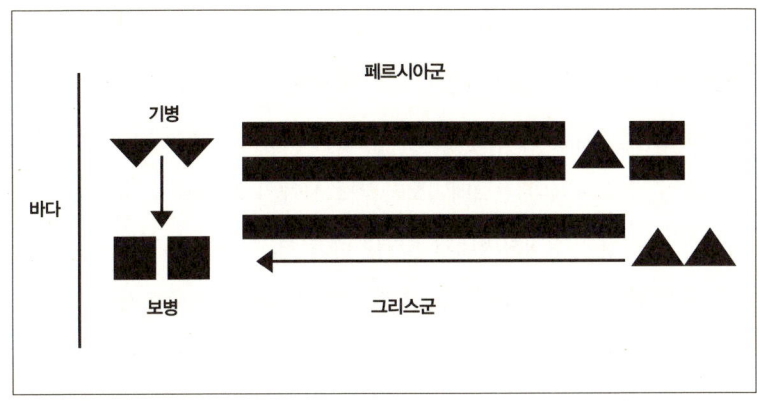

이소스 전투 배치도
바다와 협곡이라는 지형을 잘 활용하면서도 고전적인 기마전 전술로 진행된 이 전투에서 그리스군은 공격과 수비의 순간에 망설이지 않고 필요한 행동을 하는 조직력을 보이며 페르시아군보다 우위에 있음을 증명했다.

이 그리스의 중장보병에 상대가 되지 않는다는 것은 마라톤 전투 때부터 증명된 것이었다. 경보병은 거리를 두고 투척 무기로 상대할 수밖에 없는데, 투척 공격은 단병접전보다 명중률이 떨어져서 병력이 두세 배는 되어야 중장보병과 동등한 전투를 할 수 있다. 또 이런 식의 공격은 정면이 아니라 삼면에서 포위를 해야 제 기능을 발휘한다. 그러므로 경보병을 산지로 보내려고 한 다리우스의 결정은 아주 옳았다. 문제는 공격이 시행되지 않았다는 점이다. 정면으로 마주보게 되면 페르시아 경보병은 상대적으로 약했으며, 또한 좁은 공간이라 많은 병력이 후위에 일렬로 배치되어 경보병의 유일한 장점인 '병력의 우위'도 제대로 살릴 수 없었다.

기병도 정면으로는 밀집중장보병대를 돌파할 수 없다. 거리를 두고 싸우는 궁기병의 화살 공격은 위력적이지만, 페르시아 궁기병의 위력은 의문이 있다. 이들에게는 아직 우리나라의 각궁과 같은 복합궁이 없거나 있다고 해도 드물었던 것은 분명하다. 복합궁은 꽤 거리를 두고도 갑옷을 꿰뚫는 위력을 지녔지만, 그 이외의 활은 위력이 크게 떨어졌고, 게다가 이런 좁은 지형에서는 활동마저 크게 제한되었다.

전투는 고전적인 기마전 전술로 진행되었다. 우익에서 알렉산드로스가 치고나가고 좌익의 파르메니오는 페르시아의 공격을 잘 막아냈다. 다리우스는 유명한 장창보병대가 주력이라고 보고 이들을 향해 기병대를 집중 투입했다. 그러나 그리스군의 진짜 창은 알렉산드로스가 이끄는 컴패니언 기병이었다. 이들은 중앙으로 돌진했다. 적이 알렉산드로스를 포위하고 격렬한 전투가 벌어졌다. 알렉산드로스와 병사들은 단병접전을 마다하지 않고 적과 바짝 붙어 적을 베면서 길을 열고 전진했다. 알렉산드로스의 전기傳記는 이 용기와 투지를 감동적으로 묘사하지만, 이것도 마케도니아군이 의도하던 바였다. 그들은 기병의 진로를 막는 보병이 투창 공격을 할 여유조차 주지 않았다.

알렉산드로스는 중앙을 뚫고 다리우스에게로 육박했다. 다리우스는 엄청난 대군을 끌고 왔지만 그들은 거의 뒤에 있었기에 그의 앞을 막아줄 병력은 많지 않았다. 다리우스의 동생인 옥사트레스가 기병대를 이끌고 알렉산드로스의 진로를 막았다. 그는 용맹하게 싸워 그리스군 일부를 몰아냈지만, 알렉산드로스는 적은 희생에 개의치 않고 계속 앞으로 진격했다. 알렉산드로스 자신도 넓적다리에 부상을 입었지만 개의치 않았다. 다리우스의 경호대와 장수들이 필사적으로 알렉산드로스의 진격을 막으려고 했지만, 그들은 사자 무리 앞의 이리 떼에 지나지 않았다. 다리우스의 전차를 끌던 말이 창에 찔리자 다리우스는 다른 전차를 타고 달아났다. 하지만 왕 주위에 있던 프리기아 태수 아티지, 이집트 태수 사바케스 등 페르시아의 유력한 태수와 장군들이 전사했다.

다리우스의 본진에는 그의 아내와 딸을 포함해 귀족, 장군들의 가족과 재산이 그대로 있었다. 가족을 데리고 전쟁터로 가는 것이 동방군대의 전통이었지만, 페르시아군은 이들을 재배치하지 못한 상태에서 전투에 휘말렸다. 이들은 마케도니아 병사들에게는 최고의 전리품이었다. 약탈이 시작되었고, 특히 여인들에 대해서는 모든 종류의 악행이 저질러졌다. 하지만 다리우스의 왕비와 딸들이 있는 황제의 황금 천막만은 약탈을 면했다. 가장 존귀한 것은 알렉산드로스의 몫이었기 때문이다.

과장이 들어간 수치겠지만 페르시아는 100,000명의 보병과 10,000명의 기병을 잃었다. 마케도니아는 부상자 504명에, 보병 302명, 기병 150명이 사망했다. 보병 사망자가 120~130명이라는 설도 있는데, 이것은 순수 마케도니아군의 전사자 수일 가능성이 있다.

이렇듯 이소스 전투에서 그리스군의 전투력이 페르시아군을 압도한다는 사실이 증명되었다. 그것은 알렉산드로스와 그리스 병사들에게 확고한 자신감을 부여했다. 또한 전투에서 엘리트 정예 부대의 역할이 얼마나 중요한지도 여실히 증명했다. 특히 정예 기병을 직접 인솔하고 이 부대를 일종의 '프리롤'로 운영함으로써 격동하는 전장에 발생하는 순간의 기회를 포착하고 대응하는 간격을 일체화했다.

그리스군은 전술 지형을 적시에 점령하고, 각 부대가 공격과 수비의 순간에 망설이지 않고 필요한 행동을 하는 조직력 또한 페르시아군보다 우위에 있었다. 그들이 잘 조련된 탓도 있지만 무엇보다 엘리트 장교단의 역할이 컸다고 생각한다. 상성을 지닌 여러 병종이 격돌하는 전쟁에서 그리스군은 각 부대의 전술 대응력도 뛰어났다. 페르시아는 그리스의 중장보병을 의식해서 좌익의 공격에 말까지 갑옷(마갑)을 입힌 중장기병대를 투입했다. 좌익이 위태롭자 알렉산드로스는 우익에 있던 테살리아 기병대를 급파했다. 테살리아 기병대는 페르시아 기병과 충돌했으나 마갑이 없는 그들은 정면 대결에서 크게 밀렸고, 결국 부대 하나가 붕괴했다. 그러자 테살리아 기병은 자신들의 장점을 살려 크게 우회 기동해 페르시아 기병의 측면 또는 후면으로 들어가 대형을 쪼개고 격파해버렸다. 이 승리는 알렉산드로스의 중앙돌파와 함께 이날 전투에서 가장 극적인 장면이었다.

승자가 되려면 용기와 확신이 필요하다

이소스 전투 후에도 알렉산드로스는 쉬지 않았다. 2년 동안 시리아, 레바논, 이스라엘 지역을 점령하고, 이집트까지 정복했다. 알렉산드로스의 탐욕은 끝이 없어 페르시아는 물론 인도까지 정복하겠다고 공언하고 있었다. 그 과정에서 희망과 낙담이 교차하는 정보가 계속해서 다리우스에게 전해졌다. 알렉산드로스는 기원전 332년 티로스 공략전에서 무려 6~7개월 동안 고생을 했다. 이때, 마케도니아군 전사자가 400명이라고 하지만 실제로는 더 컸을 가능성이 높다. 좌우간 이소스 전투의 희생자보다도 많았다. 알렉산드로스도 전사할 뻔했다. 지지부진한 공격에 참다못한 알렉산드로스가 공성탑의 선두에서 공격을 이끌었다. 그날 알렉산드로스는 황금갑옷을 입고 공성탑과 성벽을 연결하는 한줄기 널판지 위에서 성벽을 지키는 수비대와 격렬한 몸싸움을 벌였다. 알렉산드로스의 전기 작가들은 그러고도 그가 전사하지 않은 것이 기적이라고 경이

로워했지만 다리우스로서는 땅을 칠 노릇이었다.

가자 공략전에서 알렉산드로스는 끝내 화살에 맞았다. 응급처치를 했지만 상처가 다시 터져 알렉산드로스는 의식을 잃기도 했다. 그러나 그는 부상이 낫기도 전에 '땅굴 작전'을 지시했으며 성벽이 무너지자 또 선두에 서서 돌격했다.

소아시아에서 이집트 사이에 있는 많은 요새들이 몇 개만 더 이런 식으로 싸웠다면 알렉산드로스는 시간도 시간이지만 자신의 건강과 많은 병력을 소진했을 것이다. 알렉산드로스의 손실이 커져갈수록 도시들의 항전 의지와 저항은 더 강해졌을 것이다. 그랬더라면 알렉산드로스가 다리우스의 중재안을 받아들였을 가능성도 있다. 티로스 공성전 동안 다리우스는 알렉산드로스가 자신의 딸 스타테이라와 결혼하면 소아시아의 군주로 임명하겠다고 제안했다. 그가 제안한 지참금은 소아시아 전체와 황금 10,000달란톤이었다. 아울러 페르시아에는 강과 험한 지역이 너무나 많이 있지만 이 모든 곳을 점령하기에 알렉산드로스의 병력은 너무 적다는 현실적인 충고도 덧붙였다. 병력 문제는 누가 들어도 옳은 지적이었지만 상대는 알렉산드로스였다. 그는 "규칙은 승리자가 만드는 것이다. 어차피 그 모든 것은 내 것이 될 것이며, 바다를 건너온 사람에게 (겨우 강 수준의 바다에 불과했지만) 강을 가지고 겁주는 짓은 그만두라"는 답변을 보냈다.

자만한 말에 걸맞게 알렉산드로스는 나일 강을 따라 내려가며 이집트를 단숨에 석권했다. 이집트는 페르시아의 지배를 받고 있었던 탓에 해방보다는 선량한, 혹은 강한 주인을 원했다. 한편 그 사이에 시리아 총독 안드로마코스가 사마리아 인에게 잡혀 살해되는 사건이 벌어졌다.

다리우스는 점령지의 반란과 그리스 본토의 반란에 상당히 기대했고, 일부 원조도 했다. 하지만 대세는 이 위대한 정복자에게 감복하는 추세로 바뀌고 있었다. 반알렉산드로스 운동의 근거지였던 아테네도 끝내 알렉산드로스에게 머리를 조아렸다. 알렉산드로스는 아테네에 포로 석방, 세금 면제와 같은 은전을 베풀었다.

이 모든 일이 정리되자 알렉산드로스는 다시 군대를 북으로 돌렸다. 다리우스는 그의 다음 목표가 자신이라는 사실을 알았다. 피할 수 없는 일전을 위하여 다리우스는 페르시아의 전 병력을 바빌로니아로 호출했다. 당시 기준으로 보면 전 세계에서 끌어 모은 그 군대에는 인도에서 모집한 기병에 코끼리, 낙타 부대까지 있었다.

다리우스는 이소스의 패전을 철저하게 복기했다. 같은 잘못을 되풀이하지 않기 위해 전선에서 주도권을 장악하고, 자신이 원하는 장소로 적을 끌어들여 싸우기로 굳게 결심했다. 뒤늦은 감이 있지만, 다리우스는 이 싸움만큼은 처음부터 주도권을 쥐고 있었다. 장기전과 소모전이 진짜 적이라는 사실을 알았던 알렉산드로스는 한 판에 전쟁을 끝내기 위해 다리우스가 있는 곳은 어디든지 가겠다고 공언하고 있었고, 실제로 물불을 가리지 않았다.

전쟁에서 기본 원칙 중 하나는 적이 준비하고 기다리고 있는 전장으로 들어가지 말라는 것이다. 손무부터 패튼까지 위대한 장군들은 하나같이 전투에서 주도권을 쥐는 것이 승리의 비결이라고 강조한다. 전장의 주도권을 잡는 중요한 비결이 바로 장소의 선택권을 장악하는 것이다. 그러나 알렉산드로스는 그 비결을 포기한 채 적이 기다리는 전장으로 전 병력을 몰아넣었다.

다리우스가 선택한 장소는 지금의 이라크 지역, 티그리스 강 동편에 위치한 가우가멜라 평원이었다. 평원의 전투는 기병과 병력에서 우세한 페르시아군에게 절대적으로 유리했다. 알렉산드로스를 기다리면서 다리우스는 남아도는 병력을 활용해 기병의 활동에 방해되는 지형까지 깎아내고 다듬는 여유를 보였다. 여유라기보다는 세심한 준비였는데, 페르시아의 황제는 그리스군을 격파할 비밀 무기로 바퀴에 칼날을 단 200대의 스키타이 전차를 마련하고 있었다.

이 전차는 마치 믹서처럼 바퀴의 칼날에 스치는 모든 것을 썰어버리는 가공할 위력이 있었지만, 오늘날 자동차에 있는 서스펜션 등과 같은 완충 장치가 없는 관계로 돌이나 시체를 타고 넘으면 튀어올라 전차병을 내동댕이치거나 전차 자체가 전복될 위험이 있었다. 게다가 장착한 칼날이 병사를 썰고 지나가려면 상당한 속도를 내야 했기 때문에 이런 위험성이 더 높았다. 페르시아군의 지형 정리 작업은 전차의 활동 구역을 정비하고, 그리스군의 횡대가 측면을 의지할 지형을 없애기 위해서였을 것이다.

그러나 그리스군에게 가우가멜라 평원의 진정한 공포는 퇴로가 없다는 것이었다. 경기병이 압도적으로 많은 적군에게 평원에서 패배한다는 것은 도망할 곳이 없다는 이야기였다. 게다가 그리스군은 유프라테스 강과 티그리스 강 두 개를 모두 건너야 했다. 평원을 지나 두 개의 강을 건너 후퇴한다는 것은 불가능했다. 진정한 배수진이자 완벽한 단판승부였다.

알렉산드로스의 병력은 47,000~50,000명, 페르시아군은 100만 명이었다고 알려져 있다. 100만 명은 믿을 수 없는 수치지만, 너무 많은 민족으로 편성된 잡동사니 군대임에도 불구하고 정면 대결을 벌이면 충분히

앙드레 카스타뉴, 〈페르시아 전차의 돌진〉, 1898~99
가우가멜라에서 다리우스가 준비한 비밀 무기는 바퀴에 칼날을 단 200여 대의 전차였다. 하지만 애써서 준비한 결정타는 희극이 되어버렸다. 전차는 마케도니아군의 중앙부로 돌진했으나, 알렉산드로스의 병사들은 전차에 맞서지 않고 좌우로 비켜 피했다. 방향 전환이 어려운 전차는 텅 빈 통로를 달릴 수밖에 없었고, 마케도니아의 병사들은 뒤에서 전차병을 사냥했다.

그리스군을 짓누르고 파괴할 수 있을 병력은 되었다. 전투는 사선대형부터 그간 습득한 모든 부분의 전술을 활용하며 진행되었다. 그러나 전체적으로 보면 고전적인 기마전 형태의 전형에서 벗어나지 않았다. 양군은 모두 우익을 공격 부대로 좌익을 수비대로 활용했다. 전차와 기병이 동원된 페르시아 우익은 기병의 장점과 병력의 우위를 활용해서 파르메니온이 지키던 좌익을 강력하게 압박했다. 이 공세는 그 어떤 전투보다도 강력하고 위협적이었다.

그리스군의 좌익은 거의 붕괴 직전까지 갔다. 그들이 최대한 버틸 수 있었던 것은 적절한 대형 변경 능력과 병종의 특성을 살린 교묘한 협력 덕분이었다. 알렉산드로스는 병력의 효용성을 최대화하기 위해 팔랑크스의 본대 옆에 각각 두 개의 작은 경보병 부대와 경기병대를 위성처럼 배치했다. 이들은 작은 규모와 기동력이란 장점을 활용해 적의 공세와 상황에 따라 즉각적인 협력을 제공했다. 기병이 측면으로 들어오면 측면을 막고, 정면을 압박하면 본대의 좌우로 전개해서 그들의 측면을 노리거나 병력을 분산시킨다. 기병이 본대를 돌파하고 분리시키면 즉시 돌파구를 막고 돌파한 기병을 에워싼다. 이런 다양한 노력을 통해 그들은 팔랑크스의 전투력과 내구성을 극대화했다.

그러나 한계를 넘을 수는 없었다. 양군의 대결은 거대한 콘크리트 덩어리가 서로 상대를 부서뜨리기 위해 압력을 가하는 것과 유사했다. 시간이 지나자 접촉 부위는 부서지기 시작하고, 덩어리 여기저기서 균열이 생기기 시작했다. 이 균열은 양 진영에서 동시에 생겼는데, 이 갈라진 틈을 발견한 페르시아와 인디아 기병은 균열을 통과해서 파르메니온의 측면을 강타하지 않고 그 뒤에 쌓아둔 보급품 집적소로 곧바로 달려갔다.

그 덕에 파르메니온은 파멸의 시간을 연장할 수 있었다. 여담이지만 알렉산드로스는 이 전황을 보고 받자 군수품 약탈을 방치하고 대응하지 말라는 명령을 내렸다. "전투에서 이기면 우리 것은 되찾을 수 있고, 적의 것까지 얻을 수 있다."

말은 그렇게 했지만 전황은 불길했다. 결정적 순간이 왔다고 판단한 다리우스는 비장의 전차 부대를 출격시켰다. 그러나 애써 준비한 결정타가 희극이 되어버렸다. 전차는 알렉산드로스의 중앙부로 돌진했고, 마케도니아 병사들은 달려오는 전차에 맞서지 않고 좌우로 비켜 피해버렸다. 전차는 방향 전환이 어렵고, 방향 전환을 하면 속도가 줄어버리기 때문에 텅 빈 통로를 그냥 내달릴 수밖에 없었다. 그들이 통과하자 경보병들이 전차의 뒤에서 전차병을 사냥했다. 이 공격에서 빠져나온 전차는 다시 크게 선회해서 돌격해야 했는데, 말들은 이미 지쳤고, 전차병들은 재공격을 감행할 용기가 사그라졌을 것이다. 그들은 선회 대신 직진을 선택했고, 그렇게 전장을 떠나 다시는 돌아오지 않았다.

결정타로 날린 스트레이트가 빗나가자 다리우스는 다시 훅을 날렸다. 우익에 있던 강력한 박트리아 기병대를 출동시킨 것이다. 이들은 상당한 전과를 올렸지만, 알렉산드로스를 정면에서 압박하지 않고 측면으로 우회하는 실수를 범했다.

처음부터 알렉산드로스는 최고의 엘리트 부대인 컴패니언 기병을 이끌고 계속 우측으로 전선을 확장했다. 페르시아군은 알렉산드로스가 페르시아군의 기나긴 길이에 개의치 않고 끝까지 달려 대형을 우회하려는 것으로 보았다. 그들은 알렉산드로스의 고무줄 작전에 대항해 기병대를 내보내 평행으로 달리게 했다. 이 소극적 대응은 좌익의 임무는 수비이

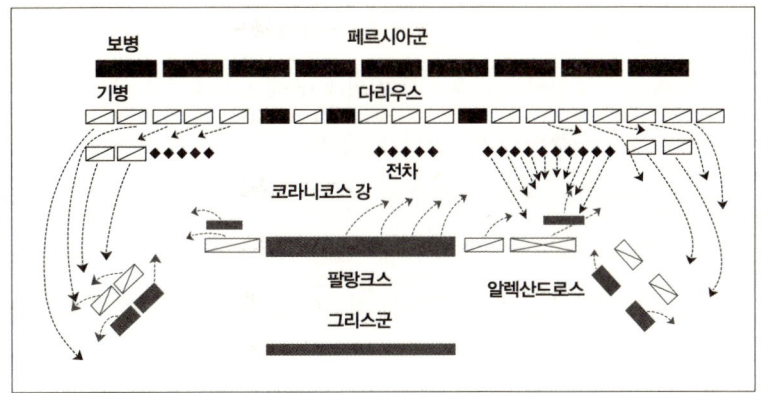

가우가멜라 전투 배치도
최고의 엘리트 부대인 컴패니언 기병을 이끌고 계속 우측으로 전선을 확장한 알렉산드로스는 페르시아군의 긴 대형에도 개의치 않고 끝까지 달렸다. 전선이 연장되면서 페르시아 쪽 전선 대형에 틈이 생기자 갑자기 좌익으로 선회해 돌격한 그리스군은 승리를 맞았다.

며, 우익이 적을 분쇄할 동안 시간을 끌면 된다는 좌익의 논리에 충실한 것이었지만, 전선이 연장되면서 대형에 틈이 벌어졌다. 여기에 박트리아 기병대가 출격하는 바람에 완벽한 균열이 발생했다. 알렉산드로스는 즉시 기병을 좌익으로 선회시킨 뒤 쐐기형 돌격대형으로 그 균열을 파고들었다. 팔을 옆으로 뻗게 한 뒤에 갑자기 어깨에서 심장으로 찔러 들어가는 것이다.

멋진 기습같지만 보통의 용기와 확신 없이는 감행할 수 없는 공격이었다. 페르시아 기병들도 곧바로 알렉산드로스를 추격해왔기 때문이다. 컴패니언 기병은 등 뒤에 적을 달고 앞으로 파고드는 위험한 모험을 감행했다. 페르시아군의 수비에 조금이라도 저지되면 몰살이었다. 알렉산드로스의 뒤에서 가해지는 압박을 덜어내기 위해 아그리아네스의 경보병 부대가 달려와 박트리아 기병의 뒤에서 투창 공격을 감행했다.

서로 등을 찌르는 기묘한 난전이 잠시 지속되었다. 그러나 페르시아 진영에서 발생한 균열이 다리우스의 전위대 앞까지 확대되자 병사들이 갑자기 무너지며 도주하기 시작했다. 알렉산드로스의 전기 작가들은 페르시아군이 충분히 더 싸울 수 있었고 전황은 서로 팽팽했다고 말한다. 양측에 발생한 균열의 크기만 비교하면 그렇게 평가할 수 있다. 그러나 알렉산드로스가 찢고 있는 균열이 더 확고하고, 적극적이며, 적의 심장에 더 가까웠다.

　이 전투로 페르시아는 사실상 종말을 맞았다. 다리우스는 도주했지만 결국 살해되었다. 알렉산드로스는 수사에 입성했고, 기원전 324년에 그의 장담대로 다리우스의 딸 스타테이라와 결혼했다. 많은 역사가들이 다리우스가 조금 더 비범한 지도자였더라면 알렉산드로스가 이렇게 쉽게 승리하지는 못했을 것이라고 말한다. 다리우스는 보통 이하였을까, 아니면 알렉산드로스와 같은 불세출의 천재를 상대하게 된 불운한 보통 지도자였을까? 그것을 평가하기는 쉽지 않지만 다리우스는 보통 이하와 보통, 혹은 보편적 기준과 일반 관행에서 볼 때 유능한 편인 지도자들도 흔히 범하는 실수를 저질렀다. 가장 커다란 실수는 알렉산드로스가 제일 두려워하고 피하고 싶어 했던 소모전을 펴지 않고, 스스로 대병력을 몰고 찾아가 격파되었다는 것이다. 물론 여기에는 페르시아 측의 말 못할 사정이 있었을 수도 있다. 이 전쟁에서 우리가 보는 기록은 전부 그리스 쪽 기록이다.

　페르시아는 제국의 규모에 비해 이상할 정도로 기록이 없는 국가였다. 다민족 국가였던 페르시아 제국에서는 각각의 도시와 지역이 함몰되기 시작하면 페르시아 인의 지배권을 단숨에 부정해버릴 수도 있었다.

그러나 그렇다고 해도 그런 어려움을 감수하고 극복할 수 있도록 설득하는 것이 리더의 능력이다. 그것은 결코 50,000명의 병사들에게 인도까지 가자고 설득하는 것보다 특별히 더 어려운 과제는 아니었다.

두 번째로 다리우스는 일반적 상식과 명제에 너무 깊이 의존했다. 이소스와 가우가멜라에서 다리우스는 자신이 가진 것, 자신의 장점에 집착했다. 장점을 살리는 것은 올바른 태도가 아니냐고 반문할 수 있지만, 조금만 둘러보면 세상의 모든 명제와 법칙이라는 것에는 상반되는 주장들이 있다.

계란을 한 바구니에 담지 말아야 한다 / 집중해서 타격하라
공격이 최선의 수비다 / 공격은 수비로부터 시작한다

이런 지식인의 유희에 짜증 나는 사람들은 사례집을 들춰보고, 둘 중 옳은 것을 판정하려고 한다. 지도자의 자질을 가늠하는 첫 번째 능력이 이런 명제의 사용법을 배우는 것이다. 다리우스는 상대의 입장에서 생각하지 않았다는 것이다. 페르시아 같은 거대 다국적기업이 지역 중소기업에 불과한 그리스에게 맞춤형 전술을 쓴다는 자체가 자존심 상하는 일이었을 것이다. 그들이 가진 엄청난 힘을 제대로만 사용한다면 적을 가볍게 쓰러뜨릴 수 있지 않을까?

심지어 이소스 전투에서 알렉산드로스의 전술적 특징이 노출되었음에도 다리우스는 오직 자기 관점에서 반성만 했다. "내 탓이오"는 고귀한 인격의 표현이지만, 전선에는 무능과 게으름의 또 다른 얼굴에 불과하다. 대제국을 경영하면서 페르시아 인들은 자기만의 복잡한 관리 체제

와 경영 관습에 너무 깊이 빠져서 상대를 분석하고 대응하는 행동뿐 아니라 합리적인 사고마저 마비된 것이다. 너무나 평범한 교훈 같지만, 전쟁사에서 무섭도록 반복되는 교훈이다.

그라니코스 강과 이소스 전투를 분석했다면 알렉산드로스군의 약점은 바로 알렉산드로스에 있음을 파악할 수 있었다. 그것을 알면서도 당한 이유는 주도권을 빼앗겼기 때문이다. 그라니코스 강에서는 기다렸고, 이소스와 가우가멜라에서는 전통 관습에 따라 적극적·능동적인 부대는 수비를 맡은 파르메니온 부대로 보내고, 혜성처럼 헤집고 다니는 알렉산드로스는 기다리거나 주위에서 맴돌았다.

이 글을 읽으면서 알렉산드로스가 전통적인 기마전 구도를 고수하는 것을 의아하게 느끼는 독자도 있었을 것이다. 그것은 알렉산드로스가 전통에서 완전히 헤어나오지 못해서가 아니라 상대를 관습적 틀에 묶어두기 위한 덫이었다. 다리우스가 파르메니온의 좌익에 그렇게 무자비한 공세를 가하지 않고, 오히려 알렉산드로스를 상대하듯이 적절히 견제하고 묶어두었다면 어땠을까? 설령 파르메니온이 공세로 나오고, 페르시아 보병과 그리스 용병이 그들을 막아낼 수 없었다고 해도, 한편으로는 보병은 진격에 많은 시간이 소요된다는 점을 상기해볼 필요가 있다. 페르시아군이 그리스군과 대칭으로 사선대형을 펼쳐 양군의 거리를 최대한 벌리고, 기병을 풀어 측면을 위협하고, 그 공포의 전차대(실제로 전차가 종이호랑이였음은 이미 여러 전투에서 증명되었다) 역시 멀리 우회시켜 측후방으로 돌격한다는 기세만 보였다면 그리스군의 좌측 날개가 진격하기는 쉽지 않았을 것이고, 진격했다고 해도 상당한 시간이 걸렸을 것이다.

그동안 우익에서는 기병의 역량을 집중해 알렉산드로스와 컴패니언 기병을 잡는 데 주력했더라면, 한두 개의 기병 부대가 패배했더라도 알렉산드로스의 체력과 병력을 소모시키고 다리우스를 향한 그의 돌진을 저지할 수 있었을 것이다.

기회는 포착하는 즉시 잡아라

페르시아를 정복함으로써 알렉산드로스는 그리스의 100배가 넘는 땅을 획득했다. 그러나 그는 여기에 만족하지 않고 아프가니스탄을 넘어 인도로 진군했다. 알렉산드로스의 인도 원정은 역사가들에게는 미스터리이자 골칫덩이다. 이 무모한 욕망을 어떻게 설명해야 할까? 그는 이미 지나치게 넓은 땅을 차지했다. 사려 깊은 학자라면 지도만 보아도 이 땅을 다스릴 방법을 두고 골치가 아플 판이었다. 그런데 알렉산드로스는 통치 방법을 마련하는 과제는 뒷전으로 물리고 전쟁을 찾아나섰다. 학자들은 그의 이런 행동에 직면할 때마다 이해되지 않아 곤혹스러워한다. 어떤 이는 이렇게도 말한다. "왜 그는 만족을 모를까. 욕망이 지나친 것이 아닌가?" 그러나 우리가 주목해야 할 것은 원정에 대한 심리적 이유가 아니라 원정, 그런 욕망을 실현 가능하게 한 조건과 결과다. 알렉산드로스 시대에 세계는 아직 여명기였다. 페르시아 제국을 제외하고 그리스에서 인도 사이의 드넓은 땅에는 제대로 된 국가가 없었다. 페르시아 제국도 알고 보면 수십 개 나라의 느슨한 조합에 불과했다. 인도 역시 마찬가지였다. 지구의 절반에 해당하는 대지에 50,000명도 안 되는 정예병을 막아낼 능력을 지닌 국가가 없었다. 알렉산드로스는 신이 이 세상에 자신을 태어나게 한 이유는(그가 신을 믿었든 믿지 않았든) 이 기회를 잡으라는 것이라고 믿었음이 틀림없다.

역사가 증명했지만, 이 기회는 곧 달아날 것이다. 그가 정복을 시작한 이상, 사람들은 빠르게 단합할 것이다. 인도만 해도 인도 최초의 통일 제국이라 할 수 있는 마우리아 왕조는 알렉산드로스의 인도 침공에 격발되어 탄생한 제국이었다. 알렉산드로스가 카시미르 지역에 있을 때, 한 인도인 청년이 나타나 자신에게 병력을 빌려주면 전 인도를 점령해서 바치겠다는 대담한 제안을 했다. 알렉산드로스는 그 제안을 거절했다. 그러나 알렉산드로스가 떠나가자 청년은 기어코 인도를 정복했다. 그가 바로 마우리아 왕조의 창시자인 찬드라 굽타다. 이 전설이 사실인지는 알 수 없지만, 선각자가 길을 뚫으면 세상이 반응을 보인다는 진리를 반영하는 에피소드라고 하겠다. 알렉산드로스가 준동을 시작한 이상, 세계 곳곳에서 '찬드라 굽타'가 탄생할 것이다. 아마 이것이 알렉산드로스가 세상 끝까지 달려가려고 했던 진정한 이유였을 것이다.

전쟁과 경영에서 가장 중요한 것이 전력으로 몰아칠 기회를 놓치지 않는 것과 몰아침을 멈추는 시점을 정하는 것이다. 몰아칠 기회에 꾸물거리면 승리를 날리고, 과도하게 추격하면 역습을 당한다. 이 판단이 지휘관의 몫이며, 지휘관의 능력이다. 그리고 이 능력은 자기개발과 경험, 도전 정신으로 양성된다.

그런데 천하의 알렉산드로스에게도 페르시아 정복 이후부터는 지금까지와는 다른 새로운 전쟁이 기다리고 있었다. 현대 장비로 무장한 소련과 미군도 괴롭혔던 불침의 땅 아프가니스탄은 알렉산드로스에게도 최고의 난관이었다. 그는 여기서 상당한 고전을 했다. 이곳에서 알렉산드로스와 록사네의 결혼 사건이 벌어졌다. 영화에서처럼 알렉산드로스는 그녀가 춤추는 모습에 반했다고 하는데, 그녀는 아프가니스탄 유력 세력의 딸이었다. 어떤 사람은 아프가니스탄 정복이 너무 힘들어서 알렉산드로스가 전략적으로 결혼을 한 것이라고 추정한다. 그러나 정말 정복을 위해 전략적으로 결혼을 선택한 인물이었다면 그는 이미 부인을 꽤 여러 명 두어야 했다. 알렉산드로스의 자존심이 전략적 결혼을 허락했을 리가 없다. 그는 페르시아 정복을 앞두고도 포로로 잡고 있던 스타테이라와 결혼하지 않았다. 그녀와 결혼을 한 것은 인도 전역에서 돌아온 다음이었다.

아무튼 아프가니스탄의 난관조차도 이 자존심 강한 승부사를 저지하지는 못했다. 알렉산드로스는 계속 전진해서 파키스탄과 인더스 강을 지나 카슈미르 지역까지 진군했다. 그러다가 기원전 327년, 무적의 군대는 지금까지 겪지 못한 새로운 장애와 마주쳤다.

강을 지키는 자는 반드시 패배한다

하늘이 갑자기 어두워지더니 바람과 비가 몰아치기 시작했다. 폭풍우에 가까운 비에 사람과 말이 모두 어쩔 줄 모를 정도였다. 심지어 군막 안에 들어가 있던 병사들까지 밖으로 튀어 나올 정도였다. 바람이 군막을 흔들고, 강력한 빗줄기가 차양을 뚫고 뚝뚝 떨어지기 시작하자 군막 안에 있는 것이 더 불안해졌다. 시커멓게 변한 하늘, 찢어지는 듯한 말과 코끼리의 울음소리, 땅과 나무와 풀들이 온통 흔들리는 속에서 알렉산드로스는 검은 외투로 몸을 가린 채 움직이지 않고 서 있었다. 평소에는 어디에서든 자신을 드러내는 복장을 하는 그였지만 오늘은 평범한 장교의 복장을 하고 있었다. 적군의 주의를 돌리기 위해 강 위쪽에 화려하게 자기 군막을 설치하고 대역을 세워 놓았기 때문이다.

 알렉산드로스의 변장은 병사들에게 약간은 충격이었다. 8년 전 마케도니아를 떠난 이후로 알렉산드로스는 언제나 당당했다. 지난 세월 동안 지구의 반을 달려오면서 모든 병사들이 볼 수 있도록 크고 하얀 깃털이 달린 투구에 황금색 갑옷을 입고 병사들의 맨 앞에서 싸우던 그였다. 심지어 레바논의 티로 공략전에서는 그런 복장으로 공성탑에 올라가 성벽의 수비대와 충돌했다. 그런 그가 난생 처음 그답지 않은 모습을 보이는 것을 보고 병사들은 불길한 예감이 들었다. 그렇지 않아도 너무 멀리왔다는 생각이 전군에 퍼져가는 참이었다. 고향에서 멀리 떨어져 우울한 것이 아니라 분수와 한계를 넘어간 느낌이었다. 이곳은 그들이 있지 않아야 할 곳, 그들이 숨 쉬고 살아갈 수 있는 우주의 한계를 넘어섰을지도 모른다는 불안감이었다. 이런 불안감은 팍팍하고 붉은 흙, 처음 보는 숲과 너무 크고 잎이 넓은 식물들, 코끼리라는 크고 기괴한 동물을 보면서 더욱 증폭되었다.

 아군의 20배가 넘는 페르시아의 100만 대군을 보고도 두려워하지 않던 무적의 군대가 적에게서 공포를 느끼고 공격을 주저하기 시작했다. 역전의 용사들은 자존심이 상했지만, 꺼림칙한 마음은 어쩔 수가 없었다. 이럴 때 병사들은 저절로 리더를 쳐다보게 된다. 그러면서 기대를 한다. 위대한 황제는 어떻게 그들을 다잡고 일으켜 세울까? 그런데 알렉산드로스가 병사들의 마음을 더 흔들었다. 대역을 세우고, 다른 지역에 부대를 보내 그곳으로 도하하는 척하면서 몰래 강을 건너는 기만작전을 구상한 것이다. 아주 훌륭한 계략이지만, 알렉산드로스답지 않았다.

알렉산드로스가 수수하고 평범한 장교 복장을 하고 작전을 지휘하자 왠지 그가 갑자기 늙고 작아진 것처럼 보였다. 부왕 필립 때부터 종군해 온 고참병사는 의도적으로 왕쪽으로 시선을 돌리지 않으려고 했다. 그런데 도강을 막 시작하려고 할 때 폭풍우가 밀어닥친 것이다. 고대의 관념에서 이것은 너무나 분명한 징조였다. 하늘이 작전을 말리는 것이다.

알렉산드로스도 이 모든 것을 느끼고 알고 있었다. 요동하는 산하와 병사들을 보면서 그는 작전중단을 심각하게 고려하고 있었다. 하지만 그는 운명의 신을 믿지 않았다. 그리고 강 건너편에서도 분명히 똑같은 불길함이 퍼져 있으며, 여전히 이 지역을 경계하는 병사는 한 명도 없다는 사실을 발견했다. 그는 자신의 존재와 신뢰를 회복하는 제일 좋은 방법은 금빛갑옷을 다시 입는 것이 아니라 확고한 승리라고 확신했다. 알렉산드로스는 손을 들어 신호를 보냈다. "작전을 재개한다."

알렉산드로스군의 병력은 기병 5,000명, 보병 6,000명으로 도합 11,000명이었다(이 기록은 아리안의 저서에서 나온 수치다. 쿠르티우스의 전기에서는 10만 내지 12만 명이라고 했다. 그러나 아리안의 기록이 신뢰성이 있다고 보인다). 포로스는 전쟁을 선택하고 히다스페스 강을 방어선으로 정했다. 포로스는 강변에 85마리의 코끼리, 300대의 전차, 궁수를 포함한 30,000 명의 보병을 배치했다. 포로스는 특별히 거대한 코끼리를 타고 있었다. 그의 갑옷은 금과 은으로 도드라지게 상감한 화려한 것이었다. 체격도 남달리 커서 위풍당당했다.

산전수전을 다 겪은 마케도니아 병사들이지만 강변에 버티고 있는 코

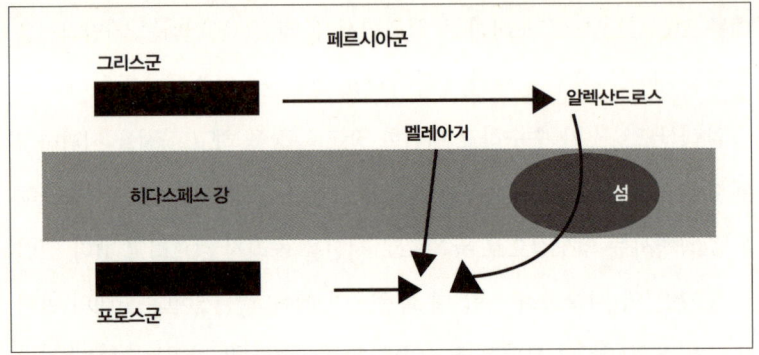

히다스페스 강 전투 배치도
알렉산드로스는 위장전술로 적의 주의를 돌리고 동쪽으로 우회해 기습적으로 강을 건넜다. 이때 부대 일부를 중간에 떨어뜨려놓았는데, 강을 건너 인도군과 격돌하자 멜레아거가 지휘한 그리스군이 도하해 인도군 좌익을 덮쳤다.

끼리를 보자 동요했다. 전장에서 코끼리의 기능은 겁주기였다. 막상 싸워보면 기능이 딱 거기까지이지만 말과 사람을 동요시키는 능력은 탁월했다. 동물들은 자기보다 큰 동물, 처음 보는 동물을 보면 놀라 어쩔 줄을 모르는 성향이 있어서 기병의 동요가 컸다. 그리고 정말 만에 하나의 가능성이지만, 야생에서 보여주는 코끼리 떼의 질주를 전쟁에서 실현한다면 적의 방진을 초토화시킬 것이라는 기대를 품게 했다.

그라니코스 강 전투에서 알렉산드로스는 컴패니언 기병을 이끌고 적의 강변으로 돌격해서 승리를 거두었다. 하지만 여기서는 코끼리에게 놀란 말 때문에 그럴 수 없었다. 강은 폭이 800미터는 될 정도로 너무 깊고, 수량이 풍부했다. 인도의 궁수들은 지나치게 큰 화살을 사용하고 있었지만, 이 깊은 강을 정면에서 건너다가는 화살공격의 제물이 될 것이다.

적군의 수준도 미지수였다. 알렉산드로스는 강 중간에 하중도가 있는 지점을 발견하고 그곳으로 소부대를 파견해서 싸움을 걸어보기로 했다. 마케도니아의 젊은 귀족 장교 두 명이 전투에 자원했다. 마케도니아군의 자랑인 장창대를 끌고 섬으로 들어간 그들은 인도군 보병을 격파했다. 그러나 뒤이어 공격해온 인도 궁수들의 화살 공격에 전멸하고 말았다.

알렉산드로스는 계략을 쓰기로 했다. 강의 여울목으로 프톨레마이오스의 기병대를 보내 도강을 준비하는 척 했다. 그리고 건기가 되어 수량이 줄기를 기다린다는 소문을 냈다. 알렉산드로스가 항상 진두지휘한다는 소문은 인도까지 들렸을 것이므로 자신의 텐트를 치고, 대역을 세웠다. 인도군의 주의가 온통 이곳으로 쏠리게 한 뒤 25킬로미터는 떨어진 큰 하중도로 몰래 이동했다. 섬은 제법 크고 숲과 골짜기가 있었다. 그는 강을 도하해서 이곳에 병력을 집결한 뒤에 일거에 강을 건너 적을 칠 예정이었다. 너무 먼 거리를 우회하므로 섬까지 오는 길에 두 개의 기병부대를 잠복시켜 그가 강을 건너 교두보를 확보하면 바로 2차 도하를 해서 합류하게 했다. 최초 도하지점으로 자신의 뒤를 따라 오면 너무 원거리를 돌기 때문이다.

인도군은 프톨레마이오스 부대에 주의가 쏠린데다가 폭풍우와 짙은 먹구름, 일찍 찾아온 어둠으로 알렉산드로스의 도하를 완전히 놓쳤다. 포로스가 상황을 깨달았을 때는 알렉산드로스가 도강을 마치고 강 안에 완전한 전투대형을 형성한 뒤였다. 포로스는 전차 100대와 4,000명의 기병을 급파했다. 포로스의 아들 또는 동생이 이 부대를 지휘했다. 알렉산드로스군은 이미 페르시아에서 바퀴에 칼을 달고 돌진하는 스키타이 전차 공격을 겪어보았다. 그러나 인도군의 전차는 훨씬 커서 전차병 두 명, 궁수 두 명, 방패 두 명으로 구성되었다. 이들은 근접하면 궁수가 활을 쏘고, 전차병은 창을 던졌다. 그러나 무거운 중전차는 마침 내린 비로 진흙탕이 된 구렁에 빠져 움직일 수 없게 되었다. 하지만 진창은 기병에게도 활동에 제약을 주었다. 알렉산드로스는 경보병을 투입해 전차에 맞섰다. 희생을 각오한 방법이었지만, 당시 상황에서는 제일 무난한 선택이었다. 경보병은 전차 부대에게 제법 피해를 입었지만, 전차 부대를 진창에 박아 놓고 결국엔 몰살시켰다. 이때 포로스의 아들도 전사했다.

후속 부대가 모두 도하하자 알렉산드로스는 포로스의 주력과 부딪혔다. 양군은 보병을 중앙에 벌리고, 각각 기병과 코끼리 부대를 앞에 보내 맞대결을 벌였다. 알렉산드로스는 코끼리의 특성을 전혀 모르지는 않았다. 옴피스에게서 약간의 코끼리 부대를 얻었고, 코끼리의 특성에 대한 정보도 얻었을 것이다. 그러나 병사와 말에게 코끼리를 적응시키고 훈련할 시간이 충분하지는 않았다. 코끼리의 약점은 말을 잘 듣지 않고 완전한 훈련이 불가능하다는 것이다. 코끼리는 잘 놀라고, 부상을 입어 당황하거나 몰이꾼이 죽으면 통제 불능이 되어 아군진지로 달려들기도 했다. 소리에 민감해서 낯선 소리에도 잘 놀랐다.

알렉산드로스는 보병 부대를 횡렬로 길게 편제하고 좌익에서 직접 기병대를 이끌고 출동했다. 포로스도 이에 대항해서 코끼리 부대를 내보냈다. 알렉산드로스는 기병과 코끼리의 직접 충돌을 피하면서 기동력을 이용해 코끼리를 유인했다. 기병과 코끼리의 싸움이 쉽지 않았는데, 한창 전투가 진행될 때 우익에 숨겨둔 기병이 전장을 습격했다. 인도군은 코끼리 부대를 나누어 반대편을 막아야 했다. 기습으로 코끼리를 제거하지는 못했지만, 혼동을 주고 분산시켰다. 그 사이에 좌익의 알렉산드로스는 적의 보병진을 우회했다.

마침내 장창대를 앞세운 마케도니아 보병이 진격을 개시했다. 보병은 일제 공격 대신 사선대형을 택했다. 좌익이 먼저 진격해서 적의 보병을 분쇄했다. 위협적인 인도 궁수는 보병진을 우회한 기병이 습격해서 처리했다. 코끼리는 기병을 놓치고, 보병은 마케도니아군을 기다리는 사이에 기병이 궁수를 쓸었다. 궁병은 백병전에 취약하고, 인도군은 화살이 너무 길어서 사격 속도가 느렸다. 코끼리 부대는 기병을 따라 아군진영으로 돌입할 수는 없었다. 인도군 진영은 혼란에 빠졌고, 이 틈에 마케도니아 보병이 압착기계처럼 누르기 시작했다.

좌익이 흔들리자 전체 인도군 대형이 혼란에 빠졌다. 이것이 사선대형의 또 다른 효과다. 전근대의 부대는 전장을 일사불란하게 통제하기 어렵다. 대부대일수록 손발을 맞춰보기 어렵고, 전쟁이 늘 있는 것도 아니다. 특히 대규모 회전은 손발을 맞춰본 적이 없고, 전투경험도 부족하고, 수준도 다른 각양의 지휘관과 부대가 섞이게 된다.

적이 전 전선에 걸쳐 동일한 압박이 시행되면 적군 역시 균일하게 대항한다. 이것은 적에게 전장의 적응력을 주고, 일사불란한 대응이 가능하게 한다. 그러나 시차를 두고 여러 전장에서 다른 상황이 발생하면 부대들은 우왕좌왕하게 된다. 신호는 혼란스럽고 상황파악하기 어렵다. 현재 위치를 고수할 것인가, 좌익으로 지원하러 갈 것인가. 아니면 공격 중인 적의 측면이나 뒤를 칠 것인가. 그 사이에 겁쟁이들은 탈출로나 안전한 지점을 찾는다.

인도군이 혼란에 빠진 것을 본 포로스는 적의 진격을 저지하고, 중심을 잡아야 한다고 판단했다. 그는 흩어진 군대를 모으고 코끼리 부대의 목표를 기병이 아닌 보병으로 전환했다. 알렉산드로스는 전투 전에 마케도니아의 장창은 코끼리도 막아낼 수 있다고 강조하면서 코끼리의 약점은 몰이꾼과 상처라고 가르쳐주었다. 몰이꾼이 죽고 상처 입은 코끼리는 통제불능이 된다. 그러나 그 정예 장창대도 코끼리가 덮치자 동요하기 시작했다. 마케도니아의 장창은 5미터가 넘어서 전방의 맨 앞의 열 밖으로 다섯 자루의 창이 튀어나왔다. 이 창의 숲은 보병은 고사하고 기병도 뚫기가 어려웠다. 그러나 보통 6톤이나 되는 코끼리를 상대로 실험해본 적은 없었다. 통제 불능이 된 코끼리는 자기 편을 흔들어놓기도 하지만, 더 사납게 날뛸 수도 있다.

장창 중장보병대가 동요하자 알렉산드로스는 경보병을 코끼리 사냥에 투입했다. 이런 유연함이 알렉산드로스의 장점이었다. 보통은 코끼리와 같은 거대한 압력을 상대하면 그만큼 견고하고 단단한 방벽을 생각한다. 그러나 알렉산드로스는 아프리카 원주민이 투창으로 코끼리를 사냥하듯이 경보병의 기동과 자유로움으로 코끼리를 흔들어놓게 했다. 경보병 일부는 달려드는 코끼리에게 피해를 입었겠지만, 중장보병대에 대한 코끼리의 압력을 해소하는 데 큰 도움이 되었다.

알렉산드로스는 이런 순발력이 있으면서도 유연한 사고를 지녔고, 기동의 가치를 누구보다도 잘 알고 이용할 줄 알았다. 이 능력으로 그는 순간적으로 변하는 전장의 상황에서 언제나 신속하고 적절한 대응을 함으로써 적은 병력으로 다수의 적을 이기고, 최소의 희생으로 최대의 효과를 끄집어 낼 수 있었다. 압박이 약화되자 중장보병대도 차분하게 코끼리에 대항할 수 있게 되었다. 병사들은 도끼를 꺼내 들고 코끼리의 다리를 찍었다. 부상을 당한 코끼리는 전의를 상실했고, 통제를 벗어났다. 인도군은 무너졌고, 포로스는 부상을 입고 포로가 되었다.

히다스페스 강 전투에서 알렉산드로스가 남겨준 교훈은 절대적인 현실주의다. 위대한 승리자일수록 그를 옭아매는 것은 자신뿐이다. 알렉산드로스는 이미 전설이 되어 있었다. 이미지, 영광, 명예는 족쇄가 된다. 공성전에서도 황금갑옷을 입고, 전군의 앞에서 싸우던 알렉산드로스가 위장 전술을 사용할 것이라고는 감히 누가 생각했겠는가. 무엇보다도 그 자신이 인정할 수가 없다.

그러나 알렉산드로스는 그 한계를 넘었고, 새로운 전설을 만들었다. 이 점이 알렉산드로스의 위대한 능력이다. 그는 이미 전술적으로 세계 전쟁사의 표준이 될 만한 전투를 몇 개나 치렀다. 그 정도면 보통 사람은 자기 전술을 반복하거나 스스로 만든 틀 안에서 움직인다. 그러나 이 위대한 승부사는 그 함정을 벗어났다.

하지만 과거의 습관을 반복한 것도 있다. 일단 결정한 전술에 대한 대담함과 신속성이다. 덕분에 많은 사람이 그가 무모한 용기의 소유자였다고 평가하기도 한다. 그러나 그의 전술적 근원은 무모한 용기가 아니라 냉정한 판단이었다. 그 냉정함이 이번에는 용기 대신 계략을 선택하게 한 것이다.

반면 포로스는 앞으로도 수천 년 간 무수한 지휘관이 반복할 실수를 교훈으로 남겼다. 절대적으로 유리한 방어선, 적에게 고통과 두려움을 주는 지형을 차지한 지휘관들은 버티면 이긴다는 망상에 빠진다. 그 순간에 그는 중대한 실수를 저지른다. 자신은 적이 예측가능한 전술에 고정되고, 상대는 전술에서 주도권을 쥐게 된다. 알렉산드로스의 기만 전술에 빠진 것도 스스로 전술을 고정해버렸기 때문이다. 유리한 지형, 우세한 조건은 그 자체로 승리가 아니다. 내게 주도권이라는 패를 주기 때문이다. 그러나 전쟁이든 기업이든 너무나 많은 포로스들이 그 패를 승리로 착각하고, 그 패에 자신을 묶는다. 그러고는 패배한다.

▪ 돌발 상황을 필연으로 전제하라

동양의 전쟁사가 손자로부터 시작한다면 서양의 전쟁사는 알렉산드로스로부터 시작한다. 손자가 현대에도 그대로 적용할 수밖에 없는 전쟁과 전술에 대한 원칙과 원론을 장악하고 있다면, 알렉산드로스는 이른바 세기의 명장들을 만든 고전적인 장점과 전술원칙을 한 몸에 구현하고 있다. 이것이 그가 전쟁사의 첫머리에 위치하는 중요한 이유다.

알렉산드로스의 특징을 한마디로 표현하는 유명한 격언이 있다. "전쟁은 격동이다." 전쟁을 앞둔 장군들은 적의 적술과 장단점, 지형 등을 분석하고 세밀한 계획을 수립한다. 이때 전술의 요체는 적의 약점을 공략하는 것이다. 전투가 시작하면 대체로 이 기본 계획에 따라 진행한다. 하지만 막상 전투가 벌어지면 여기저기서 예상하지 못한 상황이 발생한다. 옛날에는 '무전'이 없어 전투 중에 작전을 변경하거나 계획에 없던 대응책을 지시하기는 힘들었다. 물론 돌발 상황에 대비해 예비대를 두고, 상황에 따라 임기응변을 하는 것은 전투에서 필수적인 과정이다. 하지만 누구도 아직 드러나지 않고, 게다가 언제 드러날지도 모르는 순간적인 약점을 공략목표이자 승부처로 해서 전술을 수립하지는 않는다. 그러나 알렉산드로스는 달랐다. 그는 이 우연적 혹은 돌발적 상황을 필연적인 과정으로 전제하고 이것을 전투의 승부처로 삼았다는 점에서 비범하고 획기적이다.

위대한 지휘관이란 절대로 미래의 모든 일들을 예견하는 능력을 지닌 인물이 아니라 예상치 못했던 수많은 우연한 사건들을 신속한 결단을 통해 해결할 수 있는 능력을 지닌 인물이다.

– 한스 델브뤼크, 《병법사 1》, 265쪽

전쟁은 격동이다. 아무리 잘 짜이고 뻔한 전투라고 해도 충돌은 균열을 만들어낼 수밖에 없다. 격동의 상황에서 발생하는 그 틈이 승리로 인도하는 비밀의 문이다.

알렉산드로스 전술의 요체는 그 격동을 더욱 거세게 휘젓고, 균열을 놓치지 않는 것이었다. 알렉산드로스의 진두지휘와 가장 우수한 병단인 컴패니언 기병대는 이 전술의 핵심이었다. 오늘날 남아 있는 알렉산드로스의 전기는 거의 로마 인의 작품이다. 그들은 알렉산드로스를 존경했지만, 직접 검을 휘두르며 선두에서 싸우는 알렉산드로스의 위험하고 무모한 격돌을 이해하지 못했다. 조직적인 전투가 장점이었던 로마 인은 지휘관이란 모든 병사의 생명을 책임진 자이므로 감정을 자제하고, 안전하게 지휘해야 한다고 믿었기 때문이다.

하지만 알렉산드로스의 전술에서 알렉산드로스 본인의 무용과 진두지휘는 단지 용기 있는 장군의 행동 그 이상의 의미를 지녔다. 그것은 격동의 전투를 위해 반드시 필요한 것이었다. 지휘, 통신 간에 소요되는 시간이 사라지고, 판단-결정-실행의 과정이 하나로 통합되기 때문이다. 이것이 알렉산드로스가 약관의 나이에 정복전쟁에 뛰어들고 폭풍처럼 세상을 흔들었던 이유이기도 하다. 그리스군의 무모한 도전은 알렉산드로스가 전장의 선두에 있을 때 가능한 것이었다.

많은 기업이 블루 오션 혹은 경쟁사의 약한 곳, 허점을 찾기 위해 노력한다. 그런데 오늘날 같은 초경쟁 사회에서 주인을 기다리고 있는 광활한 황무지가 얼마나 될까? 현대 사회에서 블루 오션은 크리스마스트리처럼 명멸한다는 표현이 옳을 수도 있다. 블루 오션은 대부분 혁신적인 기술의 발달, 다변화된 세계 시장의 변화에 의해 만들어진다. 기술 발달이 너무 빨라서 한순간에 탄생하고 변화한다. 이윤 창출, 경쟁의 장도 마찬가지다. 모든 경쟁의 승부처는 더더욱 격동의 공간에 찰나로 존재한다. 이 격동의 순간을 포착하고 대응하는 체제를 구축하는 것, 알렉산드로스를 세기의 정복자로 만든 비결이며, 그 비결은 이후의 전쟁사에서도 바뀌지 않았다.

알렉산드로스의 정복사에서 진정한 경이는 속도다. 단 10년 만에 그는 인도까지 진격했다. 이 속도는 칭기즈 칸의 몽고군을 제외하고는 지구상에서 다시 재현되지 않았다. 이토록 경이로운 폭풍 질주는 오랜 세월 감탄과 의구심을 낳았다. 알렉산드로스는 왜 이토록 서둘렀으며, 무엇을 바라고 세상의 끝까지 질주했던 것일까?

알렉산드로스의 정서적·유전적 이유까지 동원해서 온갖 설명이 제시되고 있지만, 순수하게 군사의 관점에서 보면 알렉산드로스는 기회가 왔을 때 쟁취해야 한다는 원칙에 충실했던 것이라고 할 수 있다. 그가 스스로 증명했듯이 통합 그리스군은 세계 최고의 전투력과 전술운용 능력을 지닌 군대였다. 그것은 그리스의 폴리스가 소유했던 운명적 혹은 지역적이라고 할 태생적 특성에 페르시아의 침공이라는 국가적 위기, 황금의 소아시아라는 신세계를 향한 욕망, 펠로폰네소스 전쟁이라는 격렬한 경쟁이 부가되면서 탄생한 것이었다. 그들의 군대는 불의 연단을 거쳐

나온 '신형 강철'과도 같았다. 페르시아 정복전을 치르면서 알렉산드로스는 주변의 넓은 세계가 잠자고 있으며, 이 강철의 힘을 당할 나라가 없다는 사실을 체감했다. 그러나 그들이 그 칼을 휘두르기 시작하면 제2, 제3의 각성과 신형 강철이 등장하지 말라는 법이 없다. 게다가 알렉산드로스의 전술을 소화할 군대는 너무나 적었으며, 또한 그들은 알렉산드로스가 젊고 활기차게 이끌 때에만 제 기능을 발휘할 수 있다. 알렉산드로스는 자기 군대의 힘과 유효한 범위를 스스로 확정하고자 했고, 그것을 엄청난 추진력과 과단성을 지니고 추진했다.

물론 그것이 지나쳐서, 오늘날 우리가 흔히 볼 수 있는 잘나가는 기업이 무리하게 합병과 팽창을 시도하다가 몰락해버리는 그런 위기 상황을 초래하기는 했다. 그의 갑작스런 죽음으로 우리는 그 다음 과정을 말할 수 없지만, 알렉산드로스가 무리한 합병의 한계점까지 도달했고, 그 지점에서 몰락하기 전에 그러한 상황을 깨달은 것은 사실이다. 그는 제국 발전의 다음 단계로 내실을 다지려는 단계를 추진하려다가 갑자기 사망했다.

알렉산드로스가 남겨준 또 하나의 원론적인 교훈은 도전과 용기, 모험, 그리고 속도의 가치다. 너무 뻔한 이야기 같지만, 전쟁사에서 잘 알려진 교훈이 "전쟁에서 승리하는 비결은 간단하지만 그것을 시행하기는 어렵다"라는 것이다. 즉 앎의 문제가 아니라 실천의 문제라는 의미다. 알렉산드로스는 그 실천의 영역에서 최고의 경지와 비결을 과시했다.

알렉산드로스는 50,000명이 채 되지 않는 군대로 페르시아 정복에 뛰어들었다. 50,000명과 100만 명(혹은 60만 명)의 대결(이 수치는 분명 과장이지만 병력이 아니라 국가의 규모를 비교한 수치라고 보면 아주 틀린 말은 아니다)이 그를 전설로 만들었지만, 이것은 어쩔 수 없는 선택이거나 무모한 용기가 아니었다. 알렉산드로스는 소아시아 정복으로 충분한 자금을 확보하여 더 많은 병력을 징발할 수 있을 때에도 그렇게 하지 않았다. 그리고 가우가멜라 평원으로 달려가 건곤일척의 승부를 벌였다. 서로 훈련되지 않은 군대라면 병력이 승부의 열쇠가 되겠지만, 그는 병력보다 훈련과 팀워크가 승부를 가늠한다고 믿었고 그것을 증명했다. 그 이후로도 몇 번이고 아슬아슬한 전투를 벌여야 했지만, 그는 양보다 질이라는 원칙을 고수했다. 대신 어정쩡한 질의 우위가 아니라 최고의 '단위 전투력'을 보유하고, 최고 수준의 전술운용 능력과 아무리 끔찍한 위기 상황에 몰려도 자기에게 맡겨준 위치와 책무를 마다하지 않는 용기와 투지를 지닌 군대여야 했다. 로멜의 북아프리카 군단, 발지 전투에서 미 공수사단, 장진호에서 보여준 미 해병대의 분전은 이 교훈이 현대전까지도 변함없이 이어지고 있음을 보여준다.

그러면 정예병을 더 많이 구할 수 있었다면 알렉산드로스는 병력을 증원했을까? 그렇지 않았다. 알렉산드로스의 군사 50,000명은 몇 가지 구속 요인이 더 있다. 첫째가 보급과 기동이다. 장거리 전역의 성패를 좌우하는 요소가 보급이다. 약탈과 징발로 충당하는 법도 있지만, 이 방법을 무모하게 사용했다가는 정복지의 반란을 초래할 것이다. 돈을 주고 매입한다고 해도 도시가 판매할 수 있는 곡물에는 한정이 있다. 이런저런 사정으로 보면 50,000명 정도가 기동성과 전투력을 보존하면서 장거리 원정을 감당할 수 있는 적정치가 아니었나 싶다.

아무리 이런 이유가 합당해보여도 50,000명으로 100만 명에 도전하려면 특별한 담력이 필요했다. 결과로 보면 성공이지만, 개개의 전투 과정을 보면 하나같이 위험천만하고 비범한 용기를 필요로 하는 것이었다. 가우가멜라 전투에서 알렉산드로스는 그를 우회하는 페르시아 기병을 빤히 보면서 그들의 출동으로 인해 생긴 빈 공간으로 돌진했다. 페르시아 기병이 어리석은 것 같지만, 적에게 등을 보이면서 적진으로 돌격하는 지휘관이 있을 것이라고는 누구도 생각할 수 없었다.

역사적으로 보면 몇 명의 정복자만이 이런 담력을 지녔고, 그들만이 성공했다. 한니발, 카이사르, 칭기즈 칸, 프리드리히 2세, 나폴레옹, 로멜과 패튼 등 전쟁사를 바꾼 명장들의 목록에 등장하는 장군들, 몇백 년 만에 한 명씩 출현하는 특별한 장군들만이 적을 뒤에 달고 적진으로 뛰어드는 이런 용기를 발휘할 수 있었다.

이렇게 무모한 용기를 강조하다보면 많은 사람들이 이성적 분석을 배제한 감성적·본능적인 행동을 용기로 오해하곤 한다. 그러나 결코 그렇지 않다. 알렉산드로스의 승리는 구성원의 능력을 극한으로 뽑아내고, 위험을 최대 수위까지 감수하며 쟁취한 것이었다. 이런 작품을 이루기 위해서는 면밀한 검토와 끊임없는 고민이 필요했다. 알렉산드로스는 이성을 잃을 정도로 파티와 과음에 빠져들기도 했지만, 대부분의 시간은 향락과 여색을 멀리하고 사색과 전술 연구에 몰두했다. 그의 격동적이고 아슬아슬한 승리는 이런 면밀한 사색과 분석에 기초한 것이었다.

하지만 이것만으로는 세상 끝까지 질주했던 알렉산드로스의 면모를 모두 설명할 수 없다. 많은 사람들이 알렉산드로스가 보여주는 이중성에 당혹해한다. 그는 어떤 때는 냉정하고 자비롭고 이성적인 지도자였고, 어떤 때는 눈도 깜짝하지 않고 도시 하나를 학살할 정도로 냉혹했다. 자신에게 대드는 적장에게 용기를 칭찬하고 자비를 베풀기도 했지만, 가자에서 그를 괴롭혔던 적장 베티스는 생포하자 고문하고, 산 채로 전차에 매달아 도시를 돌게 했다. 로마 시대의 역사가 퀸투스 쿠르티우스 루푸스는 알렉산드로스의 이런 낯선 행동이 가자 전투에서 두 번이나 부상을 입었던 후유증 때문이라고 했지만, 알렉산드로스의 양면성은 그 후에도 여러 번 표출되었다.

특히 유명한 사례가 알렉산드로스의 격노다. 기원전 328년 마라칸다(사마르칸트)에서 벌어진 주연에서 알렉산드로스는 자신의 생명을 구해준 은인이자 어린 시절부터 친구인 검은 장군 클레이투스를 창으로 찔러 죽였다. 만취한 상태에서 클레이투스가 알렉산드로스의 공적은 부친 필리포스의 도움을 받은 것이라고 말하자 알렉산드로스가 이성을 잃었다고 한다. 그의 주벽과 격노가 만들어낸 더 큰 참변은 페르세폴리스 방화였다.

알렉산드로스는 몇 가지 위대한 천성을 지니고 있었다. 이는 다른 모든 군주들을 능가하는 고귀한 성품이었다. 위험에 직면했을 때의 과단성, 빠르게 일을 착수하고 마무리짓는 능력, 항복한 자들과 포로들을 대하는 고결한 성품, 일반적으로 용인되고 어지간한 사람들이 빠져드는 쾌락들에 대해 자제심이 있었다. 하지만 이 모든 장점들이 용서할 수 없을 정도로 음주에 탐닉하는 버릇 때문에 망쳐졌다. (중략) 타이스(알렉산드로스 진영의 매춘부, 알렉산드로스의 장군이다가 나중에 이집트의 왕이 된 프롤레마이오스의 왕비가 되었다)가 술이 취한 상태에서 알렉산드로스에게 페르세폴리스의 궁전을 태워버리면 모든 그리스 인들에게서 깊은 감사를 받을 것이라고 주장했다. (중략) 왕도 고개를 끄떡이며 열정적으로 동의했다. 그러면 도시를 불태워버려서 그리스를 위해 복수하지 않을 까닭이 있겠는가?

— 퀸투스 쿠르티우스 루푸스, 《알렉산드로스 대왕 전기》, 188쪽

　알렉산드로스는 술에서 깬 뒤 크게 후회했다고 하지만, 페르세폴리스는 완전히 파괴된 뒤였다.

　이 사건들이 순전히 주벽에 의한 사건이었을까? 클레이투스는 페르시아 점령 후 황제가 되려고 하는 알렉산드로스를 이해하지 못하고 이미 갈등을 표출하고 있었다. 중국의 왕조 건국자들도 황제가 된 뒤에 과거의 장군, 부하들과 종종 이런 갈등을 야기하고 숙청한 사례는 많다. 충직했던 부하들이 과거 황제가 도적 두목, 태수, 장군일 때의 패러다임과 행동 방식에서 벗어나지 못하기 때문이다.

　페르세폴리스의 방화는 진위를 확인하기 어렵다. 소문일 가능성도 크다. 그러나 이런 변명을 하더라도 알렉산드로스가 불안정한 정서를 가지고 있었던 것은 틀림없어 보인다. 하지만 그가 20대 청년기에 군사령관이 되어 단 10년 동안 누구보다 거친 전투를 겪으며 온 세상과 싸웠다는 사실을 이해해야 한다. 그 누구도 그 자리에서 이런 경험을 하면서 철학적 군주가 되고, 정서의 폭발적인 상태를 제어하기란 쉽지 않다.

　더 중요한 것은 그의 이중성과 다면성은 세계의 정복자, 아니 현대의 모든 정치가와 지도자에게서 흔하게 발견되는 모습이라는 점이다. 학자 또는 일반인들은 지도자에게서 선명하고 일관된 이미지 보기를 원하는 경향이 있다. 그러나 10,000명 이상의 병사 혹은 주민을 지휘하는 자리에만 올라도 이런 일관성을 유지하기는 쉽지 않다. 이 말이 마키아벨리즘을 옹호한다는 의미는 아니다. 리더에게는 다양한 능력과 적응력이 필

요하다는 의미다. 서툰 리더와 학자들이 의외로 지도자의 이런 양면성, 다중적 능력을 잘 이해하지 못하는 경향이 있다.

알렉산드로스의 경우 가장 당혹스럽게 느끼는 상반된 특성은, 흰 알렉산드로스와 검은 알렉산드로스로 명명하듯, 냉정하고 분석적인 면과 무모하고 충동적인 면을 동시에 갖고 있다는 점이다. 일반인들은 에토스와 파토스는 공존할 수 없다고 보는 선입견이 강하기 때문에 검은 알렉산드로스의 행동 중 더욱 이해할 수 없는 부분에 술에 취한 상태였다는 붉은 알렉산드로스까지 만들어낸 것 같다.

그러나 위대한 지도자에게 에토스와 파토스는 분명히 공존할 수 있다. 오히려 그것이 공존하면서 서로 상호작용을 해야 다음 단계로의 도전과 자기 발전을 이룩할 수 있다. 유명한 고르디온의 매듭 사건을 보자. 사건의 과정에 대해서는 약간 다른 진술이 전해지고 있는데, 일반적으로 알려진 이야기는 알렉산드로스가 매듭을 보자마자 단숨에 칼로 잘라 매듭을 풀었다는 것이다. 이것은 과단성 있고 명석한 정복자의 이미지를 보여준다. 하지만 퀸투스 쿠르티우스 루푸스의 전기에 의하면 알렉산드로스는 우연히 그 이야기를 듣고 충동적으로 부하들을 데리고 그곳으로 갔다. 그리고 그도 처음에는 다른 사람처럼 매듭을 풀려고 노력하다가 칼의 진리를 발견했다는 것이다.

이 이야기는 쿠르티우스의 서술이 정확하다고 생각한다. 이미지 관리가 철저하고 계산적인 지도자라면 섣불리 매듭에 도전했다가 체면을 구길 수 있고, 잘못하면 그가 정복에 성공하지 못할 것이라는 소문이 퍼질 수도 있다고 생각할 것이다. 그러나 그렇게 뒷궁리를 하다간 매듭을 풀 방법은 영원히 떠오르지 않거나 떠오른다고 해도 상당한 시간과 에너지를 소모해야 할 것이다. 이성적이고 분석적인 사고에 종속되면 자기가 알고 경험한 세계의 영역을 벗어날 수 없다. 많은 경우 인간의 잠재력과 숨은 역량은 뜻하지 않은 순간, 도전의 현장에서 튀어나온다. 그렇지만 에토스적 바탕이 결여된 파토스는 어쩌다 다른 차원으로 뛰어들어도 자신이 어디에 있는지 모르기 때문에 그것은 성장이 아니라 방황에 불과하다.

이것이 에토스와 파토스의 진정한 상호작용이다. 자기 에토스의 영역 역시 한 단계 진화시키고 남보다 앞서 갈 수 있다. 그리고 이런 과정을 통해 리더는 도전을 성취시키고, 현장에서 남이 생각하지 못한 전술과 행동을 구사하고, 성취할 수 있는 것이다.

: 승리의 가능성에만 집중하라

알렉산드로스 부대의 군사적 역량만 보면 인도도 무난히 점령할 수 있었을 것 같다. 그러나 너무 오랜 원정으로 병사들이 싫증을 냈고, 무엇보다도 그들이 늙기 시작했다. 인도군의 병력이 예상보다 많은 것도 그들의 사기를 저하시켰다. 이전에 대제국 페르시아도 물리친 그들이지만 살아서 돌아가고 싶다는 욕망이 강해지자 적의 병력과 코끼리가 두렵게 느껴지기 시작한 것이다.

알렉산드로스는 화가 나서 자리에 드러누울 정도였지만 현실에 굴복했다. 한계를 느낀 알렉산드로스는 드디어 철군한다. 하지만 인도에서 돌아오는 길에도 몇몇 도시를 정복하다가 말리 족과의 전투에서 가슴에 치명상을 입었다. 커다란 화살이 알렉산드로스의 늑골을 뚫었다. 그는 혼수상태까지 빠졌다가 살아났지만, 당시 의학 수준에서 완쾌할 수 있는 부상이 아니었다.

수사로 돌아온 알렉산드로스는 다리우스의 딸 스타테이라와 결혼했다. 그와 함께 페르시아의 귀족 여인과 부하들의 합동결혼식을 주최했다. 이제 그는 진정한 통치자로서 변신할 자세를 갖췄다. 그것은 페르시아가 했던 그대로 동방의 전제군주제였다.

그러나 세계의 황제가 되고자 한 알렉산드로스의 탈 마케도니아 정책은 마케도니아 장군과 부하들의 반발을 야기했다. 심각한 사태였던 만큼 알렉산드로스는 그의 반대자들에게 점점 예민해졌다. 기원전 330년 알렉산드로스는 반란을 꾀했다는 죄목으로 파르메니온의 아들 필로타스를 처형했다. 이어 군대의 절반을 쥐고 있는 파르메니온을 암살했다. 전쟁뿐 아니라 정치에서도 알렉산드로스는 일단 결심을 하면 실행이 빠르고 분명했다. 자신이 임명한 각지의 총독들도 대거 물갈이하고 절반을 죽였다. 그들 모두가 얼마 전까지는 알렉산드로스의 충직하고 유능한 장군들이었다.

기원전 323년 6월 10일, 알렉산드로스가 갑자기 사망했다. 그의 나이 33세였다. '왕실일지'에는 약 열흘 정도 고열에 시달리다가 사망했다고 한다. 그의 갑작스런 죽음에 대해 암살설부터 여러 가지 소문이 돌았지만, 고대 의학의 수준으로 볼 때 그의 사인을 확인할 수는 없다. 질병이었을 수도 있고, 불치병이 있었을 수도 있고, 여러 번의 부상으로 이상이 누적되었을 수도 있다. 암살의 가능성도 없지는 않다. 그러나 이집트의 알렉산드리아에 매장되었다가 사라져버린 그의 미라가 발견되기라도 한다면 모를까 그의 사인은 영원한 미스터리가 될 것이다(어쩌면 최근 발굴되고 있는 알렉산드리아 앞바다의 도시 속에 그의 무덤이 있을지도 모른다).

그의 죽음과 함께 그의 제국도 부하 장군들에 의해 분할되었다. 그중 프톨레마이오스가 창건한 이집트를 제외하고는 서로 분열하고 반목하다가 단명했다. 가족들에게도 불행이 닥쳤다. 스타테이라는 아들이 없었고, 록사네는 알렉산드로스의 유일한 아들을 낳았다. 알렉산드로스 사후 그의 가족들은 마케도니아로 이주해 알렉산드로스의 모친 올림피아스의 보호를 받았다. 그러나 록사네는 스타테이라와 그녀의 동생 드립테이스를 죽였고, 자신도 기원전 310년 마케도니아의 왕 카산더에 의해 살해되었다. 알렉산드로스의 아들도 함께 살해되었다고 한다.

제국은 단명했지만 알렉산드로스는 "전쟁은 격동이다"라는 영원한 교훈을 남겼다. 강한 라이벌도 어디선가 반드시 빈틈이 생기고, 누군가가 실수를 한다. 적의 실수를 창출하기 위해서는 확고한 신념과 용기가 필요하다. 리더는 전장의 주도권을 쥐고, 쉴 새 없이 적을 흔들며 적의 실수를 유도해야 한다. 빈틈을 발견했을 때 망설임 없이 돌격하고, 이 돌격에 가담할 수 있는 정예 부대를 이끌고, 다른 모든 부대는 아무리 어려운 상황에서도 리더를 신뢰하고 주어진 역할을 다하도록 해야 한다. 격동의 현장에서 아군은 빈틈을 보이지 않고, 적의 빈틈은 신속하게 공략한다.

"병력은 수가 중요한 것이 아니라 정예한 것이 중요하다." 이것은 동서고금을 막론하고 수없이 회자되는 진리이지만 이 원리를 실천하는 용기와 지혜를 지닌 리더는 극소수다. 수많은 리더가 객관적 지표와 수치에 집중하다가 덩치만 부풀리고, 용기와 결단력을 잃어간다. 특정 전술과 지침에 집착함으로써 적이 예측 가능하게 하고, 전장의 주도권을 상실한다. 알렉산드로스는 오직 하나, 다음 전투에서 승리의 가능성에 집중한다. 수는 적어도 기동성 있는 정예 부대를 육성하고, 모든 단위 부대는 탄탄하게 훈련되고, 어떤 상황에서도 자기 능력을 다 발휘할 수 있도록 만든다. 그들을 활용해서 가진 능력 이상의 힘을 발휘하도록 하는 것은 리더의 몫이다. 이 원칙은 명장의 역사에서 어떤 경우에도 바뀌지 않았다. 단지 각 명장이 처한 환경, 사회, 무기가 변하면서 그것을 실현하는 방법이 바뀌었을 뿐이다.

03

원거리 전략으로 맞선 세기의 대결

: 한니발과 스키피오

독특한 전술과 안목을 가진 두 지도자

중국 삼국시대의 쟁패전은 소설 《삼국지》의 모델이 되었다. 서양사에서 이에 필적할 만한 대결이 로마와 카르타고의 포에니 전쟁이다. 삼자 대결이 아닌 양자 대결이었기에 삼국지처럼 물고 물리는 양상이 결여된 것이 핸디캡이지만, 한니발(기원전 247~기원전 183)과 스키피오(기원전 235~기원전 183)라는 세기의 명장이 동시에 등장하고, 카르타고 한니발의 바르카 가문과 로마 스키피오 가문의 2대에 걸친 승부, 알프스를 건너고 바다를 건너 적의 배후를 치는, 당시로서는 듣도 보도 못한 원거리 전략으로 승부를 나누었던 장대한 대결이었다.

    이 전쟁을 끌고 간 두 지도자가 한니발과 스키피오다. 기원전 202년 두 거인은 외교 석상에서 처음으로 마주앉아 대화를 나누었다. 두 사람은 두 번 전장에서 마주쳐 서로 한 번씩 죽일 뻔했지만, 직접 만난 것은 처음이었다. '자마 전투' 직전에 두 사람이 부하들을 대동하고 잠시 만났다는 이야기는 있으나 후대에 만들어진 이야기 같다.

스키피오가 한니발에게 물었다. "역사상 가장 위대한 장군은 누구라고 생각하십니까?" 한니발이 대답했다. "마케도니아의 왕 알렉산드로스 대왕이오. 그는 적은 병력으로 천문학적인 숫자의 군대를 패배시켰고 단지 한 번 방문하는 것만으로도 인간의 한계를 뛰어넘는 오지들까지도 석권했소."

스키피오가 다시 물었다. "그럼 두 번째로 위대한 장군은 누구입니까?" 한니발이 대답했다. "에피루스의 피로스 왕이오. 그는 최초로 진법을 가르쳤고, 더군다나 싸움터의 선정과 병력 배치에 대해 그 누구도 그렇게 훌륭한 판단력을 보여주지 못했소. 그는 또한 사람을 다루는 명수여서 그가 외국의 왕자임에도 불구하고 이탈리아 원주민들은 로마 인들보다 그에게 왕관을 씌울 수 있기를 갈망했소."

스키피오가 계속하여 물었다. "그렇다면 세 번째로 위대한 장군은 누구라고 생각하십니까?" 한니발은 대답했다. "의심의 여지없이 나 자신이오." 스키피오는 크게 웃고 말았다. "만약 장군께서 나를 이겼다면 무엇이라 대답하겠습니까?" 그리고 덧붙였다. "그렇다면 나는 한니발 장군을 알렉산드로스와 피로스 대왕뿐 아니라 이 세상 모든 장군들 위에 놓겠습니다."

― B.H. 리델하트, 《스키피오 아프리카누스》, 273~274쪽

스키피오는 한니발에게 당신이 세 번째라면 자마 전투에서 당신을 파멸시킨 자신은 무엇이냐고 은근히 비꼬고 있다. 동시에 자신이 세계 최고의 장군이라고 자부하고 있다. 이 일화는 한니발의 팬들에게는 기분 나쁘게 들릴 것이다. 반면 스키피오의 팬들은 당연한 이야기가 아니냐고 반문할 것이다. 스키피오의 팬인 영국의 저명한 군사학자 리델하트는 스키피오를 알렉산드로스와 나폴레옹보다 높게 평가했다. 물론 이런 논쟁

은 무의미하다. 서양 사람들도 민족 감정은 어쩔 수 없어서 한니발과 스키피오, 웰링턴과 나폴레옹, 패튼과 로멜을 비교하는 논쟁은 끝이 없고 답도 없다.

그렇지만 위의 에피소드는 한니발에 대한 아주 중요한 정보를 전해준다. 한니발은 명장이 되기 위해 알렉산드로스와 고대 명장들의 전술을 깊이 있게 연구했다. 그는 남다른 예지로 독특한 전술과 안목을 끌어냈다. 그런데 알렉산드로스야 그렇다 치고 피로스를 두 번째 명장으로 치켜세운 것은 의외다. 그가 피로스를 선정한 이유를 보면 전략, 군제 같은 거시적 내용보다는 진법과 장소 선정 등과 같은 내용, 즉 전술, 전투 현장에서 군대를 지휘하고 다루는 법에 각별한 관심과 기준을 두고 있음을 알 수 있다.

리델하트도 인정했지만 전장에서 지형을 해독하고, 병사를 부리고 싸움을 풀어나가는 능력에서 한니발을 따라올 지휘관은 없었다. 동시에 이것이 한니발의 불행이기도 했다. 명장으로서 그의 진가는 병학가들이 복기하는 전술론이나 전투 도면을 통해서가 아니라 전투 현장에서의 생명력과 활력을 통해서만 이해할 수 있다. 그러다 보니 한니발의 명성은 드높지만, 역사학자들과 도면을 중시하는 병학가들은 칸나에의 섬멸전을 제외하고는 막상 한니발의 위대성을 설명하기가 쉽지 않게 되었다. 그 결과 명장 한니발의 반쪽 측면 알프스를 넘었다는 식의 저널적인 수식어, 거기에서 파생되는 선동적인 교훈만이 남발하게 되었다.

두 번째로 피로스에 대한 한니발의 해석은 《플루타르코스 영웅전》에 등장하는 피로스의 이미지와는 상당한 차이가 있다. 이 간극은 매우 중요하다. 이 점은 나중에 살펴보겠지만, 특히 이탈리아 인이 피로스를 존경해서 그를 왕으로 삼으려고 했다는 해석은 칸나에에서의 대승리 후 이탈리아에서 보인 그의 이해하기 힘든 전략적 행동과 한니발에 대한 비평, 그 비평을 이용한 어설픈 교훈과 해석을 극복하는 열쇠가 된다.

가능성이 아닌 당위에 도전하라

19세기 말부터 독일 참모본부는 프랑스를 6주 만에 함락시키는 전략을 짜내기 위해 고심하고 있었다. 하지만 그것은 도무지 말도 되지 않는 이야기였다. 프랑스는 세계 최강의 육군을 보유하고 있었으며, 또한 국가의 객관적인 군사력이나 산업력에서도 독일을 능가했다. 하지만 독일은 절실했다. 6주라는 시간은 어떤 가능성이나 데이터를 토대로 설정된 시간이 아니었다. 독일이 유럽의 강대국으로 성장하기 위해서는 우크라이나가 필요했고, 우크라이나를 획득하려면 러시아에게서 빼앗는 수밖에 없었다. 하지만 러시아도 독일의 의도를 눈치채고 프랑스와 협정을 맺고 있었다.

독일은 동쪽과 서쪽에서 마주 보고 있는 세계 최강대국과 동시에 전쟁을 치러야 한다. 전력을 둘로 나누지 않고 한쪽에 집중하려면 먼저 한쪽을 기습적으로 굴복시키고, 남은 하나를 상대하는 수밖에 없다. 그런데 러시아는 대지는 넓고 행정망은 후진적이어서 선전포고를 하고 군대를 동원해 전쟁에 투입하는 데 6주가 소요되었다. 그래서 독일이 도출한 전쟁 시간이 6주였다. 6주 만에 프랑스를 함락시킬 방법을 찾아내야 한다는 절대 과제가 참모본부에 떨어졌다. 이 얼토당토않은 과제의 결과로 탄생한 전술이 1914년의 슐리펜 계획과 1940년의 전격전이다.

대부분의 조직에서 계획과 목표는 가능성을 기준으로 설정된다. 그러나 획기적인 변화, 세상을 바꾸는 진정한 혁신은 '당위에 대한 도전'에서 시작되었다. 유럽의 역사를 바꾼 포에니 전쟁도 당위에 대한 도전에서 시작되었다. 이 도전을 시작한 사람은 한니발의 아버지 하밀카르 바르카스였다. 제1차 포에니 전쟁에서 카르타고를 제압한 로마는 카르타고를 가혹하게 착취했다. 바로 멸망시키지는 않았지만 서서히 말려 죽이는 수준이었다. 카르타고는 처음부터 군사력에서 로마의 상대가 되지 않았다. 그나마 한때 로마를 위협했던 것은 전통적인 육상 강국이었던 로마와 달리 카르타고가 해상 왕국이었던 덕분이었다. 하지만 지중해의 해전은 절반은 배 위에서 벌이는 백병전이었다. 그런 이유로 해군력도 육군력에 종속될 수밖에 없었다. 포에니 전쟁에서 승리한 로마는 시칠리아, 사르디니아, 코르시카 같은 카르타고 해상무역의 거점을 야금야금 빼앗았다.

그때 하밀카르는 카르타고의 본질적인 문제가 무엇인지를 알아차렸다. 카르타고는 상업에 너무 매몰되어 있다. 주요 식민지인 코르시카 같은 곳은 땅으로는 작고 보잘 것 없는 곳이다. 그런데 카르타고가 중시하고 국가의 운명이 그곳에 매인 이유는, 카르타고의 관심이 점포를 개설하려는 상점주처럼 목 좋은 상점 자리에만 놓여 있었기 때문이다. 그리고 상점을 연결하는 운송 수단(해군력)에 치중했다. 그들은 최고의 요지와 길목을 차지했다고 좋아했지만, 내지에 광대한 시장과 인력을 가진 대기업이 도전해오면 당해낼 수가 없다. 중요한 곳을 하나둘 빼앗기고 결국에는 재기불능이 된다. 그들에게 대항하려면 자신들도 목 좋은 상점이 아닌 거대한 시장을 확보하고, 자금과 인력을 갖추어야 한다.

비유를 다시 전쟁으로 돌리면 로마도 해군을 운영하기 시작한 이상, 카르타고는 선박과 섬만으로는 로마와의 전쟁에서 이길 수 없다. 카르타고도 거대 거점을 마련하고 육군을 양성해야 한다. 육지에서 로마에게 도전한다는 것은 너무 무모하고 뒤늦은 감이 있지만, 그것이 하밀카르가 발견한 '당위'였다. 제1차 포에니 전쟁이 끝난 후, 기원전 237년 하밀카르는 가족과 군대를 끌고 히스파니아(에스파니아)로 건너갔다. 그는 그곳에서 카르타고의 동맹도시가 있던 곳들을 점령하여, 자신의 왕국과 거대한 군사기지를 건설했다.

기원전 229년 하밀카르가 사망하자 사위 하스드루발이 권력을 계승했다. 그는 유능한 장군이었지만 기원전 221년 그에게 앙심을 품은 노예에게 암살되었다. 그러자 하밀카르의 장남 한니발이 25세의 나이에 후계자가 되었다. 한니발은 이탈리아 북부에 사는 갈리아 족(켈트 족)의 우호를 얻는 데 성공한다. 로마의 팽창에 부담을 안고 있었던 그들은 카르타고가 로마를 공격할 때 적극적으로 협조하기로 약속했다. 한니발의 알프스 횡단은 이들의 지원이 있었기에 가능했다. 그러나 갈리아에는 상당히 많은 부족이 난립해 있었고, 그들 모두가 우호적인 것은 아니었다.

기원전 218년, 한니발은 보병 90,000명, 기병 12,000명, 코끼리 37마리를 이끌고 자신의 왕국을 출발했다. 6개월 후 알프스를 넘어 이탈리아 북부에 도착했을 때, 남은 병력은 보병 20,000명과 기병 6,000명이었다. 보병은 주로 리비아와 페니키아 인으로 구성된 아프리카 보병이 12,000명, 히스파니아 보병이 8,000명이었다. 기병은 히스파니아 인과 누미디아 인으로 편성되었다.

카르타고 보병은 투석병, 경보병, 중장보병으로 구성된다. 경보병은 갑옷을 입지 않았지만 모서리가 둥근 긴 방패와 창을 들고, 투구를 썼다. 아프리카 인 중장보병은 이후로도 변함없이 한니발의 보병 중 최정예였다. 그러나 기원전 391년 골 족과의 싸움에서 패배한 이후 그리스식 중장보병 전술에서 상당히 탈피했던 로마군에 비해 장비는 후진적이었다. 그들은 쇠사슬 갑옷을 입고, 그리스식 둥근 방패와 마케도니아식 장창으로 무장했다. 하지만 로마에 진입한 뒤에는 노획한 로마군의 투구와 갑옷을 장비했다.

반대로 기병은 모두 로마 기병에 비해 여러 면에서 우월했다. 카르타고 기병은 중장기병과 용병인 누미디아 기병으로 구성된다. 중장기병은 로마 기병보다 훨씬 우월한 장갑과 기마술을 보유하고 있었다. 지금의 이디오피아 지역 출신으로 카르타고에게 고용된 누미디아 기병은 안장과 고삐도 없이 말을 타는 것으로 유명했다. 그들은 보호구를 전혀 착용하지 않고, 한 손에는 둥근 방패, 다른 한 손에는 긴 창을 들었다. 누미디아 경기병은 고대 유럽에서 가장 유능한 기병이었고, 특히 로마인에게는 두고두고 악몽 같은 존재가 된다.

한니발 군대에서 유일하게 독특한 부분이 코끼리다. 한니발에게 자존심이 상한 로마 인은 한니발의 코끼리 부대를 강조하는 경향이 있다. 그러나 알프스를 넘으면서 거의 죽었고, 북부 이탈리아 전투 후에 살아남은 코끼리는 한 마리뿐이었다. 로마의 기록자들은 항상 코끼리의 역할을 과장하고 강조한다. 대중에게 어필하려는 저널리즘의 효과다. 코끼리는 그것을 처음 보는 군대에게 잠시 정서적 효과가 있을 뿐인데, 로마군은 이미 피로스와의 전쟁에서 코끼리를 충분히 경험했다. 적어도 우리가 알고 있는 전쟁사의 중요한 전투에서 코끼리에게 의존한 군대는 항상 패배자의 편에 있다.

한니발이 알프스를 넘으면서 상실한 병력 중 20,000명 정도는 히스파니아로 돌려 보낸 병력이다. 한니발 군대 중 식민지 히스파니아의 여러 부족에서 징발한 보병들의 충성도는 높지 않았다. 한니발은 병력이 부족했지만 충성도가 부족한 병사는 망설임 없이 돌려보냈다. 그리고 이탈리아 북부에 사는 갈리아 부족(주로 켈트 족)에서 신병을 충당했다. 그들은 건장했지만, 일부는 웃옷도 입지 않고 가죽 방패에 칼 한 자루만 들고 있는, 말 그대로 야만족들이었다. 반면 로마의 징병장부에는 25만 명의 보병과 23,000명의 기병이 있었다.

한니발 원정의 경이는 이런 형편없는 군대와 보잘것없는 병력으로 로마에 도전했다는 사실이다. 그가 마음속의 스승 알렉산드로스의 영광에서 끊임없이 격려를 받았다고 해도 알렉산드로스의 군대는 최강의 정예병이었다. 한니발도 그에게서 직접 조련 받은 정예병을 거느리고 있었지만, 그들의 수는 고작 20,000명에 불과했다. 나머지는 말조차 통하지 않는 '잡동사니' 부족이었다. 알렉산드로스의 이상은 한니발의 가슴속에만 존재할 뿐, 그의 군대는 마케도니아 군이 아니라 굶주림과 추위로 거지꼴이 된 페르시아군에 가까웠다.

▪ 전쟁에서 중요한 것은 실전과 타이밍이다

한니발의 전투 중 제일 유명한 전투가 칸나에의 대회전, 혹은 칸나에의 섬멸전이다. 세상의 모든 장군들에게 이상이 된 이 전투는 가시적인 전술과 도면으로 감동을 줄 수 있는 전투를 좋아하는 병학자들을 매료시킬 모든 요소를 다 지니고 있다. 그리고 한니발의 전투 중에서 그런 감동적인 도면을 그릴 수 있는 유일한 전투일 것이다. 그러나 한니발의 본질을 이해하려면 이탈리아 진입 초기에 벌어진 세 번의 전투가 오히려 더 중요하다.

양군대가 처음 만난 것은 티키누스 강가였다. 로마군은 두 명의 집정관 중 한 명인 스키피오가 지휘하고 있었다. 양군의 조우는 선발대 간에 벌어진 우연적인 전투 같기도 하고, 말 그대로 서로 상대를 알아보기 위한 전초전이었던 것 같기도 하다. 기병끼리의 소규모 접전이었지만, 이 전투는 역사적 의미가 깊은 전투였다. 로마 기병대에는 사령관인 스키피오가 있었고, 그의 17세 난 아들로 훗날 한니발의 숙적 스키피오 아프리카누스가 되는 코르넬리우스도 기병 장교로 참전했다.

스키피오는 좋은 기회를 잡았다. 한니발 군대는 알프스를 넘어오느라 탈진 상태였고, 지원을 약속했던 켈트 족은 거지꼴이 된 한니발의 군대를 보고 충격을 받아 참전을 주저했다. 정치적·전략적 사고가 뛰어났던 스키피오는 재빨리 북진해서 켈트 족을 위무하고 소집령을 내렸다. 켈트 족이 로마군으로 넘어가면 한니발은 돌아갈 방법도 없었다.

그 상황에서 양군의 선두에 있던 로마 기병과 카르타고 기병이 충돌했다. 한니발은 로마군을 벌판으로 유인했다. 유인했다고는 하지만 로마군도 원래 벌판을 좋아했다. 중장보병이 제일 싫어하는 곳은 숲, 나무가 낳은 산시 비탈이나. 나무와 비탈이 대형형성을 어렵게 하기 때문이다. 그러나 벌판으로 이동한 그들은 다시 기병전으로 유인되었다. 기병 능력은 카르타고군이 압도적으로 강했으며, 결국 사령관 스키피오도 포위되어 포로가 되거나 살해될 뻔했다. 이때 스키피오가 후방 언덕에 예비대로 배치했던 부대를 아들 코르넬리우스가 이끌고 한니발군의 포위망을 과감하게 돌진해서 아버지를 구했다. 아직 어느 편에 설지 선택하지 않았던 켈트 족이 이 승리에 영향을 받아 한니발군에 대거 가담했다. 심지어 로마군에 참가했던 켈트 족마저 탈영해서 한니발군에 가담했을 정도였다.

스키피오는 후퇴해서 나머지 한 명의 집정관 셈프로니우스의 군대를 기다렸다. 기원전 218년 12월, 한니발은 트레비아 강에서 셈프로니우스의 로마군과 만난다. 로마군은 로마 보병 16,000명, 기병 1,000명, 동맹도시 보병 20,000명, 기병 3,000명이었다.

그날은 춥고 날씨는 몹시 흐렸다. 이른 새벽, 흐린 시야를 이용해 누미디아 기병대가 로마군의 야전 진지를 급습했다. 로마군의 피해는 경미했지만, 셈프로니우스는 분노했다. 그는 기병을 보내 카르타고군을 추격했다. 그 다음 경보병, 다시 전군을 몰아 공격에 나섰다. 정연한 대형을 형성했지만, 아침 식사도 하지 못하고 전선으로 끌려나온 로마군이었다. 그들은 계속 전진했는데, 차가운 트레비아 강을 건널 때 눈이 쏟아지기 시작했다.

강철 갑주의 최악의 적이 추위와 열기다. 갑옷과 맨살 사이에 완충제를 대지만 물에 젖으면 소용이 없다. 또한 추운 날이라 할지라도 아침 햇살이라도 돋았다면 철이 복사열을 받아 빨리 따뜻해졌겠지만, 눈이 내리면서 갑옷은 그야말로 냉동판이 되었다. 그동안 한니발은 병사들에게 아침을 두둑이 먹이고, 따뜻한 불가에서 몸을 충분히 녹이게 했다. 한니발의 장기 중 하나가 날씨 예측이었다. 동양에서도 천문과 기상을 보는 것을 장수의 중요한 자격으로 꼽았지만, 기후 예측은 전장의 상황을 파악하고, 예측하는 데 상상 이상으로 중요하다. 눈이 쏟아지면 주변이 보이질 않고, 불안해진 지휘관은 더욱 기존의 패턴과 전술을 고수하는 방식으로 움츠러들게 된다.

로마군은 긴 횡대로 전진했다. 중앙에 제일 강한 로마 보병을, 로마 보병의 좌우에는 약한 동맹군 보병을 배치했다. 기병은 양익에 두었는데, 이 역시 전통적인 포진이었다. 그러나 한니발은 중앙에 약한 히스파니아 보병대와 켈트 족 보병을 배치하고, 좌우 양익에 로마 기병과 마주보고 기병을 두었다. 최강인 아프리카 보병대는 양분해서 좌우 기병대 뒤에 배치했다. 카르타고 보병의 수가 적었기 때문에 보병 대형은 로마군보다 얇았을 것이다. 게다가 켈트 족은 중장보병 전투에는 어울리지 않았다.

양측 보병이 충돌하자 대형이 크게 출렁이더니 로마군이 밀고 나가기 시작했다. 동맹군 보병보다는 중앙의 로마 보병이 더 우수했기 때문에 대형의 중앙부가 더 치고 나갔다. 동맹군 보병은 카르타고군이 보병진 양끝에 배치한 경보병대를 처리해야 했던 탓에 진격이 늦을 수밖에 없었다. 보병진 양끝에서는 먼저 경보병 간의 전투가 벌어졌다. 그 결과 로마군의 경보병이 후퇴하자 카르타고군의 누미디아 기병이 달려들어 후퇴하는 경보병을 격퇴하고 덤으로 로마 기병까지 몰아냈다.

그동안 로마 보병으로 이루어진 로마군 중앙은 계속 카르타고 중앙을 밀어붙여서 그 결과 로마군 진형은 볼록렌즈, 카르타고군은 오목렌즈 형태가 되었다. 그때 카르타고군 양익에서 강력한 아프리카 중장보병대와, 로마 보병에 후퇴했던 중앙의 경보병, 양익의 누미디아 기병이 로마군 측면을 공격하기 시작했다. 때맞춰 뒤편에 미리 매복시켜두었던 카르타고군이 튀어나왔다. 한니발은 동생 마고에게 기병 1,000명과 보병 1,000명을 주어 로마군 뒤편 개활지에 매복시켰다. 이때까지 로마군은 개활지에 매복한다는 것은 생각도 못했다. 아마도 그건 기병을 평지에 매복시킨다는 것이 불가능하다고 생각했던 탓이 아닌가 싶다.

뒤에서 복병이 달려들자 로마군 후위에 있는 트리아리가 돌아섰다. 로마군은 나이에 따라 세 부대로 나누어 차례로 배치했는데, 맨 뒤에 서는 트리아리는 제일 나이가 많은 고참병 부대였다. 고참답게 그들은 침착하게 대형을 유지하며 대처하려고 했던 모양이다. 마고의 병력이 많지 않아서 트리아리의 한 부대만으로도 충분히 저지할 수 있었다.

하지만 로마군의 측면이 무너지고 있었고, 벌판에는 눈이 펑펑 내리고 있어 병력과 주변 상황을 가늠할 수가 없었다. 그리고 전위는 전진하고 후위는 뒤로 돌아서는 바람에 '서로 간에 사이가 벌어졌다.' 카르타고군은 이 벌어진 간격을 놓치지 않았을 것이다. 이 틈으로 들어온 카르타고군은 포위된 트리아리의 등 뒤를 공격할 것인지, 앞으로 진격하고 있는 중앙 본대의 등을 찌를 것인지 행복한 고민을 해야 했다. 전쟁터에 나선 모든 장교가 꿈처럼 소망하는 그런 순간이었다. 맹세코 평생을 군에 복무하며 수많은 전투를 치러도 이런 꿈같은 순간을 만나는 장교는 거의 없다.

더욱이 로마군은 그리스의 밀집대형을 개량해서 팔랑크스의 단위를 '슬림화'했다. 이것을 '미니에 팔랑크스'라고 하는데, 한 개 미니에는 120명이었고, 한 개의 팔랑크스는 두 개의 미니에 240명으로 구성되었다. 팔랑크스의 간격도 넓혔다. 덕분에 병사들은 더 빠르게 자주 교대하거나 부상자를 비교적 쉽게 교체할 수 있었고, 측면이나 후면의 공격에 대응

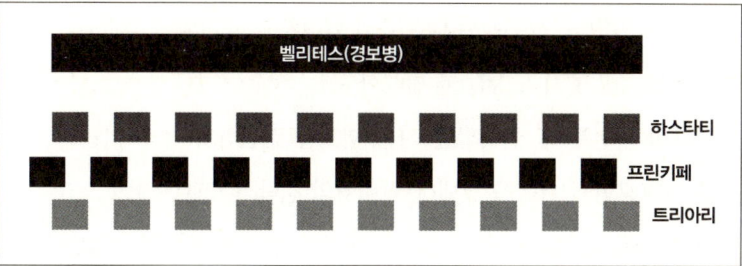

로마군의 대형
로마군은 나이에 따라 세 부대로 나누어 차례로 배치했는데, 맨 뒤에 서는 트리아리는 제일 나이가 많은 고참병 부대였다. 고참답게 그들은 침착하게 대형을 유지하며 대처하려고 했다. 마고의 병력이 많지 않아서 로마군은 트리아리 한 부대만으로도 충분히 카르타고군을 저지할 수 있었다.

하거나, 지형 변화에도 쉽게 대처할 수 있었다. 이 '개량대형'은 융통성이 부족했던 팔랑크스에 엄청난 신축성과 탄력성을 부여했다. 그것은 곧 로마군의 상징과도 같은 장점이 되었다.

하지만 팔랑크스가 작고 성글게 되면 강도도 떨어진다. 이 약점을 보완하기 위해 팔랑크스를 전위, 중위, 후위로 구분하고, 전황에 따라 벌어지는 곳이 발생하면 신속하게 중위나 후위의 병사들이 들어와 벌어진 공간을 메꾸게 했다. 이것은 실전에서는 대단히 어렵고 신속한 판단력을 요구하는 것인데, 로마군은 이 능력을 집중적으로 훈련했다. 그런데 후위가 뒤로 돌아서는 바람에 공간 활용과 로테이션 기능에 장애가 발생했다. 중위와 후위 간의 간격만이 아니라 중위에 배치한 팔랑크스 간의 간격에도 빈공간이 뚫렸다.

로마군은 15,000명에서 20,000명이 학살당했고, 중앙으로 전진하던 로마군 10,000명만 간신히 카르타고군을 돌파해서 달아날 수 있었다. 카르타고군의 희생자는 로마군에 비해 상당히 적었다. 중앙군이 로마 보병에 밀리고 돌파당했지만, 적과 방패를 마주하고 있는 상황이었기에 희생자가 많지 않았다. 전투에서 대다수의 희생자는 포위되어 섬멸되거나 대형이 무너지고 쫓겨 도망갈 때 발생한다.

트레비아 전투 후 한니발은 겨울 캠프를 건설하고 북부 이탈리아 도시를 약탈하면서 겨울을 보냈다. 한니발의 전략적 모델은 피로스였다. 이탈리아의 패권을 두고, 로마, 삼니움, 타렌툼 등이 대치하던 시절, 에피루스(지금의 알바니아에 있던 그리스 식민도시)의 왕이었던 피로스는 타렌툼의 초빙을 받아 군대를 이끌고 이탈리아로 왔다. 그의 군대는 이탈리아 중남부와 시칠리아를 휩쓸고 다니며 로마군을 여러 번 물리쳤지만 끝내 로마의 이탈리아 지배를 막지 못했다. 그래서 탄생한 격언이 '피로스의 승리'다. 이 말은 승리를 거두었지만 아군의 손실도 커서 승리의 효과를 상쇄하는 경우를 뜻하게 되었는데, 역사적 진실로 보면 전술적 승리는 거두었지만 전략목표를 달성하지 못하는 경우라고 할 수 있다.

한니발은 틀림없이 피로스의 전역을 면밀히 검토했을 것이다. 그것은 남부 이탈리아에 대한 그의 집착에서도 드러난다. 그 지역은 로마와 오랫동안 싸웠고, 이민족인 피로스를 불러왔을 정도로 로마의 제패에 불만이 많은 지역이다. 한니발의 군대가 온다면 그들은 로마의 지배에 맞서 일어설 것이 틀림없다.

로마도 그 위험성을 알고 남부 이탈리아로 가는 통로인 아펜니네스 산맥을 봉쇄했다. 가늘고 긴 이탈리아의 지형은 남북 통로를 봉쇄하기 쉽다. 그중 한 루트로 집정관 플라미니우스가 막고 있는 아르노 강 지역으로 한니발이 들어왔다. 이탈리아 전역 동안 시종일관 한니발을 괴롭힌 문제는 알렉산드로스와 동일했다. 결정적 승리를 거두어 로마의 저항 의지를 일거에 꺾어야 하되, 병력 손실은 최소화해야 했다. 가뜩이나 적은 병력으로 적지에 들어와 있는데다가 보충병을 충당할 곳이 없다. 소모전을 벌이거나 승리한다고 해도 아군의 희생이 크면, 적에게 승리의 가능성과 저항 의지를 제공하게 된다. 피로스가 실패한 원인이 그것이었다.

아펜니네스 산맥에서 이 절대적인 전술적 명제가 시험대에 올랐다. 좁고 험한 지형에서 로마의 주력 군단이 봉쇄하고 있는 길을 적군보다 현저히 적은 희생으로 돌파하는 것이 가능할까? 이에 한니발은 아무도 상상하지 못한 길을 이용해 로마군의 봉쇄를 돌파한다. 대부분의 사람들이 통과가 불가능하다고 여긴 늪지를 지난 것이었다. 물속으로 무려 사흘을 행군하며 잠도 물속에서 자야 했다. 한니발은 단 한 마리만 남은 코끼리를 탄 덕분에 물에 젖는 것을 모면했지만, 이 강행군에서 눈병에 걸려 한쪽 눈을 잃었다.

춥고 굶주린 한니발 군대는 늪지를 빠져나오자 바로 도시를 약탈했다. 하지만 플라미니우스는 경거망동을 하지 않았다. 한니발은 그를 벌판으로 끌어내려고 했지만 그는 요지부동이었다. 한니발은 다른 곳을 봉쇄하고 있던 또 한 명의 집정관 게미누스의 군대가 합류하기 전에 플라미니우스를 격파하기 위해 초조해했지만 그는 계략에 걸려들지 않았다. 한니발은 전투를 포기하고 플라미니우스 군단을 버려둔 채 남하하기 시작했다.

그러자 플라미니우스는 일정한 거리를 두고 한니발을 따라갔다. 그것은 합당한 조치였다. 아마도 적절한 지형에서 게미누스의 군대와 합류하거나 로마로부터 지원군을 받아 싸우려고 했을 것이다. 아무튼 그는 한니발이 무리한 공격을 할 수 없다는 약점을 알아챘을 확률이 높다. 매일 참호를 파고 진영을 단단히 유지하거나 방어에 유리한 지역을 따라 움직인다면 한니발은 덤벼들지 않을 것이다.

로마군이 트라시메네 호수가를 따라 행군하고 있을 때 좌측의 산지에서 카르타고군이 튀어나와 맹렬하게 돌진했다. 호수와 산지 사이의 좁은 통로였기에 로마군이 피할 곳도 없었다. 한니발은 야간에 병력을 교묘하게 빼돌려 산지로 이동시켰다가 이곳에서 로마군을 급습한 것이다. 이런 위험한 장소에서 속수무책으로 당했다는 것은 로마군이 전술의 기본인 정찰을 소홀히 했다는 비난을 피할 수 없지만, 그렇게 로마군의 실수만으로 단정할 수 있는 것 또한 아니다. 마침 안개가 심하게 껴서 주변을 잘 볼 수 없었고, 일부 정찰병이 살해당했을 수도 있다. 안개도 우연이 아니라 한니발이 예측하고 이용했을 가능성도 높다. 로마군은 절대 엉성한 군대가 아니었다. 하지만 한니발은 기본기에 충실했다. '홈그라운드'였기에 그곳 지형을 누구보다 잘 알고 있을 로마군을 감쪽같이 속인 것이다. 이것이 바로 그의 능력이었다.

이 장소에서 거의 25,000명의 로마군이 살해당하거나 사로잡혔다. 사령관인 플라미니우스마저 전사했는데 시체조차 찾을 수 없었다. 카르타고군의 희생은 1,500명에 불과했다. 한니발은 이탈리아의 분열을 위해 사로잡은 병사들 중 동맹도시 출신 병사들은 모두 풀어주었다. 그리고 고향으로 돌아가는 그들을 뒤따라 남부 이탈리아로 진입했다.

로마의 역사가들은 플라미니우스가 참모들의 말을 무시하고, 무모하게 싸움을 걸다가 한니발에게 당했다고 한다. 그런 해석이 없어도 완벽한 지형에서 기습을 허용했다는 것은 변명의 여지가 없다. 마치 마녀사냥처럼 패전을 하면 지휘한 장군의 실수를 잡아내고 맹렬하게 비판한다. 그리고 "무능한 지휘관의 말이 안 되는 실수만 없었다면 우리는 그렇게 패하지 않았다"는 억지로 자국의 군대와 국가에 대한 자존심을 달랜다. 그러면 승장은 실수를 하지 않았을까? 전투는 돌발 상황의 연속이다. 또한 실수와 판단 착오가 벌어지지 않는 전투는 없다. 그래서 어떤 이는 "전투란 실수를 저지르지 않는 싸움이 아니라 적게 하는 싸움"이라고 했다.

로마군이 정찰을 철저히 하고 행군의 규칙을 지켰더라면 매복 공격은 피할 수 있었을지 모른다. 그러나 그날 행군 규칙을 철저히 지켰다가는 한니발의 군대를 놓치거나 저녁을 굶은 상태로 좁은 협로에서 한니발군의 야습을 맞아야 했을 수도 있다. 하다못해 스포츠에서조차도 모든 기본기와 정석, 상식을 완벽하게 고수하기란 불가능하다. 결국 현장에서 지휘관은 늘 하나를 버리고 하나를 취하는 결정을 내려야 한다.

전장의 모든 상황을 종합해서 그런 상황을 예측하는 능력, 장기판의 말처럼 어떤 상황에서 어떤 결정을 내리지 않을 수 없도록 상황을 몰아가는 능력에서 한니발은 다른 사람들보다 한 차원 높은 능력을 보유했다. 이탈리아에서 벌인 서전에서 로마군이 늘 한심한 실수 때문에 패하는 것 같지만, 그들이 다른 장군과 싸웠다면 결코 그런 꼴을 당하지 않았을 것이다.

한 가지 예를 더 들어보자. 전쟁에서 중요한 것은 타이밍이다. 돌격의 순간, 병사를 내보내야 할 시기, 뒤로 돌아서야 할 시기 등을 놓쳐서 이길 수 있는 전투에서 패하거나 적을 섬멸할 기회를 놓치는 경우가 너무 많다. 그러나 전쟁사를 보면 이런 타이밍을 맞추는 경우는 극히 드물다. 옛날 전쟁에서 이것은 더욱 어려웠다. 연락과 신호를 주고받기 힘들고 지형, 병사가 이동하는 시간, 그 사이에 변화하는 전황, 날씨, 병사들의 심리와 사기 변화 등 이 모든 것을 고려해서 타이밍을 맞춰야 하기 때문이다. 이 모든 것을 판단하고 전투를 예술의 경지로 운영하는 능력에서 한니발은 타의 추종을 불허했다.

현대의 우리들은 이 예술의 경지를 목격하고, 체험할 수가 없기 때문에 한니발의 능력과 위대함을 이해하기 힘들다. 그래서 한니발이 왜 명장이냐고 질문하거나 무언가 그럴 듯한 전술을 보여주는 전투 도면만 들여다보게 되는 것이다. 하지만 지휘관에게 이 '실전 능력'이야말로 용병술의 극치이고 장군의 능력을 판정하는 기준이 된다. 로마군은 그것을 분명히 보았다. 그들이 내린 결론은 조금 우세하거나 약간 많은 군대로는 감히 한니발에 대적할 수 없다는 것이었다. 물론 전술적으로 한니발의 군대가 로마군이 상상할 수 없는 전술 능력을 보유하고 있었다는 점도 인정해야 한다. 로마군은 시민징집병이어서 군인 정신과 기본 훈련은 충실했지만 대단위 병력이 유기적으로 움직이는 전술은 사용할 수가 없었다. 그에 반해 카르타고군은 전군이 시계처럼 움직이는 한 차원 높은 전술운영 능력을 과시했다. 그 유연한 움직임 또한 전투를 지켜본 로마군을 좌절시키기에 충분했다.

미리 시나리오를 구상하고 실행에 옮겨라

현장을 이해하고 가장 적합하고 효율적인 방식으로 문제를 해결하는 능력에서 한니발은 진정 최고의 경영자였다. 그러나 그렇다고 해서 전쟁사 교과서의 도면을 장식할 전술적 혁신이 없다는 것은 아니다. 고대의 전투는 한마디로 부분과 부분의 전투였다. 기마전 전술은 좌익과 우익이 분리되었고 각각 서로 다른 임무를 수행했다. 알렉산드로스는 그 간격을 메꾸기 위해 송곳 같은 기병 전술을 더했고, 언젠가는 발생할 예측불가능한 틈을 찾아 기병을 이끌고 대담하게 전쟁터를 뛰어다녔다. 하지만 알렉산드로스의 전법도 기본적으로 좌익과 우익이 분리 운영되는 구조에 기초한 것이다. 한니발에 이르러서야 비로소 전술은 하나의 유연한 선으로 발전한다. 전투에 돌입하면 새로운 지시와 즉각적인 변경이 불가능한 상황에서 그들은 하나로 연결되어 언젠가는 발생할 돌발 상황이 아니라 마치 시나리오처럼 잘 짜인 결정적 순간을 향해, 혹은 그 결정적 순간을 만들어내기 위해 유기적으로 움직인다.

보병과 기병은 분리되어 운영되는 것 같지만 전체 운영에서 유기적인 끈으로 연결되어 있다. 그 전술을 보여주는 전투가 로마군 50,000명을 섬멸한, 그리고 역사상 모든 장군들에게 꿈의 전투가 된 '칸나에 전투'다. 칸나에 전투에는 복잡한 배경이 있다. 피로스의 전철을 밟지 않기 위해 노심초사한 한니발이었지만 남부 이탈리아에서 한니발은 피로스보다 더한 곤경에 부딪힌다. 그의 예상과 달리 남부의 로마 동맹시들은 한니발에게 전혀 호응하지 않았다. 심지어 과거 피로스를 불러들였고 수백 년 동안 로마의 숙적이었으며 이탈리아 제3의 도시인 타렌툼마저 한니발을 외면했다. 한니발은 보급품 부족으로 고통을 받았는데 주변 도시들의 민심을 얻어야 했기 때문에 도시를 약탈할 수도 없었다.

한니발 군단이 구걸하고 사냥하면서 근근이 겨울을 나고 있는 동안 로마는 발 빠르게 움직였다. 주변 도시들과 회의하고 신속하게 법령을 바꿔 그동안 시민층에게 국한되었던 군입대 자격을 대폭 넓혔다. 이것이 로마의 무서운 힘이었는데 아무리 국가가 위기 상황이라 해도 이처럼 신속하게 제도를 바꾸고 지배층의 특권을 재조정할 수 있는 나라는 역사상 정말 드물다. 이런 능력은 현재의 이탈리아도 보여주지 못한다. 로마의 시민정치도 그리스 인들과 마찬가지로 야비하고, 비열하고, 근시안적이며 탐욕적이고, 건전한 이성보다는 음모와 몰약과 궤변이 판을 쳤지만 결정적 순간에 그들은 자신들이 무엇을 포기하고 무엇을 해야 할지를 알았다. 이것이 그 후로도 여러 번 로마를 위기에서 구한 진정한 힘이었다.

이 기간 동안 한니발에게 또 하나의 혹이 붙었다. 로마의 집정관 파비우스의 신전술이었다. 그의 전술은 트라시메네 호수에서 플라미니우스가 실패한 작전으로 절대로 한니발과 대결하지 않고, 거리만 유지하며 견제한다는 것이었다. 고립된 한니발의 군대는 결국은 고사할 것이다. 하다못해 언젠가는 늙어 죽기라도 할 것이다. 항상 파비우스는 높은 곳에 진을 치고 한니발을 노려보기만 했다. 한니발이 무슨 수를 써도 그는 꿈쩍하지 않았다. 할 수 없이 한니발은 이탈리아의 비옥한 평원 지대로 들어가 약탈을 감행했다. 그래도 파비우스는 꿈쩍하지 않았다.

그의 심한 전투 회피에 대해 로마 내에서조차 여론이 들끓었으며, 병사들마저 파비우스를 한니발의 가정교사라고 비웃었다. 그러나 파비우스는 자기 소신을 고집했다. 플루타르코스는 파비우스의 이런 태도를 거의 살신성인의 수준으로 찬사를 보내지만, 솔직히 파비우스는 소심하거나 과도한 안전제일주의자였다. 세상에 만병통치약이 존재하지 않듯이 모든 상황에 적합한 품성을 지닌 인물은 없다. 한니발과의 전투에서는 파비우스의 천성이 최고의 장점이 되었다. 한니발의 약탈은 이탈리아를 분열시키는 데 오히려 나쁜 효과를 가져왔다. 한니발은 로마가 약탈자의 손에서 동맹시들을 보호할 능력이 없음을 보여줌으로써 동맹시의 이반을 조성하려고 했지만, 그 약탈자가 자기 자신인 것이 문제였다. 로마의 무능에 불만이 솟구쳤지만 그런 이유로 로마를 버리고, 사납고 무서운 이방인 약탈자에게 귀순하는 것은 별개의 일이었다.

그러나 이성이 요구하는 인내에는 한계가 있고, 감성이 강해지면 그것을 선동하는 무리가 반드시 등장하는 법이다. 한니발의 파괴 행동과 파비우스의 관망을 보면서 로마 인의 인내는 한계에 달했다. 결국 기원전 216년, 파비우스가 집정관에서 물러났고, 새로운 로마의 집정관으로 강경파의 후원을 받는 바로와 파울루스가 선출되었다.

로마는 로마와 동맹시의 인력을 박박 긁어서 여덟 개 군단 80,000명의 병력을 편성했다. 반면에 한니발은 보병 40,000명에 기병 10,000명을 갖고 있었다. 게다가 그중 절반 정도는 현지에서 충원한 보충병이었다. 7월 29일, 양군은 서로 5마일 정도 거리를 두고 진영을 설치했다. 로마군 진영은 평지에, 카르타고군은 낮은 언덕 위에 있었다. 드디어 8월 2일, 전투가 시작되었다. 파울루스는 좌측 기병을 이끌었고, 바로가 우측 기병을 지휘했다. 중앙 보병대는 아펜니네스 산맥에서 한니발을 놓쳤던 게미누스와 파비우스의 장군이었던 미누키우스가 지휘했다. 이전의 미누키우스는 파비우스의 소심한 전략을 비판했지만 한니발과 붙었다가 전멸당할 뻔 한 뒤로는 파비우스를 존경하고 신중하게 변했다고 한다.

한니발과의 몇 번의 전투로 로마군도 많은 교훈을 얻었다. 기습과 유인 작전에 당하지 않으려면 전장과 시간에 대한 주도권을 장악해야 한다. 그러나 기병이 강한 한니발은 평원을 선호하고 산지로는 절대 오지 않는다. 따라서 카르타고를 절멸시키려면 그들이 선호하는 평원에서 싸울 수밖에 없다. 그렇다면 평원은 무조건 불리하다는 생각을 버리고, 평원에서 자신들이 유리한 장소를 찾아야 한다. 로마군은 칸나에 언덕 아래를 흐르는 아우피두스 강을 주목했다. 작은 하천이지만 그 강을 우측에 끼고 군대를 포진함으로써 카르타고 기병의 측면 우회 기동이 불가능해졌다. 좌측에는 가파른 비탈이 있었다.

로마군은 전통적인 방식대로 중앙을 강화했다. 수와 능력에서 로마군 중장보병대의 전투력은 압도적이었다. 과거 트레비아 강 전투에서도 로마군은 카르타고군 중앙을 파괴했다. 측면이 먼저 무너지는 바람에 그 여세를 살리지 못했지만, 측면이 조금만 버텨주었다면 그들은 카르타고군 중앙을 분리시키고, 측면과 후면을 강타해 카르타고군을 궤멸시킬 수도 있었다.

로마군은 중장보병 밀집대형의 중앙돌파에 승부를 걸었다. 그동안 측면에서는 카르타고 기병을 저지해야 했다. 이 시간차가 승부의 관건이었다. 로마군은 강과 보병 사이에 좁은 공간밖에 없는 우익에는 1,600명의 기병을, 비탈이 있기는 하지만 아무래도 우측보다는 활동이 편한 좌측에는 4,800명의 기병을 배치했다. 이들의 임무는 어떻게 해서든 중앙의 보병이 적진을 파괴할 때까지 카르타고 기병의 공세를 버티는 것이었다. 특히 비장미가 감돌았던 곳은 1,600명의 기병을 배치한 우익이었다. 직접 이곳의 지휘를 맡은 파울루스는 기병을 가장 내구력이 강한 사다리꼴 대형으로 배치했다.

따지고 보면 이것도 우익은 공격하고 좌익은 수비한다는 고대 기마전 전술의 변형이라고 할 수 있다. 좋게 보면 스포츠나 기사의 결투 같은 전쟁 방식이지만, 너무 단순하고 부담스러운 전투 방식이기도 하다. 그리고 기왕에 기마전 전술을 사용한다면 왜 우익이나 좌익에 힘을 집중하지 않고 중앙에 집중했을까.

우선 로마군이 한쪽 수비, 한쪽 공격이라는 고대 전쟁 관념에 익숙해져 있기 때문이라고 할 수 있다. 후세 사람들의 눈에는 거추장스럽고 부담스럽게 보이는 전술이라도, 그 당시 사람들에게는 마치 자기 몸에 익숙한 옷을 입은 것처럼 그 부담이 느껴지지 않는 것이다. 너무 쉬운 오류 같지만 수만 년의 역사 동안 인류가 쉽게 고치지 못하는 진리이기도 하다. 미국의 저명한 전략가 베빈 알렉산드로스는 한국전쟁 당시 피의 능선 전투를 참관했을 때 느낀 소감을 이렇게 전한다.

> 너무나 뻔한 교훈을 배우기 위해 그렇게 많은 피를 흘렸다는 사실은 납득하기 어렵다. (역사적으로) 조직적으로 대비가 된 방어진지에 대한 정면공격은 대개 실패했다. 이는 모든 장군이 배우고 누구나 쉽게 찾아볼 수 있는 전쟁사에도 분명하게 나와 있는 사실이다. 당시 한국 내에 있던 고위 장성들의 일부는 1차 세계대전시 참호전을 실제로 경험했고 훈련도 이와 연계되었는데, 이를 그대로 복사한 것과 같은 양상이 한국전에서도 되풀이 되었다. (중략) 하지만 그런 장군들이 드문 이유는 사회처럼 군인들은 직접적인 해결책에는 성원을 보내지만 간접적이고 익숙하지 않은 방책을 제시하는 인물에게는 의심을 가지고 심지어 기만적이고 부정직하다는 딱지를 붙이기 때문이다.
> – 베빈 알렉산드로스, 《위대한 장군들은 어떻게 승리하였는가》, 26쪽

로마군이 그리스처럼 좌익이나 우익에 힘을 집중하지 않고 중앙을 강타하는 방식을 선호한 것도, 로마군이 전통적으로 주변 민족에 비해 기병이 열세였던 것도 실패의 원인이었다. 우익이나 좌익을 분리시키면 기

병에 의해 각개격파될 가능성이 더 높다. 그러므로 중앙에 힘을 집중하고, 모든 대형이 한 번에 전진하는 방식을 선호한 것이다. 또 좌우익의 분리나 사선대형은 부대 간의 협력과 호응이 어려워서 높은 수준의 훈련을 필요로 한다. 하지만 칸나에의 로마군은 급속하게 징집한 병력이라 더 고급스런 전술을 사용할 수가 없었다. 그들을 한군데로 모으고 힘을 집중해서 한 번에 적을 박살내야 했다. 훈련이 안 되고 경험이 없는 병사라도 밀집대형에서는 함께 싸울 수밖에 없었다.

좌우간 로마군 지휘부의 생각은 이랬다. 중앙이 승부처다. 중앙에 모든 것을 걸어라. 진영에 10,000명의 보병을 남겨두고 55,000명의 보병이 강과 언덕 사이의 공간을 빽빽하게 메꿨다. 병력이 너무 많아 정규대형으로는 공간이 부족했다. 그들은 병사 간의 간격을 좁히고 대형을 조정했다. 보통 로마군의 대형은 정사각형에 가까운 가로가 긴 직사각형 형태인데, 칸나에에서는 가로가 좁고 세로가 더 긴 직사각형 형태가 되었다.

이 빽빽한 병력 배치는 나중에 엄청난 비판을 받게 되는데, 그런 결과론적 해석보다는 로마군이 왜 이런 변형대형을 추구했는가를 생각해볼 필요가 있다. 중장보병 간의 전투는 의외로 희생자가 적었다. 적과 싸워 죽이는 것 이전에 방패로 밀고 들어가 적진을 으깨고 밀어내는 것이 먼저였다. 그러기 위해서는 가능한 최대 병력을 중앙에 포진시켜야 했다.

그러나 중앙돌파 방식은 중앙을 돌파한 다음이 문제다. 중앙을 돌파한 후 즉각 90도로 회전해서 적의 측면과 후면을 감아가야 하는데, 이를 위해서는 좌우 양쪽으로 갈라져야 한다. 전투 중에 병력을 양분해서 좌우로 치고 나간다는 것은 매우 복잡하고 어렵고, 게다가 위험한 방법이다. 로마군의 한 개 팔랑크스는 기본적으로 두 개의 중대로 구성되어서, 전투 중에 한 개 중대를 반분하는 수고는 하지 않아도 된다. 그래도 팔랑크스가 반분되면 위력도 떨어지고 전쟁은 더 복잡해진다. 게다가 팔랑크스가 가로가 길면 두꺼운 송곳 같아서 적진을 뚫기도 힘들고 돌파 면적이 넓어서 시간이 걸린다. 돌파한 뒤에는 종심이 얇아서 좌우로 전개하기도 어렵다. 반면에 세로가 긴 대형은 적의 한 개 팔랑크스에 두 개 팔랑크스가 도전하는 셈이 된다. 적의 한 개 팔랑크스만 격퇴해도 두 개의 로마군 팔랑크스가 이 공간에 침투해서 각자 좌측과 우측으로 방향을 바꿔 움직이면 적의 측면을 날개 모양으로 감싸며 밀어붙일 수 있다. 이런 종대형 공격은 종대를 두껍게 하고도 적과 횡렬을 맞춰야 하기 때문에 (그렇지 않으면 적이 좌우를 감싸고 측면을 공격하게 된다) 적보다 병력이 월등해야 한다. 지금 로마군의 상황이 딱 이런 경우였다.

또 하나 생각해볼 과제가 카르타고 기병의 공세다. 로마군 양익의 기병이 측면 저지에 실패할 경우 보병이 버텨야 한다. 트리비아 강 전투에서 카르타고 기병은 후익의 트리아리와 중위의 프린키페 사이를 파고들었다. 그래서 그 간격을 없애고 두 배가 넘는 병력을 종대로 꼼꼼하게 편성하면 만에 하나 측면돌파를 허용해도 충분한 병력 덕에 기병의 공세를 2차로 저지하거나 시간을 연장할 수 있을 것이다. 이것은 로마군이 열여섯 개 레기온(로마의 군대 조직으로 보병과 기병으로 구성) 중 일부를 빼서 진영 수비대로 배치하지 않고, 모든 레기온에서 일괄로 제일 고참병인 트리아리 10,000명을 빼내서 진영 수비대로 전환시킨 조치도 설명할 수 있게 해준다. 맨 후위에 서는 트리아리는 전위의 하스타티나 중위의 프린키페와 달리 중대(마니풀) 간격이 매우 넓었다. 로마군 중대는 자기 정체성에 대한 고집과 자부심이 매우 강했다. 게다가 고참인 트리아리는 전통적 배치를 무시하고, 종대로 정열하라는 명령을 달가워하지 않았을 것이다. 사령관은 노련하지만 불평도 많고, 체력은 떨어지는 트리아리보다는 젊고 지구력이 좋은 병사가 더 유용하다고 판단했던 것이다.

한니발의 보병 수에 대해서는 여러 가지 설이 있지만, 전투에 투입된 병력은 20,000명에서 30,000명 사이로 보인다. 그중 아프리카 중장보병이 8,000명, 나머지는 켈트 족과 히스파니아 보병이었다. 한니발은 히스파니아군과 켈트 족으로 중앙 전대를 구성했다. 잘해야 절반 정도의 병력으로 로마군과 길이를 맞춰야 했으므로 보병대형은 위험할 정도로 얇아졌다. 아프리카 보병은 양분해서 좌우익에 종대로 배치했다. 정예 보병을 양익에 배치하는 전술은 로마군도 보아온 바이지만, 이날 배치는 정말 의아했다. 기병이 로마군 측후방을 공격할 때까지 엄청난 압력을 받으며 버텨야 하는 중앙 전대에서 아프리카 보병을 빼버린 것이다.

좌익에는 하스드루발이 지휘하는 히스파니아와 켈트 족으로 구성된 중장기병과 경기병을, 우익에는 마하르발이 지휘하는 누미디아 경기병을 배치했다. 기병 배치는 마치 로마군의 진형을 보고 맞춤형으로 짠 것처럼 절묘했다. 좌익은 강을 낀 좁은 공간을 강행돌파해야 한다. 우익은 비탈을 끼고 있지만 좌익보다는 공간이 자유롭고 적 병력은 많아 정면돌파보다는 상대를 헤집는 누미디아 기병에게 적합했다.

전투가 시작되었다. 하스드루발과 파울루스의 기병은 정면충돌했다. 카르타고의 투석병들도 이 공격에 가담했다. 가장 비장하고 격렬한 충돌이 이곳에서 벌어졌다. 하지만 로마 기병은 숫자도 많고 게다가 중장기병으로 구성된 카르타고 기병을 저지할 수가 없었다. 우측의 누미디아 기병은 로마 기병보다 더 형편없는 경기병이었지만, 이곳에서도 로마 기병은 고전했다. 기병에게 중요한 것은 중장갑보다 기마술이다. 누미디아 기병은 정면 대결을 피하고, 절묘한 기마술로 로마군 좌익 기병의 주위를 돌며 투창을 던지고, 교란하며 시간을 끌었다. 로마군은 누미디아 기병을 붙잡을 수가 없었다. 그렇게 아웃복싱이 진행되는 동안 로마군 우익 기병을 일소한 하스드루발 기병의 한 부대가 바로 중앙의 로마 보병의 뒤를 가로질러 누미디아군을 상대하고 있는 로마 기병, 즉 로마군 좌익 기병의 후위를 습격했다. 그 결과 바로가 이끌던 기병대도 일소되고 말았다. 이제 카르타고 기병은 거칠 것 없이 로마군의 후위를 덮칠 수 있게 되었다.

한편 그 사이에 보병전이 벌어졌다. 카르타고 보병대는 중앙이 튀어나오는 초승달 형태의 대형으로 로마군에게 접근했다. 단, 이 초승달 형태는 관찰자의 입장에서 묘사한 것이고, 실제 카르타고 팔랑크스가 초승달 형태의 곡선대형을 취했다고 볼 수는 없다. 델브뤼크의 지적처럼 이런 전장에서 곡선대형을 유지한다는 것은 불가능하다. 카르타고의 중앙 보병이 밀려나면서 작은 몇 개의 팔랑크스가 돌출하는 형태였을 것이다.

그러나 초승달 형태의 본질은 카르타고군이 일방적으로 얻어맞으면서 밀려나는 것이 아니라 전황을 이해하면서 유연하게 물러서고 있다는 것이었다. 노련한 병사는 뭔가 이상하다는 생각을 했을 수도 있지만, 가뜩이나 중앙이 위험할 정도로 얇은 군대가 일부러 적을 중앙으로 끌어들인다는 것은 상상할 수 없는 일이었다. 그러나 이 유연한 물러섬 덕분에 로마군 보병의 기세등등한 전진이 저지되었다. 팔랑크스 대형에서 돌출은 측면을 노출하기 때문에 항상 좌우 수평을 유지하도록 교육을 받는다. 따라서 로마군의 중앙 보병은 적을 밀어붙이고 있지만 송곳 같은 돌

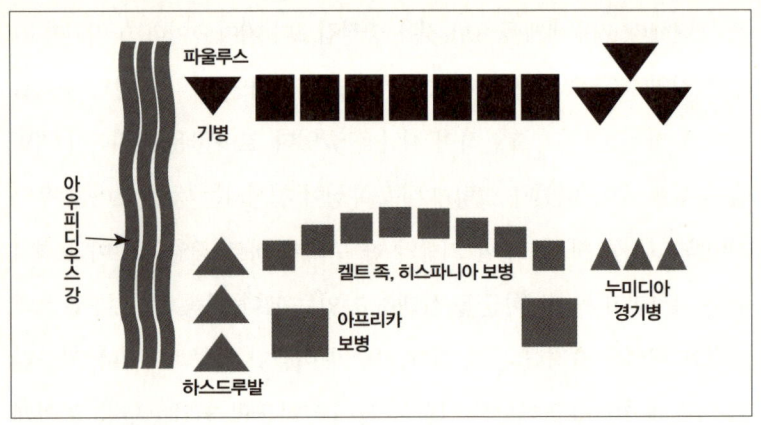

칸나에 전투 배치도
한니발은 좌익에 하스드루발이 지휘하는 히스파니아, 켈트 족 중장기병을 두고 우익에는 마하르발이 지휘하는 누미디아 경기병을 배치했다. 기병 배치는 마치 로마군의 진형을 보고 맞춤형으로 짠 것처럼 절묘했다.

파는 할 수가 없었다.

스스로의 제동장치에 의해 그들은 천천히 밀고 나갔다. 처음에 카르타고군은 중앙부가 돌출해 있었기 때문에 로마군 중장보병대가 양쪽에서 돌출부의 어깨를 파고들면서 중앙부를 함몰시킬 수도 있었다. 그러나 이것은 단지 돌출부만을 잡을 뿐이고, 중앙의 로마군이 엉켜버리게 될 것이다. 게다가 그 뒤에 카르타고군 대형이 군건히 노려보는 상황에서 돌출부의 어깨 공략은 결국 공격하는 로마군의 측면을 노출하게 되는 셈이다. 이런 그림이 그려지면 로마군 지휘관은 왠지 한니발의 함정에 말려들 것이라는 불안감을 지울 수 없었을 것이다. 무엇보다 그들은 이런 상황에서 신속하게 측면을 공략하는 훈련을 받아본 적이 없었다. 그들은 지속적으로 받아온 훈련을 적의 중앙을 분쇄하고 돌파하는 것이었다. 그들은 스스로의 힘에 만족하며 불도저처럼 확고하게 앞으로 밀고 또 밀었다.

　카르타고군의 중앙은 싸우면서 천천히 후퇴했다. 고무판 혹은 탄력성 있는 나무판이 휘어지는 것 같았다. 카르타고는 무리하게 저항하지 않고 천천히 후퇴했지만, 로마군의 진격 전체가 지연되었다. 그래도 이 상태가 지속되었다면 로마군은 카르타고의 돌출부를 처리할 방법을 찾았을 것이다. 그러나 그런 생각을 할 틈도 없이 카르타고군 전체가 로마군 앞으로 다가왔다. 카르타고군 중앙부는 빠르게, 주변부는 천천히 후퇴하는 바람에 볼록렌즈형 초승달이 오목렌즈형 초승달로 바뀌었다. 이제 로마군 보병 전체가 접전 상황에 돌입했다. 그러나 카르타고군 전체가 뒤로 천천히 물러서며 저항하고 있어서 로마군의 공격에 힘이 들어가지를 않았다. 어느 팔랑크스가 강하게 돌파하고 싶어도 좌우의 대형이 맞지 않아서 공격시점을 잡을 수가 없었을 것이다.

　그 사이에 두 가지 극적인 변화가 발생했다. 카르타고 기병이 로마군의 뒤를 공격하기 시작했다. 그러나 이 공격이 생각처럼 치명적이지는 않았다. 유럽 기병은 안장에 등자가 없어서 보병의 장갑대형에 직접 '충격 공격'을 가할 수가 없었다. 누미디아 기병은 안장조차 없었다. 그들은 거리를 두고 투창을 던지는 것이 고작이었다. 이 상태를 대비했던 로마군의 살벌한 종대밀집대형은 기대했던 효과를 보았다. 로마군의 후위는 뒤로 돌아 방어대형을 편성했다. 이 상태라면 후위에 방어벽을 두고, 전위는 공세를 계속할 수 있다. 카르타고 보병도 언제까지나 뒤로 물러설 수는 없다. 또한 그들은 너무 얇아서 일격만 제대로 가하면 부러뜨릴 수 있다.

　그러나 거짓말처럼 로마군의 진격 전체가 정지되었다. 카르타고 보병의 역초승달형 대형 변화로 로마군은 쐐기처럼 카르타고 진형에 꽂히게 되었다. 이 과정에서 로마군은 점점 더 가운데로 몰리게 되었고, 몸을 돌리거나 칼도 뽑을 수 없을 정도로 대형이 빽빽해졌다. 이제 지휘를 담당하는 장교들조차 움직일 수가 없었고, 그래서 대형을 분리하는 작업 역시 신속하게 이루어질 수가 없었다.

독일의 정치가 델브뤼크는 이때 상황을 두고, 로마군이 열여섯 개의 레기온을 좁은 종대로 만들어 일렬횡대로 배치한 것이 큰 실수였다고 지적한다. 만약 전위에 여덟 개, 후위에 여덟 개 레기온을 배치했다면, 카르타고 기병이 후위에서 습격했을 때, '후위의 여덟 개 레기온은 뒤로 돌아'라는 식으로 전방과 후방 부대를 쉽게 분리할 수 있었을 것이라고 한다. 델브뤼크의 방안이 확실히 좋은 방법이었지만, 이런 편제는 지금까지 로마군에서 시도된 적이 없었다. 하지만 이날의 공격 방식 역시 유래가 없는 것이었다. 로마군이 분명 열세인 기병 전투에서 패전을 예상하고 대비하지 않은 것은 치명적인 잘못이었다. 로마군은 병력은 많았지만, 좌익과 우익, 중앙이라는 세 개의 전쟁 중 두 곳에서 불리했다. 이 기준으로 보면 로마군에게 불리한 전투였던 것이다.

전황을 바꾼, 좀더 결정적인 비장의 한 방은 아프리카 군단이었다. 미리 종대로 대기 중이던 그들이 로마군 진형의 좌우로 진격하여 로마군의 양측을 완전히 감쌌다. 그리고 로마군의 측면을 강타하기 시작했다. 상황이 이렇게 되자 로마군은 전위와 후위의 거리를 더더욱 벌릴 수가 없었다. 포위당한 채 멈춘 로마군 전체는 이때부터 서서 도살당하는 것 외에는 아무것도 할 수가 없었다. 카르타고군은 로마군 절반 정도의 병력으로 적을 완벽하게 포위해서 섬멸하는 기적을 이루었다. 이 포위 기술은 '이중 포위'라는 용어로 전쟁사의 고전이자 이상이 되었다.

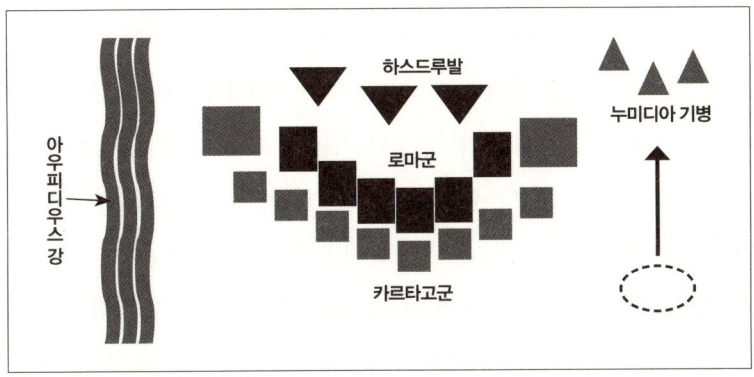

칸나에 전투 두 번째 전황도
하스드루발은 좌익의 로마기병을 무찌르고 로마군의 뒤로 돌아갔다. 중앙에서는 로마군을 유인한 카르타고군이 로마군을 브이(V)자 대형으로 포위했다.

   이 전쟁에서 로마군 보병 47,000명과 기병 2,700명이 전사했고, 19,300명이 포로가 되었다. 살아서 도망친 병력은 진영에 대기 중이던 10,000명을 제외하면 겨우 6,000명뿐이었다. 그중 상당수는 초전에 달아날 수 있었던 기병이었다. 로마군의 지휘관이었던 파울루스와 게미누스, 미누키우스는 전사했다.

   카르타고 전사자는 보병 5,700명과 기병 2,300명이었다. 그중 4,000명이 초반에 어려운 지연 작전을 수행했던 켈트 족이었다. 그들로서는 자신들을 소모품으로 이용했다고 불평할 수도 있었지만, 이런 대승리는 오히려 그들을 영광스런 전사로 만들고 전체 갈리안 부대에 대한 경의와 자긍심을 높여주었을 것이다.

   로마의 역사가는 이 패전에 대해 또 한 명의 집정관인 바로를 극렬하게 비난한다. 파울루스는 한니발과의 직접 대결을 반대했지만 바로가 거부했고, 너무 많은 보병을 좁은 곳으로 몰아넣어 도살극을 자초했다는 것이다. 그러나 이것은 죽은 자와 살아 돌아온 자에 대한 비난의 차이일 뿐이다. 싸우지 않을 것이었다면 80,000명이나 되는 대병력을 왜 투입했겠는가? 이런 대병력은 엄청난 비용을 소모하기 때문에 일정 거리를 유지하고 견제만 하여 궁극적으로는 한니발 군대의 고립과 고사를 도모했던 파비우스의 전술을 사용할 수도 없다. 바로의 전투편제도 나름 최선을 다해 마련한 것이었다. 사실 로마군 능력으로는 그 이상의 전술을 사용할 수도 없었다. 그들의 진정한 실수라면 카르타고의 전술만 분석했을 뿐 한니발이란 천재의 능력을 이해하지 못했다는 점이다.

하지만 그것으로 로마군 장군을 비난할 수도 없다. 카르타고 중앙 보병의 대형 변환과 아프리카 보병을 측면에 배치한 방식은 트리비아 전투에서 이미 선보인 것이었다. 그러나 이런 대병력을 상대하면서, 로마군의 상대가 되지 않았던 가장 약한 군대로 정면을 방어하고 최정예는 숨겨둘 것이라고 누가 짐작할 수 있을까? 그리고 누가 야만족인 켈트 족을 로마군도 하지 못하는 기가 막힌 기동을 하도록 조련하며, 그들이 이 모든 '기만 작전'이 종료되고 결정적 순간이 올 때까지 버텨낼 수 있을 것이라고 예상할 수 있을까? 트레비아 전투에서 로마군은 최소한 켈트 족의 중앙방진은 깨끗하게 돌파하지 않았던가? 누가 적의 작전과 능력을 이토록 정확하게 예측하고, 신도 예측하지 못할 것 같은 타이밍으로 전장을 조롱할 수 있을까.

신은 인간에게 두 가지 재능을 주지 않는다

한니발은 로마군을 두 번 섬멸했다. 한 번은 트라시메네 호수가에서 로마군단의 절반을 섬멸했고, 칸나에에서는 거의 전부를 학살했다. 칸나에의 패배로 로마는 완전히 공황 상태에 빠졌다. 그때마다 이 기회에 로마를 공략하자는 의견이 나왔다. 하지만 한니발은 이 제안을 거부했다. 한니발은 처음부터 로마를 공략하는 것이 아니라 다른 동맹시의 협력을 얻어 로마의 지배권을 해체하는 것이 목표였다. 그렇다고 해도 로마는 이제 무방비 상태에 가까웠다. 부하 마하르발이 로마로 진격하자고 건의했지만, 한니발은 거부했다. 마하르발은 돌아서며 탄식했다. "신은 한 사람에게 모든 것을 다 주지는 않는군요. 한니발이여, 당신은 승리하는 법은 알지만 승리를 어떻게 사용해야 하는지는 모르는 사람입니다."

이 문제에 대해 한니발은 전술의 천재였지만, 전략에는 아둔했다는 비판에서부터 사실상 보충병을 조달할 방법이 없는 한니발이 인명 손실이 큰 공성전을 시도할 수 없었다는 변명까지 다양한 해석이 제시되어 있다. 따지고 보면 로마도 완전 무방비 상태는 아니었다. 그들은 감옥의 죄수까지 풀어 신속하게 징병했고, 거의 전멸했다고 하지만 칸나에에서 살아 돌아온 병력도 두 개 레기온은 되었다. 한니발이 로마 공략의 가치를 모르고 포기했던 것도 아니다. 그는 로마로 진군했고, 로마에서 3마일 떨어진 아니오 강변에 진을 쳤다. 한니발은 로마가 자신의 압박에 굴복해서 성문을 열어주기를 바랐다. 하지만 로마는 항전을 택했고, 시민 등을 무장시켜 만든 네 개의 레기온을 성벽에 투입했다. 급조된 레기온이 야전으로 나온다면 한니발의 상대가 되지 않겠지만, 수성전에서는 훈련받지 않은 병사도 최소한 한 사람의 몫은 할 수 있다.

로마의 확고부동한 항전 의지는 한니발을 놀라게 했다. 그는 성문까지 부대를 끌고 갔으나 세 개의 부대가 성문 앞에 전투대형으로 버티고 있었다. 무엇이 한니발을 망설이게 했는가, 과연 그 결정이 옳았는가는 영원히 답이 나오지 않을 문제이긴 하지만, 단순하게 정의될 수 있는 문제는 아니다. 한니발은 이 자존심 강한 도시를 굴복시키고 지배하기보다는 이탈리아의 다른 도시를 자기편으로 만들어 로마를 대체하는 것이 낫겠다고 생각했던 듯하다. 오늘날 미국이 이라크와 아프가니스탄에서 고전하는 것을 보면 그의 고민을 이해할 수 있을 것 같기는 하다. 전쟁에서는 이길 수 있지만 지배할 수는 없는, 그러한 집단이 있다.

한니발의 바람대로 남부의 몇몇 도시들이 한니발 편으로 돌아서기는 했다. 그러나 그것도 완전히 돌아선 것인지, 힘에 굴복한 것인지 애매했다. 좌우간 이 덕분에 한니발은 남부 이탈리아에서 장기간 버틸 수 있는 힘을 얻었다. 한니발의 진정한 실수는 로마의 통치 능력을 과소평가했다는 것이다. 현대적 표현으로 하면 한니발에게는 인문학적 통찰력이 결여되어 있었다고 할 수 있다. 그의 머릿속에 있는 이탈리아는 '피로스 시대'의 이탈리아였다. 하지만 그것을 탓할 수만도 없다. 전 세계의 상황을 실시간으로 감상할 수 있는 오늘날에도 다른 사회와 문화를 이해하고 그들의 행동을 예측하기란 어렵다. 한니발은 이탈리아에서 살아본 적도 없다. 그의 모국인 카르타고는 태생적으로 국가의식이 박약한 나라였고, 그가 성장한 히스파니아는 갈리아 못지않게 여러 부족이 분열되고, 힘의 역학이 지배하는 사회였다.

한니발과 피로스 사이에는 결정적 차이가 있다. 피로스 시대는 이탈리아가 통일 이탈리아라는 과실의 단맛을 보지 못했던 시기였다. 그러므로 피로스는 이탈리아의 국가적 이해관계와 큰 대립이 없었다. 하지만 한니발 시대에 로마는 이탈리아를 통일하고 지중해 무역권을 장악하고 있었다. 로마가 동맹시에 자유와 존중을 제공한 것은 더 큰 파이를 위해서였다. 동맹시들은 로마의 지배가 아니꼽거나 과거의 원한이 있다고 해도 그 파이를 충분히 맛보고 있다. 그중 유력자들, 카푸아나 타렌툼 같은 도시들이 로마를 몰아내고 파이의 가장 큰 쪽을 내가 차지하고 싶다는 생각을 할 수 있다. 하지만 다른 중소도시에게 '파이의 가장 큰 쪽'은 전쟁과 내란을 일으킬 만한 동인이 되지 못한다. 도리어 이탈리아가 내란에 빠지면 지중해의 패권을 상실하고 말 것이며, 그 결과 그동안 누리고 있는 것조차 잃어버릴 위험이 있었다. 게다가 더 큰 문제는 로마와 지중해의 패권을 다투는 라이벌이 카르타고라는 사실이다. 이탈리아 인에게 카르타고는 로마보다 더 위험하고 해로운 적이었다.

한니발은 시대적 과학적 한계로 인해 이런 사실을 알아차리기 힘들었다고 해도, 이탈리아에 들어온 뒤에는 간파했어야 했다. 이탈리아를 돌아다니면서 한니발은 간절하게 칸나에의 회전 같은 대승리를 추구했다. 신의 축복과 같았던 칸나에의 섬멸전은 번뜩이는 영감으로 이룬 것이 아니라 히스파니아에서부터 로마군과 싸워오면서 오랫동안 구상하고 다듬고 훈련시킨 성과였을 가능성이 높다. 그는 이탈리아 인들이 처음에는 그에게 신뢰를 보내는 것을 망설일 수 있지만, 이런 결정적 승리를 보여주면 자신에게 돌아설 것이라고 믿었다. 칸나에의 승리가 여러 변화를 야기하기는 했지만 본질은 바뀌지 않았고 한니발은 그것을 깨닫지 못했다.

대체로 인간은 낯선 상황에 부딪히거나 상황이 예상대로 돌아가지 않을 때면 상황을 원점에 놓고 다시 검토하기보다는 한니발이 칸나에의 대회전을 간절히 기다리듯이, 처음의 계획, 처음의 기대에 그냥 집착해버리는 경향이 있다. 그리고 사고와 토론이 주변부를 떠돌기 시작한다. 문제의 본질을 직시하지 못하고, '한 번 세운 계획은 바꾸면 안 된다', '가다가 중지하면 아니 가느니만 못하다'는 식의 주변적 논리에 판단을 의지하게 되는 것이다.

회의나 토론이 이렇게 위성궤도로 진입해버리면 '의사결정구조'가 이미 위험 지대로 들어선 것이다. 이런 위험을 방지하고 문제의 본질에서 벗어나지 않게 사고의 중심을 잡아주는 중요한 안전장치가 인간행동과 사회현상에 대한 확고한 지식을 갖추는 것이다. 마치 다이아몬드가 탄소로 이루어져 있다는 과학적 지식이 확고한 사람은 '다이아몬드를 불에 태워서 가공하는 공법'이란 보고서에 유혹되지 않는 것과 같다.

기원전 218년부터 203년까지 한니발은 무려 15년 동안 이탈리아에 머물렀다. 세계 최강대국의 한복판에서 온통 적에게 둘러싸여 이렇게 오랫동안 버텼다는 것은 세계 전사에서도 불가사의에 가깝다. 하지만 그의 계획은 이미 초반에 좌절되어 있었다. 그 결정적 순간에 선택의 여지가 달리 없었다고 하더라도, 전략의 변화를 주지 못하고, 초기 목표에 집착했던 것이 그의 불행이었다.

한니발의 불행은 정치인과 책사의 도움을 받지 못했다는 것이다. 전쟁사를 보면 정치가와 문관은 언제나 위대한 장군과 승리의 적이자 훼방꾼이다. 그들이 훼방꾼이 되는 이유도 당연하다. 물과 기름처럼 서로의 장점과 기능이 전혀 다르기 때문이다. 하지만 그렇기 때문에 그들의 역할 역시 분명히 존재한다. 이탈리아의 분위기를 파악하고, 새로운 전략을 재정립하는 데는 분명히 그들의 도움이나 압력이 필요했다. 하지만 한니발은 정작 필요할 때에 그들의 덕을 보지 못했다. 그것은 한니발 부대의 태생적 한계일 수도 있다. 한니발은 살인적인 강행군을 통해 적국 이탈리아로 들어왔다. 처음 출발 때부터 그의 캠프는 전투병 위주에 약간의 행정전문가로 채워졌을 가능성이 높다. 아무리 로마 측 사료 일변이라고 해도, 한니발에 대한 일화들에는 철저하게 군인들만 등장하기 때문이다. 한니발의 전략적 실수를 지적한 마하르발도 유능한 기병대장이었다. 대체로 이런 부대들이 전투에서 승리하고 전략에서 실패한다. 한니발은 그의 원정 자체가 전술적 승리가 아니라 전략적 승리를 목적으로 하는 것이라는 사실을 인지했어야 했다.

또 하나 한니발의 중요한 실수는 로마 인의 학습 능력, 이른바 모방과 벤치마킹의 위력을 계산에 넣지 않았다는 점이다. 한니발이 그런 생각을 했는지, 하지 못했는지는 알 수 없다. 그러나 그가 결정적 전기를 마련하지 못하고, 화려한 전적만 쌓아간다면 로마군만 더욱 강하게 할 뿐이라는 사실을 심각하게 염두에 두고 있어야 했다. 실제로 로마군은 그에게서 많은 것을 빠르게 배웠다. 칸나에의 대회전은 엉성한 배움은 더 큰 피해를 초래한다는 절실한 교훈을 로마에 남겨주긴 했지만, 로마군이 한니발을 분석하며 배우고 있다는 사실, 그렇게 로마군이 진화하고 있다는 사실을 분명히 가르쳐주었다.

그러나 신이 인간에게 한꺼번에 한 가지 재능만을 준 것이 아니라 너무 많은 재능을 준 것이 문제였다. 천재의 자존심일까? 한니발은 로마군의 진화를 보면서 겉모습은 모방할 수 있어도 그 속에 깃든 깊은 향취까지 모방할 수는 없다고 생각했는지도 모른다. 하지만 지구상의 수많은 기업이 이런 자기기만적 믿음에 의지하다가 역전을 당했다. 인간이 모방하지 못하는 것은 없고, 모방은 결국 새로운 창조를 낳는다. 깊은 향취, 즉 노하우, 소프트웨어는 모방할 수 없다는 위안은 절반은 맞는 말로, 그것은 모방의 영역이 아니라 창조의 영역이다. 그러므로 하드웨어를 모방한 사람이라도 그것을 운용하고, 새로운 필요에 귀 기울이다 보면 노하우의 축적과 새로운 발명이 얼마든지 가능하다. 천재는 모방에서 창조까지의 과정을 단축시키는 사람이다. 그리고 신은 그 능력을 단 한 명에게만 부여하지 않았다.

좋은 전략은 모방하라

한니발은 로마에서 태어난 그 천재를 이미 두 번이나 만났다. 첫 만남은 로마군과의 첫 전투였던 티키누스 강가에서의 전초전이었다. 사소한 전투라지만 카르타고군은 엄청난 성과를 거둘 뻔했다. 로마의 사령관이자 집정관인 스키피오를 사로잡을 뻔했던 것이다. 이때 로마의 젊은 기병, 집정관 스키피오의 아들 소 스키피오가 뛰어들어 부친을 구했다.

두 번째는 칸나에 전투였다. 이 지옥에서 벗어난 생존자 대열 속에 스키피오가 있었다. 그가 살아날 수 있었던 것은 기병이었던 덕분인 듯하다. 하지만 운이 전부는 아니었다. 스키피오는 전장에서 생존해 후방의 로마군 본영으로 돌아갔다. 카르타고군이 마지막 남은 로마군 본영을 압박할 때, 로마군 수비대는 겨우 10,000명이었다. 로마군은 항복하려고 했지만 4,000명이 항복을 거부하고 탈출을 감행했다. 평원에서의 탈출은 적의 기병에게 걸리면 몰살을 피할 수 없는 굉장히 위험한 모험이었지만, 이들은 노련한 카르타고 기병을 따돌리고 탈출에 성공했다. 이들을 지휘한 사람이 겨우 19세였던 스키피오였다.

한니발이라는 천재의 공격에 당황했던 로마는 한 가지 해결책을 찾아낸다. 둔재가 천재를 상대하는 방법은 일단 모방에서 시작하는 것이다. 자존심만 강한 바보는 적에게 배워서는 적을 이길 수 없다고 말하지만, 둔재가 천재를 능가하는 창조적인 방법을 찾아낸다는 것이야말로 진짜로 불가능한 과제다. 모든 창조는 모방에서 시작한다.

한니발의 벤치마킹을 주장했던 사람은 스키피오의 부친 대★스키피오였다. 그는 우리도 한니발처럼 적의 근거지를 공략하자는 아이디어를 제출했다. 한니발도 퇴치하지 못하고, 로마가 위험에 빠져 있는 상황에서 원정군을 편성해 바다 건너로 보낸다는 것은 정말 대단한 발상이다. 설령 '탁상에서는 충분히 가능한 생각'이라고 쳐도, 로마의 원로원과 대중이 이 발상에 동의했다는 사실은 더욱 놀랍다. 독재국가라면 모를까 이런 제안에 대해 사회적 합의가 가능한 나라, 집단이 과연 존재할 수 있을까 싶다. 한니발과 스키피오의 대결을 다룰 때 두 사람의 재능과 전략만을 다루어서는 이 전쟁을 이해할 수 없다. 한니발의 최대의 적은 절대 불가능한 사회적 합의를 이끌어 내는 '로마의 힘'이었다.

더욱 놀라운 점은 기원전 211년, 히스파니아로 간 대스키피오 부대가 카르타고군에게 포위되어 전멸했음에도 로마가 또다시 파병을 결의했다는 사실이다. 두 번째 파병에서 지휘관을 지원한 사람은 24세였던 스키피오의 아들 푸블리우스 스키피오였다. 아버지 스키피오는 한니발의 전략을 모방했지만, 전술을 모방하지는 못했다. 칸나에의 전투를 체험한 아들 스키피오는 한니발의 위대함을 세세하게 연구했다. 그는 카르타고군의 전술적 우위를 인정하고, 그것을 따라잡기 위해서는 지휘관의 전술적 각성뿐 아니라 병사들의 새로운 조련이 필요하다는 사실도 간파했다.

스키피오는 14,000명의 잔존 병력과 보병 10,000명, 기병 1,000명의 지원 병력을 합쳐 34,000명의 병력을 거느리게 되었다. 병력 상으로도 영락없는 히스파니아의 한니발이었다. 그러나 스키피오는 처음부터 한니발의 추종자가 아닌 개량자의 모습을 보여주었다. 한니발은 로마 주변을 빙빙 돌았지만, 스키피오는 바로 히스파니아의 로마라고 할 수 있는 '카르타고 노바'를 급습했다.

당시 히스파니아를 지키던 카르타고군은 한니발의 동생들인 하스두르발 바르카와 마고, 한니발의 부하 기스코의 아들인 하스드루발 기스코 등이 지휘하고 있었다. 마침 그들은 히스파니아의 각 곳에 분산배치되어 있었고, 카르타고 노바는 마고가 지키고 있었다. 스키피오가 상륙하자 그들은 군대를 합치기 위해 이동을 시작했다. 이런 상황에 처하면 누구나 먼저 야전에서 그들을 격퇴하려고 한다. 로마군 역시 마찬가지였다. 그들이 점령하고자 하는 카르타고 노바는 바다를 끼고 있는 난공불락의 요새인 데다가 공성전은 시간이 걸리고, 희생이 크며, 게다가 적의 합류를 촉진하기 때문이다. 그러나 스키피오는 카르타고 노바에 수비대가 1,000명에 불과하며, 썰물 때면 수심이 얕아져 도보로 건널 수 있는 지점이 있다는 사실을 알아냈다.

그는 단기간에 카르타고 노바를 함락시킬 수 있다는 자신감을 가지고 공격에 나섰다. 바닷속 길을 통한 기습의 기회는 단 한 번뿐이었다. 한 번의 기회를 살리기 위해 그는 먼저 위장 공격을 한다. 그런데 위장 공격이라고 하면 보통은 병사의 인명을 아끼기 위해 탐색전 수준의 엉성한 공격을 하기 쉽다. 하지만 이런 공격은 적에게 경계심을 줄 우려가 있다. 그래서 가혹한 지휘관은 대의를 위한 희생이라는 명목으로 정면 공격을 감행한다. 그렇게 하면 적은 속겠지만 아군의 희생은 크고, 나중에는 이 공격이 위장 공격이었다는 사실이 밝혀지기 때문에 공격을 지시한 지휘관은 자신의 병사들로부터 신뢰를 잃는다. 병사들이 자기 지휘관이 승리를 위해 병사들을 얼마든지 희생시킬 수 있는 사람이라고 생각하기 시작하면 그의 지도력은 급격히 떨어지고, 모든 전술과 작전은 어긋나며, 부대 구성원 간의 팀워크는 와해될 것이다.

어떤 전쟁에서든지 병사들이 납득할 수 있는 전술이나 작전은 거의 없다. 아무리 목표와 지형의 중요성을 말해도, 병사들의 마음속에는 이 고지를 왜 점령해야 하는지, 아무것도 없는 이 황무지를 왜 지켜야 하는지에 대한 의문이 끊임없이 치고 들어온다. 그 의문을 납득시키는 방법은 지휘관의 탁월한 지도력과 리더십, 지혜 이전에 지휘관이 병사들 한 명 한 명을 아끼고, 설령 간간이 잘못된 판단을 해도 병사들을 쓸데없는 죽음으로부터 보호하기 위해 최선을 다하고 있다는 신뢰를 심어주는 것이다. 따라서 그 신뢰가 없다면 병사들은 결정적 순간에 명령과 작전을 이행하기를 망설이고, 위험이 닥치면 금세 주눅들 것이다. 전쟁에서 병사들의 사기를 진작시키는 제일 좋은 방법은 기발한 계략과 속임수로 목표를 탈취하는 것이다. 그들이 지휘관의 능력에 탄복하기 때문이 아니라, 지휘관이 병사들의 희생을 줄이기 위해 초인적인 노력을 하고 있다는 사실을 믿게 해주기 때문이다.

영리한 스키피오는 이 두 가지 방법을 다 피했다. 첫날 공격에서 로마군은 카르타고 노바의 성벽 앞 좁은 통로에서 카르타고군과 전투를 벌였다. 카르타고군은 용감하게 싸웠지만 로마군의 효율적인 배치와 전투 중 로마군의 강력한 예비대가 투입되어 성벽까지 밀렸다. 카르타고군을 몰아붙인 로마군은 성벽에 사다리를 걸고 등성을 시도했지만 성공하지 못했다. 공격이 교착 상태에 빠지려고 하자 스키피오는 로마군을 후퇴시켰다. 이 전투 내내 스키피오는, 무려 세 개의 방패로 자신을 감싸긴 했지만, 전군에게 모습을 드러내고 진두지휘하는 모습을 보여주었다.

다음 날 로마군은 어제의 돌격 지점에 더 많은 병력을 집중시켜 수비대의 주위를 끈 다음, 소수의 병력이 썰물을 이용해 바다를 건너 성벽에 올랐다. 그것으로 카르타고 노바는 함락되었다. 이어서 그는 한니발의 동생들과 하스드루발 기스코를 각개 격파했다. 이후 히스파니아에서 카르타고의 위상은 이전보다 많이 흔들렸고, 많은 히스파니아의 부족이 로마로 붙었다.

스키피오의 전광석화 같은 활약은 한니발의 마지막 희망을 좌절시켰다. 하스두르발 바르카는 지원병이 없어 고전하고 있는 형 한니발에게 보충병을 보내기 위해 준비 중이었다. 그러나 스키피오에게 패배하는 바람에 준비했던 전력의 절반을 소모했다. 그는 갈리아 부족의 지원을 얻어 50,000명의 병력을 마련해, 기원전 206년에 알프스를 넘어 형이 기다리고 있는 이탈리아로 갔다. 하스드루발이 이끄는 카르타고군의 절반은 갈리아 족이었는데 로마군이 진군을 차단하자, 카르타고군의 좌익을 맡았던 갈리아 족이 배신하여 로마군에게 길을 내주고 말았다. 한니발의 리더십과 카리스마와 비교되는 부분이다. 갈리아 족이 비켜준 길로 로마군 한 부대가 카르타고군의 후위로 들어가면서 카르타고군은 앞뒤로 협공을 당하게 되었다. 결국 카르타고군은 전멸하고 하스드루발은 살해되었다. 로마군은 그의 목을 잘라 그동안 무슨 일이 일어났는지 미처 알지 못하고 있던 한니발의 진지로 던져주었다.

스키피오군의 전술적 역량을 가장 잘 보여주는 전투가 기원전 206년 봄에 벌어진 일리파 전투다. 한니발의 막내 동생 마고와 하스드루발 기스코는 그들이 가용할 수 있는 모든 병력을 모아 스키피오를 제거하기 위해 출동했다. 카르타고군의 병력은 보병 70,000명, 기병 4,000명, 32마리의 코끼리였다. 스키피오군은 보병 45,000명에 기병 3,000명 정도였는데, 절반이 히스파니아에서 징집한 현지 부족병이었다.

일리파로 진군하던 마고는 강가에서 야영 중인 스키피오군을 발견하고 기병을 보내 습격했다. 그들이 진영에 접근했을 때, 진영의 양옆에서 매복했던 로마 기병이 뛰쳐나왔다. 그들을 구하기 위해 카르타고군이 출동했지만, 로마군은 더 빨리 증원되었으며, 그 결과 카르타고군은 크게 패했다. 용기가 꺾인 카르타고군은 신중해졌다. 양군은 낮은 계곡을 가운데 두고 양쪽 언덕에 진영을 설치했다. 스키피오는 전통 로마 방식대로 중앙에 로마군을 두고, 신뢰가 가지 않는 히스파니아군을 좌우 양익에 배치했다. 카르타고군도 그들과 똑같이 중앙에 아프리카군을 두고, 양쪽은 히스파니아군을 배치했다.

양쪽은 서로 직접 진영을 공격하지 않고 벌판에서 싸우기를 바랐다. 카르타고군은 매일 느지막이 벌판으로 나와 전투를 유도했다. 그러면 로마군이 뒤이어 진영에서 나왔다. 그러나 어느 쪽도 먼저 공격하지 않고 대치 상태를 유지하다가 해가 저물면 자기 진지로 돌아갔다. 며칠 동안 이러기를 반복했는데, 로마군은 항상 카르타고군보다 늦게 출동해서 그들이 돌아가면 진지로 돌아왔다.

그러던 어느 날 스키피오는 새벽에 경보병과 기병을 보내 카르타고 진지를 습격했다. 이 전투는 가벼운 충돌로 끝났지만, 새벽 기습 덕분에 카르타고군은 아침 식사를 못한 채 전장으로 끌려나왔다. 그러나 밤 사이에 로마군은 배치를 바꾸었다. 한니발의 방식을 따라 양익에 주력인 로마 정예병을 두고 가운데에 히스파니아군을 배치했다. 오전 7시, 로마군이 진격을 개시했다. 중앙의 히스파니아군은 천천히 움직였고, 양익의 로마 정예병은 각기 카르타고군 양익의 히스파니아군을 향해 빠르게 그러나 비스듬히 진격했다. 그 뒤로 경기병과 기병이 따라갔다.

이 공격은 과거 테베의 에파미논다스가 보여준 사선대형을 양쪽에서 동시에 실시한 것이었다. 에파미논다스의 사선대형은 좌익 한 방향에 공격을 집중하는 것인데, 스키피오는 양익을 동시에 공격함으로써 중앙을 쳐지게 했다. 정예병으로 적의 약한 좌익을 공격하고, 약한 부대는 강한 적의 중앙을 견제하는 것이었다.

로마군이 카르타고군의 양익에 충돌하자 뒤를 따르던 기병과 경기병은 그들의 장기인 속도를 이용해서 빠르게 카르타고군의 측면과 뒤로 돌아갔다. 부실한 카르타고군의 양익은 속수무책으로 부서졌다. 그 와중에도 카르타고군 중앙의 아프리카 보병들은 꼼짝하지 못하고 서 있었다. 양익을 구원하려고 움직이다가는 중앙 전열이 분열하고, 적에게 측면과 통로를 노출하게 되기 때문이다. 결국 카르타고군은 대패했고, 밤을 틈타서 달아나기 시작했다. 그러나 스키피오 기병의 추격을 피할 수 없었다. 기병과 경기병이 퇴로를 막고 그들을 저지한 사이에 로마군의 중장보병대가 도착했다. 다시 한 번 전술의 고전인 모루와 망치 구조가 전개되었다. 하스드루발과 마고는 간신히 탈출했으나 살아남은 자는 6,000명 정도에 불과했다. 칸나에의 섬멸전보다 더 대단한 학살이었다.

스키피오는 카르타고군의 배치 방식을 모방하고, 여기에 변형시킨 에파미논다스의 사선대형을 결합시켜, 완벽한 포위와 섬멸전을 펼쳤다. 게다가 그는 잘 훈련된 로마 보병으로 약한 히스파니아 부족병을 결단냈다. 로마군과 일대일로 겨뤄도 차이가 없다는 아프리카 보병을 손 한 번 대지 않고 전장에서 몰아냈으며, 대형을 포기하고 후퇴하는 그들을 습격해서 일방적으로 도살했다.

얼핏 보면 스키피오의 계략은 그의 계략이 뛰어난 것이 아니라 카르타고군이 방심하거나 아둔했던 덕인 것처럼 보인다. 그런 이유로 어떤 사람들은 일리파 전투의 교훈은 '방심하지 마라' 정도로 단정한다. 하지만 그것은 전투의 한 면만 보고 하는 소리다. 어떤 전술, 어떤 계략이든 결론을 내려보면 교훈은 다 평범하고 흔한 것이 된다. 계략의 성공은 계략 자체의 교묘함이 아니라 그것을 적시에 적절히 사용하는 능력에 달렸다. 적의 수준과 상태를 보고, 적의 행동과 심리까지 예측하는 것, 그것이 한니발의 전설을 만든 능력이었다. 스키피오도 그 능력을 한니발의 동생과 동료들을 향해 발휘한 것이다.

핵심을 찌르는 정확한 상황 판단, 그것을 실행하는 대담함, 기발한 전술과 철저한 준비, 절묘한 계략과 속임수, 예측하지 못한 행동으로 전장의 주도권을 쥐고 적을 흔들어 적의 행동과 생각, 심리까지 예견하는 능력, 석은 병력으로 석의 땅에 늘어와 섬멸전을 유도하는 방식까지 그는 완벽한 히스파니아의 한니발이었다. 그렇다고 스키피오를 한니발의 아류나 복제품으로 평가해서는 안 된다. 그는 영리한 모방꾼이 아니라 원리를 이해해서 응용하고 창조할 줄 아는 진정한 천재였다. 히스파니아에서 그는 한니발보다 더 화려한 전투와 현란한 지력을 선보였고, 한니발 못지않게 병력을 아끼면서 적을 섬멸하는 전과를 거두었다. 현대의 군사이론가인 리델하트와 베빈 알렉산드로스는 스키피오를 그들이 예찬하는 '간접공격 전술'의 전형으로 치켜세웠다.

한니발에게서 히스파니아를 떼어낸 스키피오는 기원전 206년에 로마로 돌아와 지금의 튀니지에 있던 카르타고 공략을 설득한다. 그리고 기원전 204년 38,000명의 군대를 거느리고 아프리카로 진군했다. 이때 시칠리아에서 신병 4,000명을 모집하고 전 부대를 혹독하게 조련했다.

무능한 자는 행운을 바라고, 유능한 자는 행운을 만든다

사하라에는 두 종류의 바람이 분다. 생명의 바람과 죽음의 바람이다. 지중해에서 불어오는 바람은 습기를 머금고 있다. 반면 내륙에서 오는 바람은 바짝 건조해서 이슬조차 맺히지 않는다. 숨을 들이쉬면 폐와 기관지에서 습기를 뽑아 빠져나간다. 기원전 202년 10월 19일, 사하라의 끝자락 알제리의 자마 평원에서는 어떤 바람이 불었는지 모른다. 그러나 그곳에 있던 모든 인간과 동물은 이 두 가지 바람을 동시에 느낄 수 있었다.

카르타고 진영에 있던 코끼리가 코를 치켜들며, 특유의 길고 찢어지는 듯한 소음을 내뱉었다. 그 울음의 의미는 병사들을 격려하기 위한 것이었을까? 불안감의 표시였을까? 그러나 그 누구도 그것을 해석할 만큼 한

가하지 않았다. 모두들 이 전투가 16년을 끌어온 긴 전쟁의 마지막 일전임을 알고 있었다. 스키피오의 로마군은 바다를 건너 적진의 한복판에 있다. 패배하면 갈 곳도 없다. 한 명도 남김없이 몰살당할 것이다. 승리하면 지중해 세계 최대의 부국이 그들의 손아귀에 떨어지고, 로마는 지중해 세계의 완전한 패자가 된다.

카르타고 진영은 좀더 복잡했다. 12,000명의 노병들은 한니발과 함께 16년간 이탈리아 반도를 누볐다. 마침내 고향에 돌아왔지만, 그들 역시 패배하면 갈 곳이 없다. 평원에서의 패전은 말 그대로 전멸을 의미한다. 저 사나운 누미디아 기병의 눈을 피할 곳이 없다. 고국의 땅에서 죽는다는 것이 그나마 위안이었다. 그러나 그들은 패배를 생각하지 않았다. 적의 땅 이탈리아로 들어가 외로운 군대로 그들은 16년 동안 버텼다. 그 사이에 단 한 번도 패배한 적이 없다.

카르타고군의 선두에는 거의 웃통을 벗어던진 근육질의 사나이들이 서 있었다. 금발의 머리카락이 사막의 태양을 받아 광채처럼 빛났다. 그들은 갈리아 용병들이었다. 갈리아 전사들의 심정은 조금 더 복잡했다. 알프스의 거친 비탈에 살던 그들이 모래와 바다뿐인 열사의 땅으로 여행할 줄은 꿈에도 생각하지 못했을 것이다. 아무래도 좋다. 이 전투에서 승리하면 로마는 더 이상 재기하지 못할 것이다. 그들과 로마인의 갈등은 수세기째 내려온 것이다. 길고 지루한 싸움이 끝나고 고향 사람들은 알프스를 떠나 꿈에 그리던 롬바르디아 평원으로 내려올 수 있다. 푸른 초원과 아름다운 이탈리아 여인들이 그들의 소유가 될 것이다.

다만 불안한 것은 그들을 키우고 훈련시킨 장군이 전투에 참여하지 못했다는 것이다. 이 갈리아 용병단은 한니발의 동생 마고가 모집하고 육성한 군대였다. 하지만 마고는 아프리카로 오는 배 안에서 병사하고 말았다. 용병 부대는 언제든 배신당하고 버려질지 모른다는 불안감이 있다. 그래서 용병은 자신들이 신뢰하는 지휘관 밑에서만 싸우고, 또 제대로 싸울 수 있다. 이는 현재까지도 변치 않는 철칙이다.

한니발이 이탈리아에서 데리고 온 병력은 12,000명이었다. 여기에 마고가 갈리아에서 양성한 갈리아 보병 12,000명이 가세했다. 카르타고는 12,000명에서 약 20,000명의 신병을 지원했다. 누미디아 기병 2,000명, 마케도니아군 4,000명이 보강되었다. 코끼리 80마리도 보충되었다. 총 병력은 42,000명에서 50,000명 정도였다.

한니발이 갑자기 카르타고로 돌아오자 스키피오는 불리한 상황에 놓였다. 그의 부대는 분산되어 있어서 자신이 거느린 병력은 26,000명에 불과했다. 그는 즉시 카르타고 시의 봉쇄를 풀고 내륙 평원으로 달아났다. 그곳은 카르타고의 곡창 지대였다. 한니발은 카르타고 시 근처에서 싸우기를 원했지만 자신들의 부의 근원이 약탈당하는 것을 본 의원들과 상인들이 한니발에게 출동을 강력히 요청했다. 게다가 나머지 로마군이 합류하기 전에 빨리 스키피오를 격파하는 것도 좋은 방법이었다. 한니발은 로마군을 추격했고, 결국 양군은 카르타고 시 남서부에 있는 자마 평원에서 만났다.

그런데 전투가 벌어지기 전날 친로마파인 누미디아 족장 마시니사가 6,000명의 보병과 기병 4,000명을 데리고 스키피오의 로마군에 합류했다. 마시니사는 스페인에서 로마군의 포로가 되었는데, 스키피오는 그를 설득해서 로마의 동맹자로 만들었다. 덕분에 로마군은 처음으로 기병 전력에서 한니발에게 우위를 점할 수 있게 되었다.

이 절묘한 합류가 의도적인 것이었는지 기적이었는지는 알 수 없다. 그러나 한니발이 누미디아인의 배신을 예측하지 못한 것은 분명하다. 이탈리아에서 살아나온 그가 고국에서 동맹국에게 배신당했다는 것은 아이러니 중의 아이러니였다. 하지만 따지고 보면 똑같은 원리였다. 모든 정치적 갈등은 이해관계로 인해 초래되고, 그러므로 가까운 사람이 적이 된다. 그가 이탈리아로 들어간 것은 반로마세력의 결집을 위해서였다. 스키피오도 똑같이 카르타고의 적을 찾아온 것뿐이다.

하지만 마시니사의 합류는 치명적이었다. 병력의 문제가 아니라 그의 가세로 기병 전력이 완전히 한니발의 열세로 돌변했기 때문이다. 기병전, 보병전에서 2대 0이 되었을 승부가 1대 1이 되어버렸다. 하지만 한니발은 두려워하지 않았다. 그는 승리에 대한 확신이 있었다. 그 예감은 틀림없었다. 그가 지금까지 한 번도 패하지 않은 이유는 제갈공명식의 전술 때문이 아니라 패배할 전투를 하지 않았기 때문이었다. 지형, 병력, 수준, 그것을 조합해서 한니발은 상황을 정확하게 예측했고, 그 예상은 빗나간 법이 없었다. 다만 모든 상황이 한니발에게 자꾸 좋지 않은 쪽으로 벌어지고 있었다. 그러나 돌발사고와 어려움이 없는 전투가 어디 있는가? 무능한 자가 행운을 찾는다. 진정한 리더는 운이 좋은 리더가 아니라 악운을 극복하는 사람이다.

한니발은 칸나에 전투 때와 같은 전형을 사용했다. 1열에 갈리아 용병과 기타 지역의 용병들, 그 다음 2열에 카르타고 신병들, 3열에 역전의 이탈리아 원정군을 두었다. 약한 부대로 먼저 공략해서 적의 체력을 소진시키고, 최후에 가장 강한 부대로 승부를 내는 방식이었다. 그러나 스키피오는 칸네의 로마군처럼 무모하게 달려들지 않을 것이다. 그리고 강력했던 기병이 없다. 그러므로 카르타고는 보병전에서 승부를 내야 한다. 한니발은 1, 2열로 로마군을 지치게 한 뒤 최정예인 3열 보병으로 적을 강타할 예정이었다.

스키피오도 한니발이 칸나에서 썼던 완충 전술을 재현했다. 적의 압력에 바로 저항하다가 부러지는 대신 스프링처럼 천천히 눌리다가 최후에 힘을 집중하는 것이다. 그러나 완충 방식이 달랐다. 한니발은 판스프링처럼 힘을 받은 쪽으로 대형이 휘게 한 반면 스키피오는 조립식 레고 방식을 택했다. 하스타티, 프린키페, 트리아리의 3열은 항상 체스판의 말처럼 서로 상대의 빈 공간에 교차하며 서는 것이 정석이었다. 전열에 틈이 벌어지거나 적이 파고들었을 때 신속하게 메꾸기 위해서다. 전통적인 보병 전투에서는 이 틀어막기의 기민함에 전적으로 승부가 달려 있다고 해도 과언이 아니었다.

하지만 이날 스키피오는 체스판식 배열을 버리고 3열을 서로 등을 바라보도록 완전히 일렬로 세웠다. 전열이 무너지면 바로 대형 사이의 빈 공간으로 후퇴해서 빈 공간을 메꾸게 했다. 이것은 방어가 아니라 후퇴를 위한 배치였다. 전투가 불리해지면 2열이 1열을 지원하는 것이 아니라 1열이 2열로 물러서 방벽을 메꾸는 것이다.

덕분에 로마군은 바람이 숭숭 통한다고 할 정도로 팔랑크스와 팔랑크스 사이에 길이 확실히 생겼다. 이런 대형은 기병이 공격해 들어오면 방법이 없다. 과거에 로마군이 이런 대형을 사용하지 못한 이유는 그들이 언제나 기병이 열세였기 때문이다. 하지만 자마에서 로마군은 기병 전력에서 압도적인 우위를 점했고 그래서 이런 변형을 더할 수 있었다. 그렇다고 해도 군 지휘관의 보편적인 보수성, 승리 아니면 죽음이라는 건곤

일척의 단판승부에서 이런 창조적 변형을 시도한다는 것은 승부의 세계에서 쉽게 볼 수 있는 일이 아니었다. 이것이 스키피오의 비범함이다.

한니발은 시간과의 싸움을 하고 있었다. 절대 열세인 기병이 완전히 패주하기 전에 보병이 로마군 중앙을 허물어야 했다. 한니발은 코끼리 부대에 희망을 걸어보기로 했다. 어쩌면 이것이 한니발의 결정적 실수였다. 적이 예측가능한 전법, 한니발은 로마와 싸우면서 언제나 적의 머리 위에 있었다. 가끔 로마군이 그의 수를 읽고 나오면 한니발은 얼른 발을 뺏다. 하지만 자마 전투의 시작부분에서 한니발은 예측가능한 수를 두었고, 그것이 비극이 되었다.

로마군도 이제는 코끼리의 생리에 대해 잘 알고 있었다. 한니발은 너무 오래 이탈리아에 있었던 탓인지, 스키피오의 로마군이 자신만큼이나 오래 아프리카로 와서 살고 있다는 사실을 간과한 듯하다. 코끼리는 의외로 예민한 동물이고 소음에 약하다. 코끼리 부대가 근접했을 때 로마군이 일제히 트럼펫을 불자 코끼리는 놀라 달아났다. 일부 코끼리는 자기 진영으로 뛰어들어 카르타고군 기병을 흩어놓았다. 그 틈에 스키피오의 누미디아 기병이 공격했다. 카르타고측 누미디아 기병이 순식간에 무너졌다. 그들은 멀리 달아났는데, 아마 시간을 벌기 위해서 예정된 작전이었을 것이다. 하지만 코끼리 때문에 너무 빨리 전장을 이탈했다. 한니발의 모래시계가 한 움큼 떨어져버렸다. 한니발은 로마 기병이 돌아오기 전에 보병을 분쇄해야 했고, 스키피오는 기병이 돌아올 때까지 보병이 버텨야 했다.

좌우간 이미 전투는 벌어졌다. 보병전에서 카르타고 1열은 로마군에게 패배했다. 그들 역시 소모전으로 투입한 부대였으니 놀랄 일은 아니다.

카르타고 1열 보병은 뒤로 달아나려고 했으나 로마군과 달리 빽빽하게 정렬한 카르타고 2열이 길을 열어주지 않았다. 길을 열어주면 대형이 혼란해져 로마군의 추격과 공격을 받을 염려가 있기 때문이다. 그것은 끝까지 싸워 로마군을 최대한 소모시키라는 압력이기도 했다. 어쩌면 1열 부대는 이런 상황을 사전에 알지 못했을 수도 있다. 그들은 배신감과 분노에 몸을 떨었겠지만, 한니발 역시 배수진을 칠 수밖에 없었다. 그러나 이런 압력도 소용없었다. 칸나에에서 싸웠던 골 족과 달리 전의가 부족했고, 마고마저 사망한 상황에서 그들은 최후의 군인 정신을 결여하고 있었다. 그들은 죽을 각오로 돌아서서 싸우는 대신 옆으로 흩어져 달아났고, 대열을 완전히 상실한 채 전장에서 사라졌다.

 2열은 좀더 군인답게 싸웠다. 로마군을 강하게 압박했지만 로마군은 프린키페스의 지원을 받아 끝내 격퇴했다. 마지막으로 카르타고군 최정예인 3열이 도전했다. 병력은 카르타고군이 더 적었지만, 로마 중보병대 1열인 하스타티는 이제 완전히 지쳤다. 그러자 스키피오는 맨 뒤의 트리아리를 투입해 순식간에 프린키페스와 혼합대형을 만든 뒤, 다시 이들을 절반씩 나누어 양익으로 전진시켰다. 로마군은 대형은 얇지만 카르타고군보다 더 넓게 퍼져 카르타고군의 양익을 감쌀 수 있었다. 게다가 측면에 배치한 부대가 더 강력했다. 칸나에 전투의 상황이 반대로 펼쳐졌다. 카르타고군은 측면의 위협 때문에 로마군의 약한 중앙으로 빠르게 진격하지 못했으며, 덩달아 전체 분대의 진격도 지체되었다. 그래도 전황은 전체적으로 카르타고군이 우세했다. 스키피오도 더는 묘책이 없어 초조하게 지켜보고만 있었다. 이제 싸움은 로마 기병이 돌아올 때까지 로마군이 버티느냐, 그렇지 못하느냐에 달려 있었다.

한니발은 승리를 확신했지만 그때 로마 기병이 돌아와 카르타고군 후위를 습격했다. 이 공세로 카르타고군 대형이 무너졌고 그렇게 한니발이 패배했다. 전투는 격렬하고 복잡하게 진행되었지만, 로마군 사상자가 1,500~2,000명 정도인 것을 감안하면 대형이 무너지기 전까지 카르타고군의 손실은 최소 2,000명, 많아야 3,000명 정도였을 것이다. 하지만 대형이 무너지자 로마군에 의한 스파르타군 학살이 시작되었다. 넓은 평원에서는 달아날 곳도 숨을 곳도 없었다. 더욱이 로마군은 충분한 기병을 보유하고 있었다. 그렇게 카르타고군 20,000명이 전사하고, 20,000명이 포로가 되었다. 한니발은 소수의 부하와 간신히 달아났다.

한니발의 팬에게 자마 전투는 정말 안타까운 전투다. 한니발은 자마 평원으로 진군하지 않고 요새 같은 카르타고 시와 가까운 곳에서 싸웠다면 패배했어도 이처럼 재기가 불가능할 정도로 몰락하지는 않았을 것이다. 게다가 기병 전력에서 절대 열세인 한니발이 전멸의 위험을 감수하고 자마 평원으로 나간 이유는 미스터리다. 본인은 반대했지만 의원과 상인들이 밀어붙였다는 설도 있고, 로마군이 분열되어 있을 때 한 번에 격멸함으로써 포에니 전쟁의 승부를 다시 원점으로 돌려놓으려는 계획이었을 수도 있다. 위험한 모험이지만, 이런 기회가 다시 오기는 어렵다. 어차피 스키피오는 불리한 지역으로 유인될 인물이 아니었다. 그렇다면 한니발의 패배는 두 번의 불운, 로마군의 기적적인 합류와 로마 기병의 적절한 귀환을 탓할 수밖에 없을 것이다. 하지만 로마 측 입장에서 보면 그건 행운이 아니라 100퍼센트 실력이었다.

자마 전투에서 한니발의 패인은 병력 운용의 비효율성이다. 한니발은 평소의 기민함, 병력을 철저히 아끼는 그의 특성을 전혀 발휘하지 않고 소모적이고 인해전술적인 전투를 했다. 1열과 2열을 소모품으로 이용하고, 그들의 도주를 방치함으로써 병력의 재활용을 전혀 하지 않았다. 반면 스키피오는 무너진 전열을 물받이 통처럼 마련해둔 뒷열의 빈 공간에 바로 채워넣었다.

특히 마지막의 재편성은 대단한 것이었다. 한니발은 칸나에에서 최정예를 양익으로 보냈지만, 그들은 미리 대기시켜둔 병력이었다. 즉 병력을 분할해서 운용했다. 그러나 스키피오는 프린키페와 트리아리를 즉시 섞어서 빠르게 재편했다. 전투 중에 이런 기동을 해내려면 대단히 우수한 장교와 엄청나게 훈련 받은 병사들을 보유해야 한다는 전제가 따른다. 이러한 맥락에서 보면 스키피오는 병력의 활용 방법과 효용성에서 신기원을 이루었다.

한니발은 다민족 혼성 군대였고, 조련할 시간도 부족해서 이런 기동을 할 수 없었다. 실제로 이탈리아에서 산전수전을 모두 겪은 12,000명의 노련한 병사들을 제외하고는 칸나에 수준의 전술 이행은 불가능에 가까웠다. 기병의 열세로 시간도 없었다. 그는 단숨에 승부를 결정지어야 했기 때문에 1열과 2열을 소모품으로 사용할 수밖에 없었을 수도 있다. 그래도 다른 장군이었다면 충분히 승리했겠지만, 상대가 스키피오였고, 그가 이끄는 로마군은 아무도 상상하지 못한 전술 능력을 보여주었다. 따라서 한니발이 상대의 능력을 예측하지 못한 것은 또 하나의 결정적 패인이라 할 수 있다.

물론 이러한 분석은 자마 전투의 기술이 정확하다는 것을 전제로 하지만 사실 이 전황 묘사의 신빙성에는 의문이 있다. 그 내용을 자세히 살펴볼 수는 없지만, 여러 가지로 이상한 부분이 많다. 한니발이 병력의

앙리 폴 모트, 〈자마 전투〉, 1890
기원전 203년 스키피오가 카르타고로 진군하자, 카르타고는 이탈리아에 있던 한니발과 아프리카 보병을 소환했다. 그리고 기원전 202년, 카르타고의 운명이 걸린 전투가 카르타고 시 남서부에 있는 자마 평원에서 벌어졌다. 이 전투에서 카르타고군의 코끼리 부대는 기대만큼 활약하지 못했고, 패한 카르타고는 사실상 재기가 불가능했다.

우위에 있고, 공세로 나갔다면 왜 처음부터 주력을 기병이 빠져나간 양익으로 보내 로마군을 압박하지 않았을까? 처음부터 끝까지 횡렬이 더 길고 측면을 공략한 것은 로마군이었다. 로마 역사가들은 스키피오가 대열의 두께를 극도로 얇게 하는 모험을 했다고 하지만, 정예병의 양익 배치는 카르타고군의 전통이었다. 승부를 빨리 끝내야 하는 카르타고군이 왜 1열과 2열의 공격이 진행되는 동안 12,000명이나 되는 병력을 놀리고 있었을까? 한니발은 자신의 모국에서 벌어진 전투에서 병력의 축차 투입이라는 실수를 저지르고 있다. 로마에서 그는 언제나 선수비, 후공세였고, 적보다 많은 병력으로 공세적 전투를 해본 적이 없다. 그렇다면 이것이 그동안 아무도 알지 못했던 한니발의 약점이었던 것일까?

그럴 수도 있지만, 초보 장교도 아니고 이런 기이한 능력의 불균형은 있을 수 없다. 스키피오의 자마 전투는 로마 역사가에게는 회심의 장면이다. 그동안 로마가 한니발에게 당했던 모든 수모가 이 전투에서 한순간에 완벽하게 만회된다. 지금까지 바로 이 순간을 위해서 로마의 역사가들이 한니발을 아낌없이 칭찬했던 것이다. "한니발은 위대하고 위대하다. 그러나 로마에는 더욱 위대한 장군 스키피오가 있다. 그들이 과장해 온 공포의 코끼리 부대도 이 장소에서 스키피오의 지략으로 무참하게 격파된다." 공포의 한니발과 그 상징의 몰락이다. 그러나 잘 훈련된, 게다가 코끼리를 경험한 부대에게 코끼리가 소용없다는 것은 한니발도 알고 있었을 것이다. 코끼리는 전투의 탐색 전 진정한 소모전에 불과했다.

이 외에도 여러 가지 의문이 있지만, 아무리 의문을 제기해도 없는 사료로 전황을 재구성할 수는 없다. 다만 한니발의 명예를 위해서 몇 가지를 부가하자면 카르타고군의 전력이 과장되어 있는 것은 분명하다. 병력도 의문이지만, 설령 병력이 많았다 해도, 상대가 스키피오군이 아닌 다른 로마 정규군이었다고 해도 그들과 대등하게 싸울 만한 수준의 병사들은 한니발과 이탈리아 원정을 함께한 12,000명뿐이었다. 그러나 많은 사람들이 그들을 역전의 용사, 최정예 부대라고 하지만 그들은 이미 병사로서 정년이 지난 나이였다. 늙고 통제 안 되는 병력으로 잘 조직된 적을 공격한다는 것은 대단히 힘들다.

기병 전력의 열세도 치명적이었다. 로마군은 카르타고군이 보유한 누미디아 경기병을 보유하고 있었다. 정규 로마 기병이었다면 카르타고의 누미디아 기병은 우세한 기동력으로 충분히 시간을 끌며 지연 작전을 펼칠 수 있었다. 그들이 괴롭히는 한 기병은 보병 전투에 간여할 수 없었다. 그러나 스키피오는 더 많은 누미디아 기병을 보유하고 있었다. 한니발의 기병은 순식간에 와해되었고, 충분한 지연 작전을 펼치지 못했다. 게다가 한니발의 누미디아 기병은 아프리카에서 막 합류한 부대로 둘 사이의 교류는 마시니사 부족이 로마군과 함께한 호흡과 신뢰의 시간보다도 짧았다. 그들에게 헌신적인 저항과 지연 작전을 기대하기는 무리였다.

결정적인 실수의 차이가 승패를 좌우한다

한니발의 전력이 생각보다 열악했고, 그 외에 여러 가지 억울한 변수들이 있었다고 해도, 또한 자마로의 행진이 카르타고 내부의 강요 때문이었다고 해도, 최종 패배는 최고 지휘관의 책임이다. 한니발이 전투를 감행한 것은 자신 있었기 때문이다. 한니발이 거의 이길 뻔도 했기에 한니발의 승부수가 아주 잘못된 것도 아니었다. 하지만 어쨌든 한니발은 패배했다. 스키피오를 오판했거나 스키피오를 꺾을 비책을 마련하지 못했다.

한니발의 진정한 패인은 그가 자마에서 승부수를 던졌다는 것 자체다. 마치 '투자의 신'이 사운을 건 마지막 투자에서 판단착오를 한 격이다. 왜 전투의 천재가 이런 결정적 실수를 저질렀을까? 이탈리아 전역의 실패가 한니발에게 초조함을 주었을 수도 있다. 이 부분은 아주 중요하다. 아무리 탁월하고 냉정한 지도자라도 늘 최상의 상태를 유지할 수는 없다. 특히 리더가 평정심을 잃거나 무언가에 쫓길 때, 늘 잘나가던 사람이 실패와 실의를 경험했을 때 판단력이 흐려지기 쉽다. 어떤 위인도 이 함정을 피해갈 수는 없다. 기업 사례에서도 최고 경영자의 한순간 실수하거나 이상한 고집으로 잘나가던 기업이 순식간에 몰락하는 사례는 너무나 많다.

  이 위험을 방지하는 안전장치가 참모진이다. 그러나 막상 이런 순간에 주주나 참모가 리더의 결정을 되돌리기란 매우 힘들다. 이 경우 대체로 세 가지 원인이 있다. 첫 번째는 참모들이 무능하거나 아첨꾼으로 채워진 경우다. 두 번째는 참모들이 유능해도 리더만의 기준, 취향으로 편성되는 경우다. 카리스마가 뛰어난 리더일수록 이런 함정에 자주 빠진다. 나이가 들고 고독감을 느끼기 시작하거나 자신의 성취가 뭔가 불만족스럽기 시작하면 주변 참모들을 고분고분한 사람, 자신을 위로해주는 사람, 자신을 잘 아는 사람으로 채우는 경향이 강해진다.

  나폴레옹은 전성기에도 너무 뛰어난 부하보다 약간 아둔하거나 한 가지가 부족해서 자신의 능력을 더 돋보이게 하는 부하를 좋아하는 경향이 있었는데, 황제가 되고 나서는 그런 경향이 더 강했다. 그것이 워털루 패전의 원인 중 한 가지였다는 지적도 있다. 신과 같은 카리스마를 뽐냈던 맥아더는 태평양 전쟁 때만해도 다양한 성향의 참모와 튀는 부하들을 주변에 두었고, 그들을 잘 운용했다. 그러나 한국전쟁 때는 이미 상당한 고령이었고, 삶의 목표가 이미 정치로 진화해 있었기 때문에 유능한 인재를 선발한다는 기준은 고수했지만, 고분고분하고 자기 마음에 드는 부하들로 인의 장막을 강화하는 실수를 저질렀다. 그런데 오늘날 대기업에서는 기업의 운명을 좌우할 정도의 결정을 할 때는 다양한 이해관계를 지닌 경영진이 참여하고, 주주들도 개입한다. 리더가 참모 편성에 실수를 했다고 해도 의사결정 과정이 완전히 경직될 수는 없다. 그러나 이런 구조에서조차 최고 경영자의 고집에 의한 실수는 종종 발생한다.

  세 번째는 조직 전체가 생기와 모험심을 상실하고 매너리즘에 빠지는 경우다. 이런 경우 리더가 앞장서서 매너리즘에 침몰하는 경우도 있지만, 리더와 참모 사이에 간격이 너무 벌어져서 이런 일이 발생하기도 한다. 아주 이기적이고 형편없는 리더만 아니라면 리더는 조직의 모든 구성원 중에서 매너리즘에 대한 내성이 제일 강한 최후의 한 사람일 것이다. 하지만 거대 조직이란 태생적으로 관행과 매뉴얼을 찍어내는 기계다. 한마디의 명령이 순식간에 조직 전체의 혈관을 타고 돌아 콘크리트처럼 굳어버리는 경우가 허다하다. 긍정적인 기능도 있고, 또한 국가든 기업이든 관행과 매뉴얼이 문제가 되어 위기의 순간이 발생하는 것보다 그것들이 순기능을 하는 평화의 시기가 훨씬 길기 때문에 이 관행과 경직성이란 장기를 떼어버릴 수도 없다. 위기는 갑자기 닥치고, 이에 당혹한 리더가 잘못된 결정을 내리려고 할 때 구성원들은 불안하기는 하지만, 리더의 결정에 대안을 내놓거나 결정적인 반대 근거를 제시하지 못한다. 리더와 참모 간의 간격은 더 벌어지고, 그래서 리더는 더 고독해지며, 결국 참모에 대한 신뢰와 참모의 기능을 스스로 제한하게 된다.

한니발은 고독한 리더가 되기에 완벽한 조건을 갖추고 있다. 그는 탁월한 천재였고, 오랫동안 적지에서 고립된 군대로 버텼다. 한니발의 카리스마가 강화될 수밖에 없는 구조다. 더 큰 문제는 기원전 216년 칸나에 전투 이후 로마군의 한니발에 대한 제대로 된 공격이 없었다는 점이다. 한니발은 일종의 군벌 세력이 되어 이탈리아 남부에서 버텼다. 작은 전투는 그치지 않았고, 복잡하고 많은 일이 있었겠지만, 군대는 전투가 없으면 필연적으로 행정용 군대로 변모하게 된다. 아무리 정신무장을 강조해도 평화시에는 전투를 전제로 한 군기와 생활을 유지할 수 없다.

한니발은 이탈리아에서 너무 오래 머물러 있었다. 빠져나오기 쉽지 않았겠지만 칸나에의 승리 이후 뒤늦게라도 '로마 동맹'의 해체가 불가능해졌음을 파악했다면 그는 다음 행동을 추진했어야 했다. 그는 남부에서 어느 정도 영토는 확보했으니 최대한 정세 변화를 기다려보자는 생각이었을 수도 있다. 그러나 이런 전술은 퇴보하는 집단을 상대로 할 때나 유용하다. 이 경우 퇴보하는 쪽은 오히려 한니발이었다. 한니발 자신은 전혀 쇠퇴하지 않고, 정신은 더 강해졌고, 전술적 완성도는 높아졌다 해도, 부하와 병사들은 그렇지 않았다. 그들이 못나서가 아니라 한니발에게 있던 결정권과 그가 겪은 수많은 긴장, 새롭고 복잡한 일 등이 그들에게는 없었기 때문이다. 정체는 곧 퇴보라는 진리는 결코 자본주의 사회에서만 통용되는 진리가 아니다.

 그는 또한 로마의 학습 능력을 과소평가했다. 칸나에 전투 이후 10년이 넘도록 로마군이 한니발의 작은 군대에 도전하지 않았으니, 그가 자만심에 빠질 수도 있었겠지만, 로마는 당시 세계 최강이었고, 또한 계속 성장하는 국가였다. 로마의 히스파니아 원정만 해도 벌써 자신을 벤치마킹하고 있지 않은가? 많은 사람들이 자신이 선발 주자라는 데 자부심을 가진다. 그리고 자신만의 노하우, 지속적인 투자, 후발 주자에 대한 충분한 경계의식이 있는 이상 역전을 허용하지 않을 것이라고 생각한다.

 하지만 새로운 시장, 갑자기 등장하는 신기술, 외국 경제의 변화, 대중의 기호 변화 등 후발 주자의 역전을 가능하게 하는 요소들은 얼마든지 있다. 오늘날 세계는 발전 속도가 너무 빠르고, 세계 경제가 긴밀하게 얽혀 있어서 많은 변수를 다 예측하고 대응하기가 힘들다. 그렇다면 변화를 예측하는 것보다 변화를 먼저 탐지하고 대응하는 능력을 키워야 한다. 이 진리는 고대에서도 마찬가지였다. 변화가 느린 만큼 정보의 전달 속도, 사람들의 대응력도 느렸기 때문이다.

한니발의 멘토 알렉산드로스는 예상치 못한 변화를 예상하고 빈틈을 찌르는 전술을 선보였다. 하지만 한니발이 누렸던 긴 대치 상태, 즉 무장평화시에 이 능력을 어떻게 배양하고 조직을 관리해야 하는지는 가르쳐 주지 못했다. 이 능력을 위해 제일 필요한 요소는 끊임없이 구성원에게 새로운 과제와 도전할 목표를 부여하는 한편 정서적으로는 절박함과 필요를 주는 것이다. 결코 구성원들을 괴롭히고 긴장시키기 위한 과제가 아니라 그들의 도전의식과 동기유발의 감각을 신장시키는 도전이어야 한다. 아무리 스스로 자만하지 않고 1위 유지를 위해 노력한다고 생각하는 조직도 절박함과 필요를 상실하면 후발 주자에게 당할 수밖에 없다. 한니발처럼 본래적으로 더 강하고, 변화와 도전에 대해 탐욕스럽게 준비된 적을 상대할 때는 더욱 그러하다.

자마의 패배로 카르타고는 제2차 포에니 전쟁에서 패배했다. 그들은 로마에 배상금을 물었고 가혹한 처분을 받았다. 그래도 국가의 명목을 보존했지만, 카르타고의 미래는 뻔한 것이었다. 기원전 196년, 한니발은 소아시아로 망명해서 제2의 알렉산드로스가 되고 싶어 했던 시리아의 안티오코스 3세에게 의지해 로마에 다시 대항하려고 했다. 로마는 안티오코스와의 전쟁을 꺼렸지만 이번에도 스키피오가 나서서 안티오코스를 패망시켰다. 한니발은 안티오코스의 군사고문으로 있었기에 두 거물의 대결이 다시 한 번 벌어질 뻔했지만, 안티오코스는 한니발을 의심해서 실권을 주지 않았다. 일설에는 한니발의 재기를 두려워한 스키피오의 계략 때문이었다고도 한다. 스키피오는 한니발과의 회담을 요청해서 성사시켰는데, 이것이 안티오코스의 의심을 샀다는 것이다. 시리아를 떠난 한니발은 소아시아의 비티니아로 또다시 망명했지만 로마군의 추격은 끈질겼다. 기원전 183년, 64세의 한니발은 로마가 이제는 자신을 내버려 두기를 바랐으나, 로마는 그의 바람대로 움직이지 않았다. 로마는 외교적 압력을 넣었고, 지친 한니발은 로마의 백부장이 자신을 찾는다는 이야기를 듣자 독약을 마시고 자살했다.

스키피오는 아프리카를 평정했다는 의미로 아프리카누스라는 이름을 얻는 영예를 누렸다. 그는 엄청난 부를 획득했고, 저택에서 화려한 생활을 즐겼다. 그는 젊어서부터 여색도 무척 밝혔다. 그러나 모든 전쟁이 끝나자 반대파 정적들에게 숙청되었다. 적어도 로마 인을 기준으로 보면 관대했던 패전국 정책도 혹독한 정책으로 바뀌었다. 고발된 그는 정적이라고 생각했던 그라쿠스가 로마를 구한 영웅에게 이런 대접을 해서는 안 된다는 양심적이고 극적인 변론을 하는 덕에 무혐의 처리되었다. 하지만 무혐의가 스키피오의 분노까지 해소할 수는 없었다. 스키피오는 스스로 로마를 떠나 리테르노로 퇴거했다. 한니발이 자살했던 기원전 183년, 스키피오는 52세의 나이로 리테르노에서 병사했다. 그는 로마를 떠난 후 다시는 로마를 방문하지 않았고, 시체도 리테르노에 묻게 했다. 로마에 대한 배신감에 장례식조차 로마에서 치르지 못하게 했다고 한다. 그의 무덤은 지금까지도 발견되지 않고 있다.

04

팔색조의 능력을 발휘한 리더
: 벨리사리우스

비잔틴 제국의 난제를 해결한 장군

533년 북아프리카의 해안, 북쪽으로는 맑고 아름다운 바다, 남쪽으로는 구릉이 보이는 좁은 협로의 입구에서 두 개의 군대, 아니 여러 개의 군대가 대치하고 있었다.

동쪽 방향에서는 여러 형태의 이상한 군대가 서 있었다. 중앙에는 금발에 투명한 피부를 가진 장대하고 건장한 전사들이 거친 방패와 투박한 창을 들고 야성미를 과시하고 있었다. 그 우측에는 그들과는 전혀 다르게 매끈한 갑옷과 투구를 쓰고, 복잡하게 장식한 말을 타고 있는 세련된 수백 명의 기병들이 깔끔하게 대오를 정돈하고 있었다. 그리고 한 가운데에 총사령관인 듯한 장군이 전장을 훑어보고 있었다. 그들의 뒤에는 또 다른 수백 명의 기병대가 대기 중이었는데, 이들은 앞의 기병들과는 인종부터 달랐다. 눈이 작고 까무잡잡한 피부에 머리를 땋아 내리고, 거친 털옷과 가죽옷을 입은 그들은 체구도 작을 뿐 아니라 무장이라고 하기에는 민망한 작은 활과 칼을 차고 있었다. 하지만 그들을 아는 사람은 '저 작고 가난해보이는 무리'가 전 유럽을 공포로 몰아넣었던 동방의 악마들이라는 사실에 몸서리를 쳤을 것이다. 그들의 뒤로 긴 보병의 행렬이 있었다. 이들 역시 일부는 번쩍이는 갑옷과 방패를 착용했고, 활과 창과 칼을 모두 몸에 장착하고 있었다. 그러나 뒤로 가면서 갑옷과 무장이 점점 초라해졌고, 대형도 제대로 갖추지 못했다.

서쪽 편의 군대는 크고 튼튼한 말과 육중한 갑옷, 우람한 창과 방패를 든 중장갑 기병대였다. 인종과 무장이 들쭉날쭉한 동쪽 군대와는 겉보기에도 분명 달랐다. 금발의 야만족들 못지않게 체격이 크고 장대한 그들은 갑옷과 말 때문에 더욱 크고 힘이 있어 보였다. 또한 동쪽의 야만족 친구들에 비해 훨씬 부유하고 세련된 분위기를 풍겼다. 병력은 동쪽 군대의 10퍼센트 정도밖에 되지 않았지만, 좁은 협로를 꽉 메우고 있어 병력의 부족이 특별히 느껴지지 않았다. 그들은 무엇인가 믿는 구석이 있는 듯 기세가 높았고, 선두에 선 장군은 당장이라도 돌격해 들어올 기세였다.

비잔틴 제국(330~1453)은 1,000년 이상 존재한, 세계 역사상 가장 긴 수명을 지닌 왕국이었다. 그 긴 세월 동안 상상하기 힘든 부와 명예를 누렸다. 그러나 황금의 왕국 비잔틴 제국은 말 그대로 '전설의 왕국'이 되어버렸다. 오늘날 과거 비잔틴의 영화를 아는 사람도 드물고, 행여 비잔틴의 옛터를 가도 과거의 영화를 느끼기는 힘들다. 비잔틴 제국은 멸망하면서 종교와 사상이 전혀 다른 문명에 흡수되었다. 제국의 후계자는 지상에 남아 있지 않고, 찬란한 문명의 유물은 거의 사라졌다.

현재 유일하게 남아 있는 대표적인 유적이 이스탄불의 성소피아 사원이다. 하지만 성소피아 사원도 외형뿐이다. 내부는 휑하다. 옛날 성당의 안쪽은 황금과 보석이 연출해내는 찬란한 광채의 덩어리로 채워져 있었다. 하지만 책에서 그런 이야기를 읽어도 그 모습을 상상할 수 있는 사람도 없다. 지구상의 인류 중에 그런 광경을 본 사람이 없기 때문이다.

그렇게 거대하고 휘황찬란하던 제국은 군사적으로도 독특한 경지를 개척했다. 하지만 이 역시 잘 알려지지 않았다. 전쟁사에서 각광받는 이야기는 아무래도 알렉산드로스나 한니발처럼 작고 가난하고 약한 나라가 거대한 적을 상대로 승리하는 이야기다. 그러다 보니 영웅들의 이야기는 아무래도 척박하다. 병사들과 맨땅에 앉아 같이 어울리고, 병사들처럼 한 장의 담요를 덮고, 병사들과 함께 자고, 병사들과 물 한 방울, 한 조각의 비스킷을 나눠먹는 장군의 일화가 리더십의 고전처럼 된 것은 우리가 가난한 군대의 승리에만 주목하고, 그것에서만 감동을 받으려고 하는 습관 탓인지도 모른다.

비잔틴 제국은 전 유럽을 합친 것만큼의 부국이라는 점에서 그들의 전쟁은 전혀 달랐다. 하지만 알고 보면 가난한 왕국의 사투 못지않게 위험하고 처절했다. 비잔틴 제국은 부와 물자가 넘쳐나는 나라, 주변에는 전 유럽에서 제일 사나운 야만족이 들끓고, 황금의 무역로를 따라 끊임없이 약탈자와 야만족이 몰려드는 나라였다. 황금의 제국은 이들과 어떻게 싸웠을까?

모든 제국이 그렇지만 비잔틴 제국, 실은 동로마 제국도 국가적 위기 속에서 탄생했다. 로마 제국이 쇠퇴하고, 마침내 이탈리아가 게르만 족에게 먹혀들어가면서, 제국의 문명과 부, 생존자들, 중심이 동쪽의 콘스탄티노플(비잔티움, 현재의 이스탄불)로 옮겨왔다. 민족적·문명적 순수성이란 관점에서 본다면 동로마 제국은 로마 제국과는 이질적이고 취약했다. 그러나 순수성을 유지했다고 해도 달라질 것은 없었다. 로마 제국을 만들었다는 로마의 정신, 그들의 실용적 태도, 로마의 군사적 성취는 이미 유효 기간이 지났다. 이제는 게르만 족도 로마군 특유의 밀집대형을 사용해서 로마군보다 더 잘 싸울 수 있었다.

다양한 민족이 뒤섞이고, 동방에서 등자와 복합궁 등 새로운 무기와 그것에 기초한 새로운 전쟁 기술이 유입되면서 유럽과 중동의 군대들은 각자의 독특한 성취를 이루어갔다. 과거 로마군도 온갖 민족과 전쟁을 치렀지만 대부분 어중이떠중이 군대와의 전투였다. 하지만 동로마 제국을 둘러싼 군대는 나름대로 자신의 성취를 이룬 다양한 군대였다. 이들은 서로 간에 독특한 상성을 형성했다. 예를 들어 프랑크 왕국의 중무장 기사는 백병전에서는 천하무적이었지만, 전술기동과 경무장을 하고 원거리에서 공격하는 궁기병은 해치울 방법이 없었다. 반대로 궁기병은 프랑크 기사단을 괴롭힐 수는 있지만, 그들의 거점을 점령하거나 돌파하기는 힘들었다.

그런데 이런 상성은 대체로 기후나 지형이 크게 다를 정도로 멀리 떨어져 있는 민족 간에 나타나기 때문에 개별 국가의 입장에서 보면 평소에는 별로 부닥칠 일이 없었다. 하지만 동로마 제국은 사정이 달랐다. 제국은 동서양이 만나는 교차점에 있었고, 동서남북 통로의 중심이었다. 항상 다종의 군대가 그들을 포위하고 있었고, 긴 역사 동안 고트 족, 반달 족, 롬바르디 족, 마자르 족, 프랑크 족, 슬라브 족, 불가리아, 아바르, 파트지나크, 사산조 페르시아, 사라센, 투르크 족 등과 같은 온갖 군대가 그들의 영토에 불쑥불쑥 나타나곤 했다.

일반적으로 대부분의 군대는 주적, 또는 전략적 상대가 있다. 이는 전쟁의 가능성이 높은, 전쟁 가능성이 있는 상대를 말한다. 그리고 이들의 전술과 군사 체제에 맞춰 자기 군대의 전술 체제를 수립한다. 모든 전술과 무기는 상대성이 있기 때문이다. 그러나 비잔틴 제국에게는 주적이 없었다. 세상의 모든 군대가 그들의 잠재적인 적이며, 그 적의 절반은 시공간이라는 장막 저쪽에 숨어 있다. 언제 듣도 보도 못한 새로운 적이 출현할지 모른다. 그들과 싸우려면 어떻게 해야 할까? 그것이 비잔틴의 군사전문가들을 끊임없이 괴롭힌 고민이었다.

이 어려운 난제를 해결하고, 비잔틴 군대의 전술적 기초를 놓은 명장이 벨리사리우스(505~565)다. 그가 세계 전쟁사에서 비교적 덜 알려진 이유는 앞서 말한 대로 그가 대제국의 장군이기도 했지만, 여러 가지 정치적 제약으로 활약할 기회를 제한당했기 때문이었다. 하지만 그는 세계사 속 누구와 견주어도 뛰어난 명장이자 창의적 개혁가였다.

자기 역할을 모르는 지휘관은 위험하다

벨리사리우스는 트라키아(혹은 일리리아)에서 농민의 아들로 태어났다. 이 지역은 오늘날에도 낙후된 지역에 속하지만 고대 전쟁사에서는 마케도니아와 피로스의 군사적 전통이 살아 있는 곳이며, 그리스 인의 시각에서는 야만적이며 다양한 종족이 살아가는 곳이기도 하다. 적어도 이런 환경이 전통적인 팔랑크스에 기초하면서도 온갖 이민족 군대의 개성을 살려내고 통솔하는 그의 독특한 능력을 양생하는 배경이 되었던 듯하다. 그러나 환경의 영향을 말할 때는 조심해야 한다. 트라키아 출신이라고 전부 이런 능력을 보유하지는 않는다. 어떤 환경이든 그것을 유용한 지식과 능력으로 만드는 것은 개인의 재능과 노력이다.

지극히 평범한, 아마도 일반 농민 출신인 벨리사리우스는 젊어서 군에 입대했다. 그는 명사수에다 기마술, 단병접전 능력도 뛰어난 용사였다. 어찌어찌하여 유스티니아누스의 개인 경호대에 발탁되었는데, 황제에게 그의 재능과 지략을 인정받은 듯하다. 유스티니아누스가 황제가 되자 그는 단숨에 장군으로 승진했다. 페르시아 전쟁이 벌어지자 약관 20대에 동로마 제국 총사령관으로 임명되어 사산조 페르시아와의 전쟁에 참전했다. 그는 겨우 25,000명의 훈련도 군기도 부족한 군대를 가지고 몇 배가 넘는 페르시아군과 효과적인 전투를 치렀다. 전투는 승리와 패배가 반반이었지만, 그는 전면전, 기습, 게릴라전 등 모든 전투에 능했고, 적이 예상할 수 없는 독특한 전술로 두 번의 인상적인 승리를 거두었다. 한니발처럼 그도 예측불허였고, 아무리 불리한 환경에서도 상황에 맞는 전술을 창안했다.

유스티니아누스는 좀더 장대한 계획을 위해 그를 소환했다. 비잔틴 제국의 역사에서 제일 유명한 황제인 유스티니아누스의 꿈은 게르만 족에게 빼앗긴 과거 로마 제국의 영토를 수복하는 것이었다. 이를 위해서 그는 과거 로마 성장기의 전쟁사를 다시 거슬러 올라갔다. 첫 번째는 카르타고 정복, 포에니 전쟁의 재현이었다. 다만 이때의 카르타고는 한니발의 후예가 아니라 게르만족의 일파인 반달 족이 차지하고 있었다.

도나우 강 동쪽에 살던 반달 족은 기원전 400년경 이탈리아를 유린한 고트 족의 왕 알라리크의 원정에 참여해서 이탈리아로 들어왔다. 그 후 에스파냐로 들어가 살던 그들은 지브롤터 해협을 건너 북아프리카로 들어갔다. 지중해 연안의 북아프리카는 로마 인들이 세계의 식량창고라 부를 정도로 풍요하고 비옥한 지역으로 고트 족을 비롯해 많은 게르만 족들이 꿈속에서까지 염원하던 땅이었다. 게다가 계속 밀려드는 민족으로 유럽 전역이 전쟁터가 되었지만, 바다 건너 북아프리카는 전쟁과는 거리가 있었으니 여러 가지 면에서 지브롤터 너머에 있는 북아프리카는 꿈의 대지였다.

이탈리아를 유린한 고트 족조차 바라만 보고 건너가지는 못했던 땅을, 반달 족은 우습게도 로마 총독의 초청으로 들어올 수 있었다. 내전 위험에 싸인 로마 총독이 본국 로마가 게르만 용병을 끌어들이듯 반달 족을 끌어들인 것이다. 하지만 북아프리카에 상륙한 반달 족은 바로 무어 인의 도움을 받아 로마 인을 쫓아내고 이곳을 정복했다. 반달 족은 게르만 족의 대이동 과정에서 제일 잔혹한 종족이라는 오명을 얻었다. 그들은 점령한 곳에서는 아무것도 남겨놓지 않는다고 해서 반달리즘이란 용어까지 생겼다. 하지만 그것은 사실이 아니다. 반달 족의 '악명'은 로마 인들이 반달 족에게 북아프리카를 빼앗기고 받은 충격의 소산이다. 실제로 반달 족은 많이 로마화되어 있었고, 점령지에 대한 약탈은 동시대 로마군의 행동과 크게 다르지 않았다. 정복 후 그들은 북아프리카를 무난하게 통치했다. 카르타고에 정착한 그들은 바다로 진출해 지중해 항로의 거점인 코르시카, 사르디니아를 차지하고 한때 시칠리아까지 점령했다.

긴 치세 동안 내내 재정 압박에 시달렸던 비잔틴 제국의 유스티니아누스 황제는 북아프리카의 무역권과 곡물에 눈독 들였던 듯하다. 이곳을 차지하면 이탈리아 정복에 필요한 곡물과 자원을 더 쉽게 조달할 수 있었다. 하지만 황제는 그의 야심을 전혀 발설하지 않았고 카르타고 침공을 반대하는 신하에게는 '하나님의 계시'를 보았다고만 우겼다.

카르타고 상륙에 실질적인 걸림돌은 강력한 '반달 함대'였다. 사실 비잔틴군은 전투함이 경량범선 90여 척뿐으로 호위함대가 극히 부실했다. 비잔틴 조정은 반달 족이 점령하고 있는 사르디니아의 주민을 조종해 봉기를 일으켰다. 북아프리카에 있던 반달 함대가 반란을 진압하기 위해 사르디니아로 출동하자 비잔틴 해군과 수송선은 시칠리아에 머물고 있던 원정군을 카르타고에서 약 200킬로미터 떨어진 튀니지의 카파우디 아이에 내려놓았다. 벨리사리우스의 병력은 헤룰리 족 400명, 훈 족 600명을 포함한 기병 5,000명과 보병 10,000명이었다. 기병은 정예였지만 보병은 질이 떨어졌다. 그는 즉시 해안길을 따라 서진했고, 함대는 바다에서 육군과 보조를 맞춰 함께 항진했다.

80,000명의 반달 족이 북아프리카로 이주한 이후 100년 동안 그 수는 두 배로 불었다. 그러나 평안하고 안락한 풍요의 땅에서 반달 족은 너무 로마화되었다. 유일한 운동은 사랑과 사냥이라고 할 정도로 사치와 안락에 물들었다. 그들은 아름다운 정원을 가꾸는 것을 즐겼는데, 정원의 명칭을 '파라다이스'라고 했다. 게다가 바로 이전에 있었던 겔리메르의 왕위 찬탈로 군대가 단합되지 않았다. 동맹이었던 무어 인과도 분열해서 전쟁을 치룬 직후였다.

겔리메르는 사르디니아로 보낸 5,000명의 정예 기병과 120척의 함대를 아까워하며 남은 병력을 모아 카르타고 시 동쪽 16킬로미터 지점에 있는 아드 데키뭄이라는 협로로 나갔다. 이곳은 도로가 좁고 마땅한 우회로가 없다. 이곳에서 겔리메르는 다소 화려한 전술을 구사한다. 겔

유스티니아누스와 그의 수행원들
로마 제국 영토 회복이라는 황제 유스티니아누스의 꿈을 실현하기 위해 반평생을 동분서주한 벨리사리우스였으나, 황제가 품은 의심은 극복할 수 없었으며 결국 말년(562)에 숙청당한다. 그리고 벨리사리우스와 황제는 565년 나란히 숨을 거두었다. 이 그림은 이탈리아 라벤나의 산비탈레 성당에 남아 있는 모자이크로, 벨리사리우스는 중앙의 유스티니아누스 우측에 있는 인물이다.

리메르의 동생인 암바타스가 2,000명의 군대를 거느리고 협로의 입구에서 벨리사리우스를 공격한다. 격전이 벌어지면 서쪽 구릉에서 조카인 길바문드가 역시 2,000명을 이끌고 나와 비잔틴군의 왼쪽 측면을 친다. 비잔틴군이 두 방향의 적을 맞아 동요하는 사이에 암바타스의 뒤에 숨어 있던 겔리메르가 7,000명의 주력을 이끌고 전장을 덮치는 것이었다.

구상은 괜찮았는데, 옛날 전쟁에서 군대가 서로를 보지 못하는 상태로 따로 움직여 타이밍을 맞추기란 기적에 가까웠다. 특히 반달 족 같은 종족 조직에 기초한 군대는 정치적 지도자가 곧 군대의 지휘관이 되는데, 정치가들이란 항상 암투 관계이기 때문에, 타이밍이 맞아야 하는 이런 식의 전술은 언제나 위험하다. 사정은 알 수 없지만, 암바타스는 너무 빨리 움직였고, 길바문드는 늦거나 혹은 망설였다. 게다가 비잔틴군은 반달 족의 전술을 완전히 예측하여 대오를 단단히 구축하고 있었다. 굳건한 팔랑크스는 어떤 정예 부대라도 정면에서 깨뜨리기는 힘들다. 하지만 암바타스는 형에게 충직하고 순박했던 용사였던 모양이다. 그는 용감하게 돌진해 열두 명의 적을 죽였지만, 바로 전사하고 말았다. 이를 지켜보던 암바타스의 병사들은 가망이 없다고 판단하여 도망쳤다.

암바타스 부대의 너무 이른 공격과 붕괴에 놀란 길바문드는 부대를 세우고 다시 정렬했다. 하지만 그것은 최악의 선택이었다. 어차피 기습 부대였기에 적을 치거나 혹은 바로 빠졌어야 했는데 머무르고 만 것이다. 벨리사리우스는 즉시 빠르고 사나운 300명의 훈 족 기병대를 출동시켜 이들을 요리했다.

겔리메르는 길을 잃고 헤매다가 늦게 도착했다. 결과적으로 반달 족은 병력의 3분의 1을 분산운용하다가 각개격파당한 셈이 되었다. 사실 반달 족은 벨리사리우스의 침공을 전혀 예상하지 못하고 있었다. 따라서 반달 족은 아드 데키미움에서 방어 전투를 연습하거나 준비한 적이 없었을 것이다. 그런 상황에서 팔랑크스를 기본으로 하는 공격보다 수비에 장점이 있는 군대에게 눈을 감고 '콤비블로우'를 날리는 작전은 실패할 가능성이 너무 높았다.

겔리메르는 남은 3분의 2의 병력으로 정면 대결을 펼쳤지만 승리는 비잔틴군의 것이었다. 그러나 결과와는 달리 반달 족은 너무 잘 싸웠다. 전황은 자세히 알 수가 없지만, 승리의 결정타를 날릴 수 있는 순간에 겔리메르가 동생의 시신을 발견해 매장하느라 전투를 중지했다고 한다.

반달 족이 비잔틴군을 이길 수 있었던 기회는 이렇게 사라졌다. 겔리메르는 그 후에도 몇 가지 일화를 남기는데, 반달 족의 이미지와 걸맞지 않게 그는 상당히 문명화된, 혹은 문명화된 군주를 지향한 인물이었던 듯하다. 그러나 그 장점이 전시 상황에서는 정서 불안과 판단 착오라는 혼란스러운 정신 상태로 구현되었다.

벨리사리우스는 카르타고 점령 후 수비에 치중했다. 병력도 적고, 과감한 전투를 하기에는 군의 군기도 형편없었다. 게다가 비잔틴군에 합류한 거친 훈 족의 동태가 아무래도 이상했다. 그들의 배신이 두려웠던 벨리사리우스는 훈 족이 카르타고의 성문을 겔리메르에게 열어주기 전에 차라리 나가서 적들을 상대하기로 했다.

3개월 후 비잔틴과 반달 족의 군대는 카르타고의 서쪽, 트리카마룸에서 다시 격돌했다. 겔리메르는 사르디니아에서 돌아온 동생 차조의 병력과 합류하고, 무어 족들을 끌어들였다. 비잔틴군의 열 배라는 기록이 있지만 그 정도는 아니어도 세 배 수준은 되었던 것 같다. 이번에는 반달 족이 정공법을 폈다. 비잔틴군은 개울을 앞에 두고 진을 쳤다. 기병이 앞에 서고 보병이 뒤에 섰다. 훈 족은 조금 외진 곳에 떨어뜨렸다.

이 전투는 생각처럼 대단한 전투는 아니었다. 반달 족도 정예 부대는 차조의 사르디니아 원정군이었고, 비잔틴군도 벨리사리우스의 친위 호위대 500명과 훈 족 600명이 정예였다. 중앙에서 벌어진 전투는 한동안 치고받고 하다가 결국 비잔틴군이 우위를 차지했다. 훈 족은 마음을 결정하고 공격에 가담했다. 차조는 전사하고 겔리메르는 다시 한 번 공황에 빠졌다. 겔리메르의 약한 모습에 신뢰를 잃은 반달 족 병사들은 명령을 듣지 않고 도주하기 시작했다. 이후 비잔틴 제국이 북아프리카를 완전히 평정까지는 시간이 제법 걸렸지만, 사실상 반달 왕국의 운명은 이 전투에서 결정되었다.

북아프리카 원정에서 벨리사리우스는 운이 좋았다. 승인의 절반은 적장 겔리메르의 감상적인 지도력 덕분이었다. 단합이 안 된 군대보다 자기 역할을 모르는 지휘관이 더 위험하다는 것을 가르쳐준 전투였다. 이때까지 비잔틴군은 형편없는 수준이었다. 병력은 기병 5,000명에 보병 10,000명 정도였다. 그나마 병력의 절반은 이민족 용병으로 종족마저 다양했다. 그중 제일 사납고 통제하기 어려운 부족이 흉노족의 후예인 훈족과 바이킹의 선조라 할 수 있는 스칸디나비아 출신의 헤룰리 족이었다. 그들은 군기도 잘 잡히지 않았고, 심하게 대우하면 바로 배신했다. 실제로 카르타고 점령 후 훈 족은 배신 일보 직전까지 갔는데, 이는 반달족이 매수를 시도한 이유도 있었지만 무엇보다 비잔틴 군대에 신뢰가 가지 않았다는 점이 중요한 이유였을 것이다. 그러나 어떻든 벨리사리우스는 승리했고, 군대를 좀더 조련하고 전술을 정착시킬 기회를 얻었다. 그의 군대는 이탈리아에서 돌변한 모습을 보인다.

개별 장기를 멀티플레이로 바꾸다

로마는 세계를 정복했지만, 자기 장점을 살리지 못했다. 수세기 동안 자신의 전술을 고수하고, 부족한 부분을 외교와 돈으로 해결했다. 로마에게 지배당하던 부족이 로마군의 전술을 익히자 로마군은 속수무책으로 무너졌다. 로마는 이탈리아의 장점을 살렸지만, 제국 로마의 장점을 살리지 못했다.

　반면에 비잔틴 제국은 이탈리아를 버리고 제국을 흡수했다. 비잔틴의 군대는 진정한 제국 군대였다. 비잔틴 군대의 전술과 장기는 한번에 만들어진 것은 아니고 오랜 시간 다듬어진 것이다. 따라서 벨리사리우스의 '작품'이 정확히 비잔틴 군대의 어디서 어디까지인지는 알 수 없다. 그러나 그 원형이 벨리사리우스의 노력에서 시작하는 것은 틀림없다.

　비잔틴 군대는 언제나 이민족이 절반인 잡탕 군대였다. 이런 잡탕 군대는 얼핏 다양성이란 장점이 있는 듯하지만 이 단순혼합형 다양성의 약점은 페르시아 제국이 충분히 증명했다. 이런 혼성군을 만났을 때 보통의 장군이라면 제복과 무기를 통일하고 강훈련을 더하는 등 하나의 군대로 만들려고 노력할 것이다.

　그러나 보수성이 강한 종족기반형 군대에게 자신들의 관습, 문화, 장기를 버리게 하는 것은 정말 어렵다. 그렇게 하면 그들은 불안해한다. 또한 변화 혹은 이식의 시간은 오래 걸리고 각자의 전투력, 장기는 오히려 떨어질 것이다. 그래서 벨리사리우스는 작전을 바꿔 그들을 멀티플레이어로 양성했다.

　전통적 군대에서 중요한 축은 기병과 보병이다. 일단 말을 탈 줄 아는 자와 그렇지 못한 자로 구분되고, 기술과 전술, 갑옷과 무기, 기타 장비에서 본질적인 차이가 난다. 무엇보다도 중장기병 한 명을 지원하려면 10여 가구의 세금이 필요할 정도로 말과 장비의 유지 비용이 엄청나기 때문에 기병과 보병은 신분적 기반이 다르다.

　그러나 비잔틴군은 이 경계를 허물었다. 비잔틴군도 기병과 보병의 차이는 존재했지만, 기병이라고 말에 집착하지 않았으며, 보병은 말을 탈

줄 알았다. 그들은 상황에 따라 기병이 말에서 내려 싸우기도 하고, 보병이 적에게 뺏은 말, 혹은 기병의 말보다는 조금은 허약한 말에 올라타고 추격전에 가세하기도 했다.

개별 병종의 무장과 기능에서는 이 멀티플레이 방식이 더욱 선명해진다. 비잔틴 군대의 모체는 로마 군단이었지만, 많은 부분에서 변화를 주었다. 벨리사리우스는 인종의 집합체인 비잔틴의 특성을 살려 다양한 아이디어를 흡수했다. 특히 종합적인 전술과 체제가 발달했던 동방의 군대에서 많은 아이디어를 얻은 듯하다. 그 결과 군대의 주력이 이제는 게르만 족도 할 수 있는 팔랑크스가 아닌 중장기병으로 바뀌었다. 중장기병은 강철갑옷으로 중무장을 했지만, 로마식 혹은 유럽식 판금갑옷이나 체인메일 대신 쇠미늘갑옷을 입었다. 하의는 스커트 형태였고, 손에는 긴 쇠장갑, 발에는 강철 부츠를 신었다. 가벼운 미늘갑옷은 말 위에서 간편한 동작을 가능하게 하여 다양한 무기를 사용하는 비잔틴의 전술에 적합했다. 그런 점에서는 체인메일도 우수하지만, 뾰쪽한 화살촉은 체인 사이를 관통한다는 약점이 있었다.

갑옷의 양과 무게도 세심하게 조절했다. 말의 부담을 덜어주고, 기동성을 높이기 위해 마갑은 과감하게 제거하고, 대신 가슴 부위에 강철로 만든 '프로텍터'를 대거나 고삐에 강철 가리개를 댔다. 즉, 적 보병진과 충돌하거나 적 기병과 일대일로 격돌하는 순간과 같은 정면 대결 상황을 가정한 것이다.

기병은 중장기병과 경기병의 무기를 모두 장착하고 사용할 줄 알아야 했다. 전통적으로 유럽의 기병들은 전투 상황에서는 무기를 가능하면 한 가지로 통일하는 경향이 있다. 특히 게르만 계통의 종족들은 단순

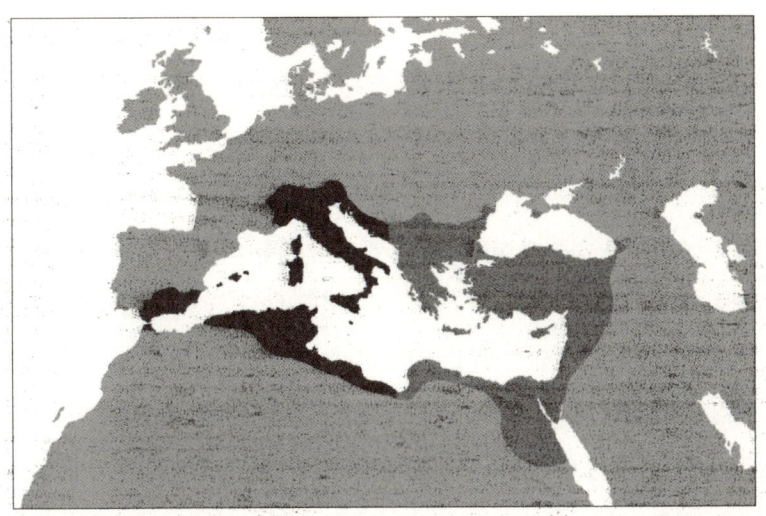

유스티니아누스 통치 시기 동로마 제국 영토
527년 황제로 즉위한 유스티니아누스는 제국 영토 확장에 어느 황제들보다 적극적이었다. 결국 동로마 제국은 벨리사리우스, 나르세스 등 당대 명장들의 활약으로 옛 로마 제국의 영토를 거의 회복했다. 지도에서 검은 색 부분은 유스티니아누스가 즉위한 527년경 제국의 판도이며, 진한 회색 부분은 유스티니아누스가 사망한 565년경 제국의 판도다.

함이 주는 강력함에 매료되는 경향이 있다. 552년 이탈리아를 지배하던 동고트 족과 비잔틴군이 격돌한 '타기나이 전투'에서 동고트 족 중장기병은 창만 사용하라는 엄명을 받고, 비잔틴군 진영에 충격 작전을 감행했다. 하지만 다양한 군대와 전쟁을 해야 하는 비잔틴군은 힘에 집중하는 유럽형 전술을 채용할 수 없었다. 비잔틴 기병은 활, 투창, 언월도 같은 큰 칼, 단검, 방패 등 필요한 모든 것들을 장비했다. 그렇게 함으로써 중장기병과 경기병의 역할을 함께 수행하게 했다.

궁수는 고대 유럽의 군대에서는 별로 눈에 띄지 않는 병종이었다. 하지만 벨리사리우스는 궁수의 역할과 긍지를 크게 높였다. 페르시아와 훈 족의 기마궁술에 감명을 받은 벨리사리우스는 기마궁수를 양성했다. 하지만 그들은 경무장을 한 동양의 기마궁수와도 달랐다. 기병인 이들은 활로 무장한 것 외에도 머리에 투구를 쓰고, 등에는 둥근 방패를 멨다. 백병전을 대비해서 허리에 칼과 도끼를 찼다. 때로 고구려 궁수처럼 소매 없는 미늘갑옷을 입기도 했다. 가끔 중장기병과 궁수의 역할이 혼동을 일으키기도 하는데, 비잔틴군에서 활의 역할 비중이 그만큼 높아진 탓이다.

중장보병도 소매 없는 갑옷을 입었다. 이 역시 여러 가지 무기의 효용성을 위한 것이었다. 보병사에 드물게 그들은 창과 칼, '토마호크'처럼 한쪽은 날, 한쪽은 튀어나온 못이 달린 도끼를 사용했다. 비잔틴군에서 궁수의 비율은 높았다. 그들은 보병의 뒤에서, 혹은 전투 개시점에서 의례적인 사격을 하는 수준이 아니라 적극적으로 위치를 확보하거나 기동을 함으로써 적에게 강력하고 집중적인 타격을 입혔다. 배양된 기동력과 유사시에 백병전도 감행할 수 있는 능력이 전장에서 모험적이고 배짱 있는 역할을 가능하게 해주었다.

이런 멀티플레이는 집중과 분산이란 두 가지 효과를 동시에 주었다. 기병과 보병, 모든 병사가 원거리 무기, 투척 무기, 근접전투용 무기를 모두 보유함으로써 적이 거리를 두고 있을 때는 모든 병사가 화살과 투창으로 공격할 수도 있었다. 반대로 부분적으로 발생하는 다양한 상황에서 다른 병종을 부르지 않고 즉석에서 다양한 공격을 펼칠 수 있었다. 팔랑크스를 굳건하게 하려면 대형을 두껍게 해야 했다. 그런데 대형이 두꺼우면 두꺼울수록 병력 효율은 떨어진다. 전위가 적과 싸우는 동안 후위는 구경만 해야 하기 때문이다. 벨리사리우스는 후위의 병사들이 투창과 활을 장착하게 함으로써 후위의 병사들이 하릴없이 기다리는 시간을 없애고 병력의 가용성과 효율성을 극대화했다.

> 이원화된 병력은 먼 거리에서 또는 가까운 거리에서 창과 화살을 모두 자유롭게 사용하는 동로마군과 겨루는 일을 불가능하게 했다. 벨리사리우스의 신기에 가까운 기술은 이런 유리한 기회를 잘 포착하여 이용했으며, 때와 장소를 정확히 선택하고 공격과 퇴각을 재빨리 판단함으로써 그가 파견한 부대는 실패하는 법이 거의 없었다.
>
> — 에드워드 기번, 《로마제국 쇠망사 4》, 188쪽

백병전이 벌어지는 전위의 전투에서도 이들은 각자가 필요에 따라 적절한 무기를 선택해서 싸우는 융통성을 발휘했다. 아마 이런 방식으로 그들은 특정 종족이나 무기, 전술이 가져다주는 상성을 적절히 이용할 수 있었을 것이다. 오늘날과 달리 정보가 지극히 부족했던 시기라 많은 군대들이 다양성과는 거리가 멀고, 자신들이 전술과 무기가 지닌 지리적·환경적 특성과 상성을 잘 이해하지 못하던 시기였다. 유럽 최고의 부국이자 세계 제국이었던 비잔틴은 그들의 문화적 장점을 이렇게 살렸다.

이런 멀티플레이는 우리가 예상하기 힘든 인센티브 효과도 주었다. 보병들은 맹렬하게 싸우고도 기동력이 떨어져 적을 추격하거나 전리품을 획득하는 데 불리했다. 이 신나는 역할은 언제나 경기병의 몫이었다. 그러나 비잔틴 보병은 허락만 받으면 적의 말이나 끌고온 말을 타고 달릴 수 있었다.

이론은 좋지만 이런 다양한 무기를 사용하는 전투를 하려면 무기 사용과 기마술 모두 상당한 숙달이 필요했다. 기병의 경우 달리는 말에서

칼이나 활을 빼기는 쉽지만 이것을 다시 집어넣는 것이 대단히 힘들다. 처칠은 기병 장교였던 중위 시절 인도에서 어깨가 빠지면서 습관성 탈골이 되었다. 덕분에 그는 기병도 대신 권총을 사용할 수 있는 허락을 받았다. 하지만 비잔틴보다는 게르만 전통에 있는 영국 기병대는 최소한 돌격 순간에는 모든 장교가 일단 기병도를 들어야 했다. 전투를 앞둔 처칠은 달리는 말에서 제때에 칼을 꽂고, 권총을 뽑을 수 있을지가 걱정거리였다고 했다.

비잔틴은 풍부한 재력으로 거의 모든 병사를 직업 군인화함으로써 문제를 해결했다. 군의 일정 부분은 늘 이민족 용병으로 채웠다. 비잔틴의 젊은이들에게는 징병의무가 없었다. 징병은 거의 모병에 가까웠고, 비잔틴의 장군들은 마치 용병대장처럼 경호 부대라는 명칭으로 불리는 직할의 군대를 소유하고 있었다. 이들이 최정예였고, 전쟁에서 큰 역할을 했다. 그들이 아니라도 장군들은 각기 자기의 명성을 걸고 병사를 모집했다. 비잔틴 부대들은 로마 군단처럼 숫자로 불리지 않고 장군의 이름으로 불렸다.

다만 벨리사리우스의 시대에 모든 이민족 군대가 다 비잔틴식으로 훈련받고 조직되었는지는 의문이다. 훈 족이나 헤롤 족의 사례를 보면 그렇지 않았다고 보는 것이 정확할 듯하다. 하지만 이런 구성이 장점이 될 수도 있다. 비잔틴군은 멀티플레이가 장점이지만, 반대로 특출난 능력이 결여된다는 문제가 발생한다. 예를 들어 경기병 전술 같은 부분은 훈 족의 폭발적이고 강렬한 개성을 도저히 흉내 낼 수 없다. 모든 부대가 모래 알 같은 개성으로 편성되어 있다면 조직력에 큰 문제가 있겠지만, 멀티플레이 군대를 지향한다고 해서 모두를 멀티플레이로 만들 필요는 없다.

진정한 멀티플레이를 위해서는 또 다른 다양성, 즉 멀티와 '스페셜리스트'의 조합이 필요하다. 벨리사리우스의 아이디어는 이런 점에서 더욱 빛난다.

처음 로마가 제국을 이룬 비결은 주변 민족, 심지어 그들이 야만족이라고 멸시하던 종족들이라도 그들의 장점을 바로 배우고 흡수하는 '탐욕스런 포용력'과 야만족의 기술을 개량하고 적용하는 '실용 감각'이었다. 그러나 모든 것을 이루고 나서는 적어도 군사면에서 이민족의 장점을 배우고 흡수하는 것 대신, 이민족을 고용해 그들의 장점을 사용하거나 그들을 로마군으로 변모시켰다. 이때부터, 즉 로마가 주변 민족으로부터 배우는 것보다 주변 민족이 로마로부터 배울 것이 많아지면서 로마군이 전장에서 밀리기 시작했다.

벨리사리우스는 로마의 진정한 전통을 되살려서, 다시 이민족들로부터 배우고 조합하는 방법을 찾아냈다. 그의 군대는 멀티플레이라는 지금까지 세상에서 보지 못한 새로운 조직 개념을 적용함으로써 최고의 효율성과 팔색조와 같은 적응력을 지닌 군대가 되었다.

세상을 놀라게 하는 군대의 또 하나의 조건인 속도 면에서 벨리사리우스의 군대는 폭발적이고 인상적인 모습을 보여주지 못한다. 그러나 스피드 없는 효율은 없다. 그들은 전장 전투를 폭주하는 기병은 아니었지만, 비잔틴 진영 내부의 순환 속도를 올렸다.

일단 병종을 불문하고 그는 말을 탈 수 있는 병사를 대폭 늘림으로써 100퍼센트 기병화는 아니어도 군대의 기동화는 달성했다. 덕분에 그는 실제 전투에서 다양한 군대를 더욱 인상 깊게 운용할 수 있게 했다. 비잔틴군은 어떤 경우에도 예비대를 두는 것을 철칙으로 했다. 그런데 타

기나이 전투에서 비잔틴군은 비탈진 사면에 진을 치고 있었기 때문에 후위에 예비대를 둘 공간이 부족했다. 또 병력에 우위를 점하지 못했고, 전선이 좌우로 길어서 전위에 배치할 병력이 부족했다. 비잔틴군은 전선의 좌측 끝인 언덕에 예비대로 사용할 기병을 배치했다. 그리고 500명은 위급한 곳을 지원하는 예비대로 1,000명은 적의 후위를 습격하는 습격부대의 임무를 주었다. 이곳은 중앙보다 약간 앞으로 튀어나온 감제고지로, 전진해오는 적군에게 사격을 퍼붓기에 유리했고 방어에도 유리했다. 비잔틴 기병은 보병이 되어 비탈에서도 싸울 수 있고, 사격전을 할 수 있었고, 전투를 조망하다가 위험한 지점 혹은 결정적 타격을 입힐 지점이 발생하면 말을 타고 신속하게 그 지역을 공격하는 적군의 후위나 측면을 칠 수 있었다.

멀티플레이는 노는 병력을 줄여 가동 효율을 높이고, 전투 적응력도 높였지만, 무엇보다 전투에 필요한 병종을 부르고 배치하는 시간을 크게 줄였다. 전투 중에 병력 이동과 부대의 방향 전환은 현대전에서도 얼마나 어려운 것인지를 안다면 벨리사리우스의 속도의 가치를 이해할 수 있을 것이다.

리더의 이해력에 따라 전세가 바뀐다

만약 로마가 한두 세기 전에 벨리사리우스를 얻었더라면 서로마 제국은 망하지 않았을지도 모른다. 하지만 한탄은 소용없는 일이다. 유스티니아누스는 역사를 되돌릴 수는 없지만, 회복할 수는 있다고 믿었다. 황제는 벨리사리우스에게 서로마 제국의 중심, 이탈리아를 수복하라는 명령을 내린다.

이탈리아에서 벨리사리우스의 상대는 고트 족이었다. 그런데 황제가 벨리사리우스에게 허용한 병력은 이탈리아 정복을 위해서는 터무니없는 규모였다. 병력은 모두 7,500명 가량인데, 기병이 4,500명, 보병이 3,000명이었다. 기병에서는 200명의 훈 족과 300명의 무어 족이 정예였고, 나머지는 잡탕 군대였다. 보병은 이사우리아 인으로 구성되었는데, 그들은 그다지 믿을 수 있는 군대가 아니었다. 유스티니아누스는 북아프리카 정복을 끝낸 벨리사리우스에게 10,000명도 안 되는 병력을 주고, 한니발의 원정을 재현하게 했다.

그러나 동로마 제국, 즉 비잔틴 제국도 사정은 있었다. 용병과 직업 군인으로 구성된 비잔틴군은 돈이 너무 많이 들었다. 군대뿐 아니라 비잔틴 제국 전체가 돈으로 유지되는 나라였다. 이 넓은 제국에 유스티니아누스의 가용 병력은 15만 명에 불과했다. 정복전쟁을 수행하면서 유스티니아누스는 엄청난 빚을 졌다. 유스티니아누스가 죽자 그의 후계자가 제일 먼저 한 일은 소요 직전의 빚쟁이들을 모아 선황제가 남긴 빚을 청산하는 것이었다.

벨리사리우스는 이 병력으로 나폴리와 로마를 탈환했지만, 병력이 너무 적어 탈환한 로마 방어도 힘든 상황이 되었다. 50,000명의 고트 족이 로마를 공격했는데, 벨리사리우스는 5,000명의 병력으로 1년 넘게 성을 지켰다. 마침내 유스티니아누스가 슬라브 족과 훈 족, 이사우리아 족으로 구성된 3,000~4,000명 정도의 구원병을 보냈다. 이들과 별도로 사나운 장군 요하네스가 이끄는 정예 기병 2,000명이 추가되었다. 고트 족은 무리한 포위 공격으로 3분의 1이 넘는 병력 손실을 입고 철수했다. 결과적으로 벨리사리우스는 적을 로마로 유인해 인명 손실이 큰 공성전에 매달리게 함으로써 적은 병력으로 고트 족을 섬멸하는 효과를 거두었다.

로마의 포위를 풀고, 구원병까지 얻은 벨리사리우스는 서로마 제국을 완전히 되찾을 기세였지만 540년에 유스티니아누스가 그를 소환했다. 유스티니아누스는 벨리사리우스가 서로마 제국의 황제로 등극할지 모른다는 불안감을 끝내 지우지 못했다. 황제는 본국으로 소환한 그를 사산조 페르시아와의 전쟁에 투입했다. 그 사이에 다 된 것 같던 로마 정복은 죽을 쑤기 시작했다. 541년 황제는 다시 벨리사리우스를 이탈리아로 파견했다. 그곳에서 재회한 군대는 그가 처음 이탈리아에 왔을 때보다 더 엉망이 되어 있었다. 하지만 벨리사리우스는 다시 승리하기 시작했다.

현대인들은 영웅사관을 병적으로 경멸하는 경향이 있다. 그러나 영웅사관을 배격한다고 리더의 역할을 축소해서는 안 된다. 똑같은 군대에 단지 리더가 바뀐 것뿐인데, 비잔틴군은 전혀 다른 군대가 되었다. 벨리사리우스는 게르만 족을 쫓아내며 옛날 카이사르가 행군했던 도나우 강까지 진출했다.

벨리사리우스의 비결은 두 가지다. 그가 거느린 군대는 병력도 적었지만 세간의 눈에는 충성심이 의심스러운 것으로 비치는 용병이었다. 그러나 용병이기에 충성심이 의심스럽다는 생각은 접근 방식이 잘못되었다. 집단의 충성을 요구하려면 그들의 삶의 방식을 이해해야 한다. 병사들의 목표가 징집 기한을 마치고, 고향에 있는 집으로 돌아가는 것이라면 그들은 지휘관의 부당한 명령이나 굶주림, 임금 체불을 참고 이겨낼 수도 있다. 그러나 젊어서 돈을 만지고, 새 땅에서 새 삶을 개척하기를 바라는 병사라면 정당한 보수가 최고의 관심사다. 이 차이를 많은 리더들이 충성심의 차이로 착각한다.

벨리사리우스는 용병의 생태를 저급하다거나 부당하다고 비난하지 않았고, 그들이 삶을 맡기고 의지할 수 있는 리더가 되었다. 로마 포위전 동안 식량 부족이 심화되기 시작했다. 주민들에게 배급되는 곡물이 줄었지만, 병사들에게 배급하는 빵과 말 사료는 절대 줄지 않았고, 기한을 어기거나 불량한 재료로 만든 저급 빵이 지급되지도 않았다. 백성을 돌보지 않는 가혹한 조치라고 말할 수도 있으나 전쟁 중에는 병사를 보호하는 것이 백성을 보호하는 일차적 방법이다.

그러나 다른 지휘관들은 그런 원칙을 지키지 않았다. 그가 떠나자마자 새로운 지휘관은 병사들의 봉급을 횡령해서 치부하기 시작했다. 병사들은 지휘관을 탄핵하고 고트 족으로 넘어가겠다고 협박하기도 했다. 이것은 지휘관의 양심과 청렴의 문제가 아니다. 벨리사리우스도 전쟁 중에 상당한 치부를 했다. 조직의 생리를 이해하는 리더와 그렇지 못한 리더십의 차이다.

두 번째 비결은 리더의 현장 적응력이다. 리더가 아무리 많은 공부를 하고, 병사들이 아무리 다양한 상황과 전장에 적응할 수 있도록 잘 훈련되어 있다고 해도, 그들이 전장에서 최대의 능력을 발휘하기 위해서는 리더가 현장과 상황에 맞는 적절한 전술을 전개할 필요가 있다. 이 정도 사실이야 누구나 알지만, 실제로 많은 리더들은 자신의 장기, 경험에서 우러나오는 전술을 사용한다. 우리는 이런 사례를 수많은 장군, 기업, 프로 스포츠 세계에서 흔히 볼 수 있다. 직원과 병사, 선수들에게는 멀티플레이를 요구하지만, 정작 관리자와 리더에게는 전문성을 요구하게 되고,

경쟁을 뚫고 올라온 리더는 전문성의 늪에 빠져버리는 것이 오늘의 현실이다. 그러다 보니 전문성이라는 이유로 리더의 교체도 빨라진다. 유스티니아누스의 실패가 반복되는 것이다.

벨리사리우스는 팔색조의 군대에 팔색조의 리더십을 거느린 장군이었다. 그는 그의 장기인 전술을 같은 것을 고수한 적이 없다. 유스티니아누스가 내보낸 사산조 페르시아와의 전쟁에서 그는 게릴라 전술로 전환했다. 시리아에서 그는 페르시아군을 격퇴하지는 못했지만 끈질기게 괴롭혀서 마침내 강화협정을 맺고, 페르시아군이 철수하도록 만들었다. 비잔틴은 적지 않은 전쟁 배상금을 지불했지만, 전쟁 비용을 생각하면 손해보는 거래는 아니었다.

벨리사리우스를 잘 활용하고, 거국적인 지원을 했더라면 동과 서를 아우르는 로마 제국의 부활은 충분히 가능했다. 하지만 전황이 유리해지자 유스티니아누스의 의심이 다시 발동했다. 562년, 벨리사리우스는 다시 소환되어 횡령 혐의로 고발되었다. 이 고발은 심각했지만 그의 아내와 황후 소피아와의 우정 덕분에 극형을 면했다. 하지만 이 자체가 벨리사리우스를 적당히 숙청하기 위한 정치적 쇼였을 수 있다. 이것으로 벨리사리우스의 전쟁은 끝났다. 565년, 황제와 벨리사리우스는 나란히 숨을 거두었다.

05

한계를 극복하고
제국을 세운 왕

: 칭기즈 칸

몽골의 잠재력을 이끌어내다

13세기 초반, 키는 작고 눈은 찢어지고 광대뼈가 튀어나오고, 몸에서는 말과 낙타의 노린내가 배어 있는 사람들이 당나귀처럼 통통하고, 사람 키 정도밖에 되지 않는 볼품없는 말을 타고 세상에 나타났다. 바로 몽골족이었다. 그러나 그들의 전투력은 세상을 경악하게 했다. 몽골의 군대가 그들의 초원을 떠나 바깥세상으로 나오기 시작했을 때, 세계는 두 가지 사실에 놀랐다. 세상의 모든 군대는 일종의 상대성이 있다. 그러나 몽골군의 경우는 이 지구상에 그들을 저지할 지형도, 그들을 막아낼 군대도 존재하지 않았다. 겨울이면 툰드라가 되고, 여름이면 준사막의 열기로 덮이는 몽골 고원에서 단련된 몽골의 사람과 말은 열대와 우림, 산지와 초원, 물 없는 죽음의 사막까지도 극복할 수 있었으며, 그들의 놀라운 기동력과 지고 빠지는 전술을 당해낼 군대도 전술도 없었다.

사람들은 놀라 공포에 떨면서도 의문을 지녔다. 어떻게 이런 무서운 군대가 수천 년간 흔적 없이 지구의 한 모퉁이에 움츠리고 있었단 말인

가. 몽골군의 잠재력과 무서움을 세상이 전혀 몰랐던 것은 아니다. 기원 전 3세기 흉노는 중국을 흔들어 만리장성을 쌓게 했으며, 서쪽으로 진출해서 로마 제국을 멸망시킨 게르만의 대이동을 촉발했다. 흉노가 전부 몽골 족은 아니었다. 그들은 물론 투르크 족, 스키타이 족까지 포함한 광의의 개념이었지만, 중국인들은 전장에서 유목 기병을 당할 수 없다는 사실을 일찍부터 깨달았다.

그들에게 유일하게 부족한 것은 이 잠재력을 통합하고 분출시킬 리더십과 통합된 유목 부대의 전술이었다. 몽골의 위험성을 알아차린 중국의 역대 제국들은 이 약점을 붙들고, 기를 쓰고 그들을 분열시켰다. 그 효과는 놀라워서 이 분열 정책은 무려 13세기까지 1,600년 이상 효력을 발휘했다.

몽골 족도 자신들의 잠재력과 문제점을 알았을 것이다. 그러나 1,600년이란 세월이 말해주듯이 그 약점을 극복하기란 결코 쉽지 않았다. 몽골의 약점인 유목생활이란 그들의 삶 자체에서 기원한 것이었다. 유목으로 초원을 돌아다녀야 하는 민족은 집단의 규모를 일정 크기 이상으로 키울 수 없다. 유목생활은 단조로워서 그들은 전통을 중시하고, 전통과 관습은 강한 구속력을 지닌다. 넓은 초지를 돌아다니며 스스로를 지키고 방어해야 하므로 그들은 강고한 공동체와 규율을 형성하는데, 강한 공동체는 내부를 단속시키기에는 좋지만 외부에는 강한 배타성과 통합에 대한 저항으로 나타난다.

간혹 부족들 간에는 서로의 안전보장을 위해 '안다'라고 하는 의형제와 유사한 친분관계를 맺고, 혼인과 우애로 결속을 다진다. 영화에서는 이와 같은 그들의 형제적·동지적 우애, 평등한 결합, 유목인들 간의 나그

네와 낙오자에 대한 접대와 보살핌의 의무를 미화해서 소개한다. 우리의 눈에는 그 모습이 참 인간적이고 따뜻한 관행으로 보인다. 하지만 몽골 사회에서 그런 관행이 운영되는 것은 사회를 유지하는 상위의 룰, 국가가 없는 상황에서 자신의 사회를 유지하기 위한 최소한의 안전장치다. 실제로 유목민과 부족 사회는 부족 내부의 신분적 차별, 종족적 차별, 부족의 삶과 관습, 영역에 대해 지독한 보수성과 폐쇄성을 유지한다. 그 이유는 그들의 세계관이 부족의 영역에 머물러 있기 때문이다.

우정과 의리도 양면성이 있다. 이런 관계는 필연적으로 적과 원수도 공유하기 마련이다. 우정과 의리가 지속되듯이 원수와 라이벌도 세상에 공존하고, 이것은 적과 친구의 구분을 대를 이어 분명하게 한다. 드넓은 몽골 초원에는 수많은 공동체와 그들이 맺는 안다와 원수로 복잡한 네트워크가 구성된다. 그리고 안다 등이 있어도 부족 내부의 인맥은 친인척이어서 사회가 철저하게 개인의 혈연을 기반으로 움직인다. 그렇다고 혈연, 친족공동체가 강고한 것도 아니다. 그 사촌, 친족관계도 말 한 마리, 권력, 연인관계로 끊임없이 대립하고 분열한다. 칭기즈 칸(1167?~1227)의 부친 예수게이도 힘으로 부족을 지배한 것이지 존경으로 지배한 것은 아니었다. 그가 사망하자 친족들이 테무친에게서 등을 돌린 사실에서 알 수 있다.

아무리 설득을 하고, 비전을 제시해도 자신의 삶과 연결되어 있는 이 네트워크를 해소시키기란 쉽지 않다. 우리 사회만 해도 맨날 망국병이라고 떠들지만 지역감정을 이기는 선거가 없다. 그래도 우리는 국가라는 큰 틀이 있어서 지역감정도 그 안에서 작용한다. 하지만 몽골에는 그 상위의 기준, 광역행정구역도 국가도 없다. 그들에게 보이지 않는 것, 익숙하지 않은 것을 위해 지금 당장 영위하고 있는 생존의 원리를 포기하라고 설득하는 것은 불가능에 가깝다. 그 증거가 기나긴 몽골의 분열의 역사다. 그리고 불가능해보이던 분열을 극복하고, 몽골의 잠재력을 끌어낸 사람이 칭기즈 칸이다.

역경의 함정에서 벗어나라

1203년, 테무친이란 키 작은 중년의 사나이가 몽골의 동부 지역에서 최강이었던 케레이트 부족을 꺾고 이 지역의 패자가 되었다. 이때 그의 나이는 40대였다(그의 출생연도가 1156년, 1161년, 1162년, 1167년이라는 다양한 설이 있다). 지금 같으면 한창 나이지만 이때 기준으로는 이미 노년에 접어드는 나이였다. 조선의 국왕 중에서 50세를 넘긴 사람은 다섯 명이 되지 않는다. 유목 민족은 노화가 더 빠르다. 그런 관점에서 보면 테무친의 삶은 이미 인생의 정점에 달했다. 지난 세월을 돌이켜봐도 그랬다. 여기에 오기까지 테무친의 삶은 역경의 연속이었고, 그것만으로도 충분히 파란만장한 성공 드라마였다.

 테무친은 몽골부라는 작은 부족에서 예수게이라는 부족장의 아들로 태어났다. 예수게이는 몽골의 숙적이던 타타르 족의 침공에서 몽골을 구해낸 영웅으로, 주변 부족에게서 존경을 받는 상당한 권력가이자 야심가였다고 한다. 그러나 예수게이의 활약은 과장되었다고 보는 회의적인 시각도 있다. 타타르와 전투가 있었다고 해도 작은 단위의 분쟁이었을 것이다. 예수게이가 용사였던 점은 분명한데, 타타르 족의 침공을 막아낸 것이 아니라 주변 부족, 친족 집단을 결합해서 타타르를 약탈했던 것 같다. 때로는 주변 종족 간의 분쟁에 개입하기도 했다. 일대에서 제일 큰 세력가였던 케레이트 족의 '옹 칸'은 젊은 시절 케레이트 수장 자리를 두고 형제들과 암투를 벌이다가 계곡에서 형제들의 매복에 걸린 적이 있다. 옹 칸은 소수의 병력과 함께 간신히 계곡을 탈출했다. 이때 옹 칸을 보호하며 사지를 탈출하는 데 큰 공을 세운 사람이 예수게이였다. 예수게이는 옹 칸보다 세력이 훨씬 약했지만 이런 인연으로 그의 안다가 되었다. 하지만 평등한 의형제라기보다는 종속적인 동맹군 정도였을 것이다.

예수게이는 테무친이 8세 혹은 9세이던 무렵(혹은 13세라고도 한다) 혼인을 위해 이웃 부족을 찾아갔다가 숙적이던 타타르 족에 의해 독살되었다. 예수게이가 죽자 부족의 지도권을 두고 테무친의 친척들이 분열한다. 그들 중 일부는 이전부터 예수게이에게 불만이 있었다. 그들은 그동안 단지 그의 힘에 눌렸을 뿐이다. 주변 정세가 적대적으로 변하자 테무친 부족의 일부가 테무친을 버리고 다른 부족에게 귀순하면서 테무친은 극도로 약해진다. 테무친과 모친은 이탈하는 주민들을 쫓아가 전투까지 벌이며 그들을 되찾아오기도 했지만, 전반적인 이탈과 부족의 약화를 막지 못했다.

마침내 테무친은 사촌 간이던 타이치우드 족의 습격을 받아 노예로 잡혀가게 된다. 소설이나 영화에서는 이 과정을 미화하고 있는데, 이 역전극은 테무친이 자초했다는 견해도 있다. 예수게이 사망 후 테무친이 나이 많은 이복형 베크테르를 살해했다. 야심가였던 그는 아버지의 급작스런 사망으로 부친의 지위가 베크테르에게 넘어갈 것 같자 이복형을 살해한 것이다. 그러나 이런 잔혹한 조치가 친족들의 불신과 배신을 야기했다고 한다. 하지만 그 사건이 빌미가 되었다고 해도 그 이전부터 불화와 대립이 존재했던 것도 사실일 것이다. 아무튼 이 사건은 테무친에게 여러 가지 충격을 주었음이 분명한데, 그 뒤로 그는 초원 부족의 내부적인 불화와 불만이 있는 자, 이탈자를 탐지해내는 데 천재적인 능력을 발휘하게 된다.

타이치우드 족에게 수년 동안 감금되었던 테무친은 탈출에 성공해서 자기 세력을 모으기 시작한다. 이미 자기 부족은 와해되거나 지배력을 상실했으므로 그는 타부족 출신을 가리지 않고 추종자를 모았다. 이 기간 동안 그는 야생에서 짐승을 잡아먹으며 살았을 정도로 고통스러운 생활을 했지만 혈연과 부족의 테두리를 벗어나 능력과 인망으로 사람을 다스리고 인재를 평가하는 귀중한 경험을 했던 것 같다. 또 그의 처지상 그럴 수밖에 없었다.

그의 삶에서 극적인 전환기는 그가 옹 칸의 보호를 받게 되면서부터다. 옹 칸은 《삼국지》의 원소 같은 인물이었다. 몽골을 통합하고자 하는 야심도 있고 세력도 있었지만 우유부단했고, 손익 계산에 밝아 손해를 보려 하지 않고 앉아서 이익을 챙기려 했다. 그는 테무친의 곤경을 이전부터 알았지만 한동안 모른 척하다가 테무친이 결혼으로 얻은 지참금과 어느 정도 확보한 용병 집단 등을 데리고 보호를 요청하자 비로소 그를 받아주었다.

옹 칸은 예수게이보다 더 강력한 투사가 된 테무친에게 군대를 빌려주었는데 자기 휘하 최고의 장군인 자무카를 테무친의 상관으로 삼았다. 두 맹장은 케레이트 족의 숙적이던 메르키트 족을 쳐부쉈다. 하지만 두 호랑이가 한 우리에 있을 수 없는 것처럼 자무카와 테무친의 사이가 벌어졌다. 마침내 1187년에 둘은 격돌했고, 자무카가 승리한다. 테무친은 다시 도망자가 되어 중국에 인접한 국경 지역까지 도주했다. 테무친 집단의 국경 지역에서의 도피생활은 5년에서 7년 정도 계속되었다.

그동안 테무친 집단의 결속력은 더 강해졌고, 그 속에서 테무친은 중요한 가능성을 발견한다. 자무카와의 전투에서 테무친은 여러 가지 면에서 불리했지만 그래도 끈질기게 버텼던 데는 몇 가지 이유가 있었다. 우선 테무친의 부하들 때문이었다. 테무친의 부하들 상당수는 처음에는 자무카의 부하였다가 테무친에 붙은 사람들이었다. 자무카가 잔혹해서가 아니라 몽골의 부족적 관행상 자무카가 이들을 용서할 리가 없었다.

아무리 큰 군대라도 내부로 들어가면 계속 단위가 작아지는 몽골군은 전투가 불리해지거나 후퇴하게 되면 각자 자기 부족과 집을 향해 달려가 와해되는 전통이 있었다. 그러나 테무친은 제2~3의 집결 장소를 미리 지정해놓고 그리로 집결해 부대를 재편성하고 다시 반격하도록 부하들을 교육시켰다. 둘 다 같은 몽골 유목 기병을 토대로 하고, 병력과 부족 등 모든 것이 열악한 테무친으로서는 몽골 족이 사용하지 않는 좀 더 고도의 전술적 훈련을 통해 전투력을 높이는 것만이 승리할 수 있는 길이었다. 그러나 고도의 전술이라고 하기에 재집결의 원칙은 개념 자체로는 새로운 전술도 대단한 아이디어도 아닌 너무나 당연한 지침이었다. 하지만 패배한 병사들이 자기 마을로 돌아가지 않으면 2~3차 보복과 약탈을 피할 수 없다. 이 경우, 부족적 세계관과 공동체적 관습이 너무나 강한 몽골의 전사들에게 덧씌워질 가족과 공동체를 저버린 자라는 평판은 초원의 전사로 살아가기에는 너무나 치명적인 오명이었다. 그런 이유로 몽골에서 이런 지침을 따르게 하는 것은 결코 쉽지 않았다. 그러나 테무친은 비록 패했지만, 이런 전술을 도입하는 데 성공했고, 그것이 그의 부대가 완전히 와해되는 것을 막았다.

우리는 테무친이 어떻게 그의 부하들을 오랜 관행의 구렁텅이에서 뽑아냈는지는 모른다. 다만 알 수 있는 사실은 그가 전술에 성공했다는 것이다. 테무친은 이 과정에서 앞으로 몽골을 바꿀 중요한 가능성을 보았다. 또한 그는 비전을 통한 설득의 가능성을 보았다.

자무카와 테무친이 불화하게 만든 결정적 요인이 된 자무카의 진영에서 테무친에게로 넘어왔던 사람들 대부분은 평민 이하의 낮은 신분 사람들이었다. 여기서 다시 《삼국지》로 비유하자면 한왕조가 내전 상태로 돌입했을 때 외형적 전력으로 최강자는 원소였다. 그는 전통 명문 귀족이었고, 그를 뒷받침하는 세력도 그랬다. 사회의 우등인자들이 결속했으니 더욱 그들이 강해보였지만, 그들은 이미 수백 년을 귀족으로 살아온 집단이었다. 지배층이나 명문 귀족 출신이라고 해서 선각자나 개혁가가 나오지 않는 것은 아니다. 오히려 개혁적 이론가는 그들 계층에서 더 잘 나온다. 그러나 이들이 집단화되었을 때, 자신의 삶의 방식과 가치와 세계관을 포기하고 새로운 목표와 비전을 추구하는 에너지를 발휘할 수 있을까? 그런 에너지는 차상위 계층, 의지할 곳 없는 이민자 집단이나 생존이 우선인 유랑 집단 같은 곳에서 나온다. 조조, 유비, 손권은 모두 이들 집단을 포용하고, 이들에게서 인재를 찾아낸 사람들이다.

테무친의 소년 시절의 역경은 그로 하여금 강제로 전통적 인맥관계에서 탈피하게 했고, 자무카에게 패배해 중국과 인접한 국경 지역으로 도주함으로써 테무친 집단 전체가 몽골의 전통에서 격리되었다. 테무친은 이 기회를 효과적으로 활용했다. 능력자를 발굴하고, 집단 전체에 새로운 규율을 주입하고, 새로운 전술을 훈련시켰다. 물론 새로운 규범은 오늘날의 기준과는 많이 다르다. 그는 부족적 관행에 젖어 있으며, 제멋대로 싸우는 몽골군에게 절대적인 충성을 요구했다. "내가 명령하면 너의 아버지도 죽일 수 있어야 한다"라는 것이 테무친의 새로운 규율이었다. 너무 거칠어 보이지만 전통이란 굴레 아래서 개인주의적, 혹은 친족과 혈연중심적이고, 자기 집단의 이익이 최우선이 되는 몽골의 관행을 전쟁의 승패와 효율이 최우선이 되어야 한다는 전제로 바꾼 것이다.

몽골 인은 어려서부터 기마술과 활쏘기를 익히고, 사냥과 약탈로 기본 전술을 익힌다. 많은 사람들이 이것이 몽골군이 강할 수밖에 없는 이유라고 한다. 그러나 이들의 전술과 전투 방식은 부족, 잘해야 부족연합체에 적합한 전술이다. 그 이상의 규모가 되고, 장기적이고 복잡한 전투가 되면 효율이 뚝 떨어진다. 한마디로 생존 욕구와 스피드, 조직력 중에서 스피드는 갖추었지만, 조직력이 결여되었다. 생존의 욕구는 국가 단위의 생존 욕구로 각성한 그리스의 경우와는 반대로 전통적 생존 방식에 얽매여 있어서 새로운 조직력의 창출을 저해하는 요소로 작용하고 있었다. 그 결과 전장에서 몽골군의 승리는 약탈 등과 같은 작은 성공에서 항상 멈추었다.

정복전을 감당하기에는 전술적 수준이 떨어질 뿐 아니라 전투 습성 자체가 진짜 전쟁과는 거리가 멀었다. 예를 들면 몽골군은 적진에 침입하거나 적을 죽이면 일단 전투를 멈추고 제멋대로 약탈했다. 이것으로 기동력의 장점마저 사라진다. 약탈은 유목 민족의 오랜 전통이자 그들을 전장으로 끌어내는 유일한 수단이었다.

그러나 테무친은 전투 중의 약탈을 엄격하게 금지했다. 대신 전투 후에 공정한 배분을 약속했다. 다만 이 공정한 배분이 공산주의적 배분은 아니다. 이 시대의 공정함이란 차별을 전제로 한 것으로 기계적인 분배는 아니었다. 게다가 전투에서 공로란 차등이 있을 수밖에 없다. 병사는 자기가 죽인 적장의 화려한 무구와 전리품이 뒤에서 따라온 병사에게 가는 것을 참을 수 없다. 그러므로 기계적인 공평한 배분이 결코 병사들에게 정의감과 전투 의지를 불어넣지 않는다. 오히려 불평등과 불만, 전투 의욕의 저하를 초래한다.

물론 아무리 이런 요소를 감안해서 공정하게 배분한다고 해도 본인이 직접 약탈하는 것에 비하면 병사들이 만족을 느끼거나 공정하고 인정하기 어렵다. 하지만 테무친은 원칙을 강행했다. 사회주의적 정의감을 위해서가 아니라 전장의 효율을 위해서였다. 명령 위반자는 태형을 당하거나 현장에서 즉결처분되었다.

지휘관의 권위도 대폭 신장되었다. 몽골군은 전통적으로 자기 부족, 자기 리더에게 복종했다. 이제부터는 자신이 편제된 군의 리더, 군의 지휘관에게 복종해야 했다. 명령불복종은 중죄 중의 중죄로 간주되었다. 몽골군의 장기인 기동전은 현장에서의 즉각적인 판단과 신속한 임기응변이 더해야 진가를 발휘할 수 있다. 말의 스피드만이 아니라 전술과 조직의 스피드가 뒷받침되어야 한다. 그러므로 테무친은 전투 현장을 지휘하는 사령관에게 절대적인 권한을 주었다. 아무리 높은 귀족이라도 사령관의 지휘에 간섭할 수 없었다. 부족, 혈연, 의리를 중시하던 부족공동체의 폐단을 끊어내려는 것이었다.

하지만 테무친의 성공에 제일 크게 기여한 것은 그가 어떤 민족보다도 보수적이고 전통을 바꾸기 싫어하는 유목 민족을 변화시켰다는 것이다. 그는 몽골 부족에게 비전을 주입하고 세계관을 바꾸었다. 그는 적을 포용하고, 더 큰 목적을 위해 자신의 부하들에게 양보를 끌어내는 능력을 지녔고, 그 방식의 유용함을 부하들에게 요구하고 설득하는 데 성공했다. 물론 그 비전은 세련된 비전이라기보다는 승자의 권리라는 본능적 욕구를 이용해 게르밖에 없는 몽골 초원 밖에는 엄청난 부와 온갖 피부색의 여인이 있다는 식의 자극을 이용한 것이었다. 하지만 현대인이라고 해서 그런 욕망을 초월한 것은 아니다. 실현하는 방식이 바뀌었을 뿐이다. 그리고 결코 욕망을 자극하고 내일의 성공을 위해 오늘의 고통을 견뎌내자는 구호로 구성원을 설득하고 변화시킬 수는 없다. 칭기즈 칸에게는 그 이상의 능력이 있었다. 그는 부하들에게 외부에서 영입한 인재에게 자리를 양보하게 했고, 아무리 오랫동안 함께 고초를 겪은 인물들이라도 더 큰 목적을 위해, 혹은 능력의 한계를 느낄 때 더는 권력에 욕심내지 않고 자신의 자리를 지키도록 설득했으며, 그렇게 하면서도 그들의 충성심을 잃지 않는 능력이 있었다.

지도자라면 너무나 당연히 이런 능력을 갖춰야 한다고 생각할 수 있다. 그러나 큰 인물을 만들어내는 능력은 새롭고 신기한 술수나 마법을 터득하는 것이 아니라 가장 기본적인 미덕을 어느 크기, 어느 범주까지 활용할 수 있느냐에 달려 있다. 그리고 그 방법은 각자가 속한 조직과 성격에 따라 모두 다르다. 우리에게 중요한 것은 모두가 아는 일이지만, 이런 변화는 지극히 어렵고 장기적인 노력이 필요하며, 그 성공의 열매는 엄청나게 크다는 사실이다. 1200년이 되기 전 테무친은 그 열매를 획득하기 위해 숨죽여 지내던 중국 국경 지역을 떠나 몽골로 돌아왔다.

돌아온 테무친의 군대는 이전과는 다른, 상상을 초월한 능력을 보여주었다. 케레이트 족과 연합해 몽골의 숙적 타타르 족을 격파하고, 자무카를 몰아냈다. 자무카는 몽골 서부의 최대 부족인 나이만 족에게로 달아났고, 테무친의 숙적인 타이치우드 족과 반대파를 결속해서 '반테무친 연맹'을 만들었다. 그러나 테무친은 이들을 차례로 격파했다. 같은 몽골 부족 간의 전투지만 테무친 군대는 정면 대결에서도 상대를 압도했다. 1203년 테무친은 케레이트 족의 수장 옹 칸까지 몰아냈고, 자무카와 나이만 족을 완전히 패배시켰다. 1206년 몽골의 모든 부족은 쿠릴타이(부족장 회의)에서 테무친을 칭기즈 칸으로 추대했다.

'칭기즈 칸'이란 확고한 지배자 혹은 용감한 지배자란 의미다. 칭기즈 칸을 여기까지 만든 결정적 요인은 역경이었다. 칭기즈 칸은 역경을 극복하고 맨 아래에서 최정상까지 등극했다. 그는 역경에서 몽골의 한계를 극복하는 방법을 배웠다. 하지만 이 자체만으로는 쉽지 않은 승리였다. 흔히 사람들은 역경이 인간을 강하게 한다고 믿는다. 그러나 대부분의 경우 그것은 자기 위안과 변명에 그친다. 인생을 살다보면 인간은 역경을 피할 수 없다. 그때 우리는 이런 주문을 외우지만, 대부분 사람은 역경을 겪으면 더 소심해지고 소극적으로 변한다. 역경을 극복했다는 사람도 그렇기 때문에 더더욱 현실에 안주하거나 작은 성공에 머무르게 된다. 최악의 경우는 역경의 극복이란 쾌감에 너무 매몰되어서 과거의 경험과 성공 사례에 집착하게 되는 것이다.

칭기즈 칸은 이 모든 함정에서 벗어났다. 그것이 잔혹한 정복자였음에도 그가 위대한 점이다. 파란만장한 삶과 극적인 성공에도 불구하고 칭기즈 칸은 만족하지 않았다. 그동안 그가 터득한 방식으로 몽골을 단합시키고, 그들에게 더 넓은 세상을 향한 에너지를 불어넣었다. 그에게 정상은 출발점에 불과했다.

훈련과 단련으로 전술을 완성시키다

칭기즈 칸은 놀랄 정도로 정열적으로 세계 정복을 서둘렀다. 이것은 오직 탐욕 혹은 이미 노년기에 접어든 그의 나이 때문이었다고 말하기도 어렵다. 알렉산드로스처럼 그는 신이 자신에게 준 기회, 지금 세계에 자신들의 군대를 대적할 군대가 없다는 사실을 깨달았던 것인지도 모른다. 이런 절대적인 우위는 결코 오래가지 않는다. 하늘이 준 기회는 극적이고 그만큼 짧다. 칭기즈 칸도 이 사실을 예감했던 것은 아닐까?

몽골을 통일하고 서하를 정복하면서 몽골은 중앙아시아로 진출해서 실크로드의 무역권을 장악할 기반을 마련했다. 그러자 현재의 우즈베키스탄에 위치한 호라즘 샤 왕조가 길을 막았다. 그 당시 호라즘의 무하마드 2세는 이란과 아프가니스탄을 정복하고 몰락 위기에 있던 아라비아의 압바스 왕조를 압박하던 중이었다. 강적을 앞에 둔 칭기즈 칸은 먼저 상선단을 보내 우호관계를 조성하고 적의 정보를 모았다. 몽골군은 자신들이 비단길의 동쪽을 장악하고, 호라즘이 그 서쪽을 장악한 이상 평화로운 교류를 통해 비단길을 개통시키면 양국이 함께 번성할 수 있다고 설득했다. 그러나 칭기즈 칸은 이미 군대를 훈련시키고 있었다. 전쟁의 빌미는 호라즘에서 제공했다. 호라즘에서 칭기즈 칸이 보낸 상선단을 노획하고 대장을 처형했다. 칭기즈 칸은 무하마드 2세에게 섬뜩한 포고문을 보냈다. "당신은 전쟁을 택했다. 일어날 일이 일어날 것이고, 그것이 무엇일지는 우리도 모른다. 오직 신만이 안다."

이 사건이 없었어도 칭기즈 칸은 호라즘을 침공했을 것이다. 몽골군의 전체 병력은 정확하지 않지만, 대략 100만 명이라는 설도 있다. 그러나 몽골이 호라즘 정복에 동원할 수 있는 군대는 최대 15만 명이었다. 반면 무하마드는 동부 지역에서만 20만 명의 병력을 동원할 수 있었다. 서부 지역까지 포함하면 40만 명의 동원이 가능했다.

수적으로 우위에 있는 적을 제압하는 데 제일 좋은 방법이 기동력과 스피드다. 그러나 몽골군의 전투력은 결코 기병의 속도와 이동 능력에만 기인한 것이 아니다. 그것은 잘 준비되고 완성된 전술과 조직운영 능력이 창출한 전술적 속도였다.

사실은 몽골의 천부적인 기동력과 이를 뒷받침하는 강인한 몽골 말도 거저 얻은 것이 아니었다. 한국과 중국 같은 농경 민족은, '유목 기병'은 유목 환경이 만들어내는 병농일치의 군대라고 부러워한다. 유목 민족은 태어나자마자 말을 탄다. 양떼를 돌보며 유랑하고, 게르를 치고 숙박하며, 간간이 사냥을 즐기는 그들의 삶 자체가 군사 훈련이고 병영 훈련이다. 별도의 군사 훈련을 받을 필요 없이, 별도의 군사 조직이나 징발 체제를 만들 필요 없이 전시가 되면 부락 조직이 바로 군대로 변한다. 하지만 이런 생각은 군대 육성에 골머리를 앓는 농경 민족의 부러움에 찬 오해일 뿐이다. 세상에 노력과 훈련 없이 거저 이루어지는 군대란 없다.

물론 유목 환경이 몽골군에게 주는 태생적 장점이 없는 것은 아니다. 특히 기마술을 익히는 데는 분명한 장점이 있다. 덕분에 그들은 세계 최고 수준의 기마술과 기마궁술을 보유했다. 경장기병들은 적의 화살을 달리는 말 두 마리의 틈이나 말의 옆, 배에 붙음으로써 피한다. 심지어는 적군의 창과 도끼 공격도 이런 방식으로 피한 뒤 말의 배나 꼬리로 나와 적을 찔러 쓰러뜨리기도 한다.

몽골의 기마궁수는 달리는 말 위에서 몸을 뒤로 돌려 쏘는 '파르티안 사법'을 서양에 소개했다. 현대의 우리는 이 자세가 눈에 익지만, 그 당시 서양의 기사들에게 이 기술은 공포이자 경이였다. 파르티안 사법은 유인술에도 그만이었다. 패배해서 도주하는 척하다가 추격해오는 자에게 뒤로 돌아 화살을 날린다. 때로는 매복한 부대가 아무것도 모르고 뒤쫓아오는 적 부대에게 화살 공격을 가하기도 했다. 이 작전의 성공 여부는 얼마나 그럴 듯하게 패하는 연기를 하느냐에 달려 있다. 몽골군은 아주 특별히 이 부분을 훈련시켜 대다수의 경기병을 연기자로 만들었다. 이 '위장 공격과 도망'을 겁에 질린 공격이라는 의미로 '망구다이'라고 했다. 전열을 흩뜨리며 달아나면 십중팔구 상대는 적이 일부러 패하는 것이라고 해도 저렇게 흩어진 상태에서는 효과적인 반격을 할 수 없다고 생각하게 된다. 그러나 몽골군은 그렇지 않다. 전열이 흩어진 상태에서도 화살 공격을 가할 수 있고, 빠른 기동으로 순식간에 전열을 재구성할 수도 있다.

추격하는 군대에 기습적으로 날아드는 화살은 명중탄 이상의 효과를 낸다. 기병이 맹렬히 돌진할 때 앞 사람(혹은 말)이 갑자기 쓰러지면, 뒤를 따르는 말이 이에 부딪혀 넘어지거나 혹은 이를 급하게 피하려다가 기수가 떨어지는 등 무서운 연쇄반응을 일으킨다. 진이 단번에 혼란에 빠지고, 이때 몽골군은 되돌아가서 한 번의 사격이 만들어낸 선물을 줍는다. 그래서 무하메드 2세는 몽골군이 도주할 때는 절대 추격하지 말라는 엄명을 내리기도 했다.

몽골군이 사용하는 복합궁은 모든 활 중에서 가장 강력한 활이다.

200미터 이상 떨어진 거리에서도 사람을 죽일 수 있으며, 가까운 거리에서는 어떤 갑옷이든 관통한다. 각궁 중에서는 물소 뿔로 만든 흑각궁이 최고인데, 몽골이 물소 뿔을 구할 수 있었는지는 알 수 없지만 소나 말의 뼈로 만드는 복합궁도 목궁이나 장궁에 비하면 강력한 활이었다. 크기도 작아 말 위에서 사용하기도 편했다. 나무활은 크기와 장력이 비례하기 때문에 작은 크기의 활은 위력이 나오지 않는다.

말과 활의 결합으로 몽골군은 적과 직접 충돌하지 않고서도 바람처럼 나타나 적을 살상하고 도주할 수 있었다. 이렇게 거리를 두고 싸우면서도 타격력은 굉장했기 때문에 어떤 병종도 이들과 야전에서 부딪히면 속수무책이었다.

하지만 이런 여러 가지 장점도 파고 들어가보면 유목생활이 저절로 주는 장점이라고는 볼 수 없다. 이 대표적인 사례가 몽골 기병의 힘의 근원인 몽골 말이다. 말 중에서 제일 멋있고 빠른 말은 오늘날 아랍종으로 불리는 중앙아시아 계통의 말이다. 중국에서 '호마'라고 부른 이 말들은 머리가 작고 몸체가 전체적으로 유선형으로 빠졌다. 비전문가가 보아도 체형이 박력 있고, 몸의 근육은 균형 잡혀 있다. 이 경주마에 비하면 몽골 말은 이게 정말 명마인가 의아할 정도다. 체형은 우리가 어릴 때 보았던 조랑말과 비슷하다. 조랑말보다 체격이 약간 크긴 하지만 별로 크지도 않다. 머리는 크고 몸은 펑퍼짐해서 둔하고 느려 보인다. 몽골 말은 중앙아시아 계통에서 제일 뛰어난 말로 한혈마의 조상으로, 삼국지에 등장하는 적토마의 원조로 추정되는 아칼테케 종과 비교하면 순간 속도는 처지지만 두 배는 뛰어난 지구력을 자랑한다. 말은 의외로 까다롭고 참을성이 부족한 동물이다. 그러나 몽골 말은 혹서와 혹한을 모두 견디며 산과 평지, 정글과 사막을 횡단한다. 몽골군은 이 말을 타고 지구상에 존재하는 모든 기후대와 모든 지형(산악, 평원, 사막, 정글, 초원)을 정복하는 기록을 세웠다.

그러나 몽골 말의 이런 장점이 천성만으로 얻어지는 것이 아니다. 고려 때에 몽골 말을 제주도에서 키웠지만, 잠시 관리가 해이해지자 모든 장점을 잃고 결국 조랑말이 되었다. 철저하게 품종 관리를 한다고 해서 명마가 되지 않기에 훈련이 필요하다. 몽골 족은 어려서부터 강하고 엄한 훈련으로 말에게 인내심과 복종을 요구한다. 어미로부터 떼어낸 새끼 말을 밤새 초원에 혼자 묶어두어 공포감을 이겨내게 하고, 언 땅을 파서 풀뿌리와 물을 찾게 하는 훈련을 시킨다. 추위와 더위를 이겨내는 훈련, 굶주림을 참아내는 훈련, 그중에서도 중요한 것은 소리를 내지 않는 훈련이다. 춥다고 무섭다고 짜증난다고 울어대면 무시무시한 체벌이 따른다.

칭기즈 칸은 말이 더 빠르고 강하며 멀리 뛸 수 있도록 마구를 최대한 가볍게 했으며, 다른 민족과 달리 말에게 큰 부담인 재갈을 물리지 않고 훈련과 노력으로 전투에 적응하고 기수에 복종할 수 있도록 훈련을 시켰다. 그 방법을 칭기즈 칸이 개발한 것은 아니겠지만, 몽골의 부족들 간에도 균일하게 보급된 일반적인 방식은 아니었다. 그러나 칭기즈 칸은 엄한 명령으로 이 지침을 강요했다. 마구의 부담을 크게 벗은 말은 더 건강하고 빠르고 유연하게 바뀌었다. 무엇보다 말도 전사가 되었다. 조선군을 예로 들면 매복을 하거나 성 안에서 공격을 받을 때는 말이 날뛰지 못하도록 입에 재갈을 물리고 발을 묶어둔다. 그러다가 공격을 할 때는 이것을 풀고 말에 타야 한다. 하지만 몽골 말은 그런 물리적 속박 없이도 사람과 함께 관목 숲에 엎드려 매복을 하고, 전투가 벌어져도 동요하거나 날뛰지 않았다. 몽골 말이 기도비닉企圖秘匿 능력까지 갖추었다는 사실을 몰랐던 나라들은 기병의 기습 공격에 허무하게 당하곤 했다. 그들은 기병이 소리를 내지 않고 그렇게 가까이 다가오거나 숨어 있을 수 있다는 사실을 전혀 예상할 수 없었다.

그러나 전장을 지배하려면 이런 미덕만 가지고는 안 된다. 분열된 몽골은 대규모 병력이나 강한 나라를 만나면 자신의 장점을 극대화하지 못했다. 그러므로 대병력이 모여도 전술적 시너지 효과를 얻지 못했고, 장기전으로 갈 경우 실패했다. 한마디로 전투에 강하고, 전쟁에 약했다.

칭기즈 칸은 자기 부대를 강하게 단련해서 이것을 바꾸어놓았다. 아무리 단위 전투력이 강한 부대라도 모래알처럼 흩어져 2를 모으면 2, 4를 모으면 4의 힘을 내는 산술적 결합 이상의 힘을 발휘하지 못한다면 제국을 이룰 수 없다. 전술이란 2를 모아 3 또는 4, 혹은 그 이상의 능력을 발휘하게 하는 것이다.

칭기즈 칸의 전술은 간결하면서도 강했기에 위력은 분명했다는 장점이 있다. 몽골군은 100퍼센트 기병으로 구성된 군대다. 그러나 많은 사람이 잘못 알고 있는 것처럼 모두가 가죽옷을 입고 털모자를 쓴 경기병은 아니다. 경장기병과 중장기병이 모두 있으며, 경장기병이 투구를 쓰고 간편한 갑옷을 걸치기도 한다. 군대가 전투대형으로 진격할 때 경기병이 중앙과 좌우 삼면으로 전초대를 형성한다. 그 뒤에 본대가 서는데, 중장기병대가 앞에 서고, 그 뒤에 경기병대가 선다. 행군 중 어느 쪽이든 적을 만나면 적과 먼저 조우한 쪽이 중앙이 되고, 다른 두 개의 전위가 즉시 좌우를 형성한다. 그 사이에 본대는 방향을 틀어 중앙이 된 전초 뒤에 위치한다. 동시에 후위에 있던 경기병이 즉시 말을 달려 전초에 합류한다. 이 경기병대는 스피드와 화살로 적의 진형을 공격하며 진형을 무너뜨린다. 한 번에 적이 파괴되지 않으면 교차 공격을 가해 적이 피로할 때까지 공격한다. 만약 적의 진형에 구멍이 나면 중장기병대가 즉시 출동해서 타격하고, 타격으로 갈라진 틈으로 경기병대가 파고든다.

경기병 부대들의 연속적이고 반복적인 공격 방식을 '캉그리'라고 한다. 첫 번째 부대가 활을 쏘며 적진을 공격한다. 다음 부대는 전위 부대의 뒤에 붙어 함께 활을 쏘며 전위를 엄호한다. 전위 부대가 공격을 마치고 우회해서 빠져나오면 그다음 부대가 전위가 되고, 이렇게 연속적인 공격을 퍼붓다가 빈틈이 보이면 돌격한다. 쉬워 보이지만 상당한 훈련이 필요한 전술이다. 적절한 간격 유지와 빠르고 연속적인 공격, 약속된 선회 방식이 관건이다. 행여나 선회하는 부대와 후속하는 부대가 충돌해서 엉키면 대혼란이 발생했다. 적의 빈틈을 찾아 일제 공격으로 전환할 때는 더더욱 혼란이 발생하기 쉬웠다.

정교한 훈련이 필요하지만 전술원리 자체는 간결하기 때문에 간단한 구호나 신호만으로도 각 부대는 자신의 역할을 파악하고 수행할 수 있었고 조그만 빈틈을 놓치지 않았다. 노련한 부대일수록 임기응변과 순간 판단력이 강해졌다. 하지만 전쟁이 더 커지고 전장이 넓어지면 이 정도 전술만으로도 감당할 수 없다. 기병의 약점은 단위 부대가 아무리 많아도 5,000~7,000명 정도가 최대라는 점이다. 10,000명 이상이 되면 전술적으로 효용 가치가 떨어지는 여러 개의 덩어리가 되고, 동일한 여러 개의 덩어리는 합쳐도 전체의 힘이 되지 못하고, 제각각 독립적으로 떠도는 낱개가 된다. 전장을 조직적으로 제어할 수도 없었고, 적군을 그물 속으로 몰아넣지도 못했다. 단지 적의 진형을 휘젓기만 할 뿐이었다. 그것이 몽골이 전투에 강하지만 전쟁에 약했던 이유일 수 있다. 국가를 상대하고, 더 넓은 영토를 점령하기 위해서는 전쟁을 전술적으로 통제하고, 전투의 효율을 극대화할 수 있는 새로운 방법이 필요했다.

몽골군하면 잔혹하고 야만적이라는 이미지가 강하지만 그들의 학살 극은 저항을 줄이고, 적을 포용하기 위한 수단이었다. 몽골군이 적은 인구로 세계를 정복할 수 있었던 것은 이 포용 능력 덕분이다. 그들은 아주 적은 경우를 제외하고 항복하는 자를 수용했는데, 몽골에 부족한 기술자나 학자 등의 부류는 더 우대했다. 빠르게 세계를 정복하며 흡수한 덕에 몽골군은 장비와 무기, 공성구, 공성 전술에서 세계 최고 수준의 기술력을 보유하게 되었다. 이 기술력은 세계 최고의 부국이며 문화국임을 자부하던 송나라를 정복할 때 유감없이 발휘되었다.

부족한 병력을 보충하기 위해 정복지에서 징병을 실시했는데, 그들은 행정적으로 효율적인 징병이라기보다는 전쟁과 약탈, 로망을 불어넣는다는 점에서 성공적인 징병을 했다. 기록에는 나오지 않지만, 비록 자기 조국이 멸망했더라도 전광석화처럼 휩쓸어버리는 몽골군의 능력은 성공에 대한 기대를 불어넣는 데 크게 기여했을 것이다.

진정한 창의는 전례가 없다

용의주도했던 칭기즈 칸과 달리 무하마드 2세는 피할 수 없는 전쟁을 예견하고서도 대응전략이 철저하지 않았다. 무하마드 2세는 시르다리야 강을 따라 방어선을 펴고, 몇 개의 요새를 거점으로 방어 구역을 선정했다. 덕분에 우세했던 그의 병력이 분산되었다. 무하마드 2세의 아들 알라딘은 몽골군이 집중 공격을 하면 어느 요새도 버텨낼 수 없다고 진언했으나 무하마드 2세는 묵살했다.

알라딘은 영토의 일부를 희생하더라도 병력을 집중시켜 몽골군 주력과 격돌해야 한다고 생각했던 것 같다. 그 생각은 옳았다. 몽골군처럼 히트 앤드 런과 약탈에 강한 군대에게 수비 중심의 전략은 피해를 키울 뿐이다. 그러나 무하마드 2세는 수비 전략을 고수했다. 다만 정예군으로 예비대 내지 기동타격대를 구성해 습격받는 요새를 구원한다는 작전을 폈다. 이 방법도 나쁘다고는 할 수 없다. 호라즘은 몽골군보다 병력에서 우세하므로 군대를 여러 요새로 분산해 방어선을 펴도, 강력한 예비대를 구성할 수 있었다. 몽골군은 야전에는 강하지만 공성전과 같은 고급 전투에는 약하다는 것이 그들의 생각이었다. 중앙아시아는 독특한 지형으로 인해 난공불락의 요새들이 건립되는 것으로 유명한 땅이다. 무하마드 2세는 강력한 요새에서 몽골군을 저지하고 소모시킨 뒤 기동타격대가 도착하면 전장에서 수의 우위를 확보할 수 있다고 생각한 듯하다.

그러나 무하마드 2세의 방어 전술은 너무나 교과서적이며, 결과가 뻔하고 불리한 전투가 분명하지만 그래도 적이 맹목적으로 달려든다는 전제로 성립한 것이다. 물론 무하마드 2세는 공격하는 몽골군이 불리하다는 것이 명확하기 때문에 함부로 공격하지 못할 것이라고 기대했을 것이다. 하지만 몽골군이 기대와 다르게 행동했을 때의 대안이나 대응 전술에 대한 배려가 없었다는 점이 문제였다. 몽골군에 대한 정보가 없었다고 해도, 단숨에 몽골을 통일한 군대가 단 하나의 공격 방식에 매달려 줄까? 물론 전쟁에서는 이해할 수 없을 정도로 어처구니없는 일도 많다.

반와리 크루드, 〈몽골군을 피해 인더스 강을 건너는 알라딘〉, 1596~1600
몽골군의 침입에 무하마드 2세는 시르다리야 강을 따라 방어선을 펴고, 몇 개의 요새를 거점으로 방어 구역을 선정했다. 덕분에 우세했던 그의 병력이 분산되었다. 아들 알라딘(잘랄 웃딘)은 몽골군이 집중 공격을 하면 어느 요새도 버틸 수 없다고 진언했으나 무하마드 2세는 묵살했다. 그 결과 호라즘군은 패배했으며 이란으로 달아난 무하마드 2세는 그곳에서 병사했다(1220). 알라딘이 그 뒤를 이었으나 몽골군에 의한 왕국의 몰락은 막을 수 없었다(1231).

한국전쟁 때 벌어진 덕동고개 전투에서 미군 1개 중대는 중공군 수개 연대의 공격을 막아냈다. 그 비결은 미군도 이상하게 여길 정도로 중공군의 변치않는 공격 패턴이었다. 제2차 세계대전 때의 일본군도 한번 작전을 짜면 승리할 때까지 똑같은 방식을 반복하는 것으로 유명했다. 그 배경은 중공군과 일본군의 관료주의적이고 경직된 체제 때문이었다.

그러나 칭기즈 칸은 수천 년에 걸친 몽골의 전통을 깨고 나온 인물이다. 구체적인 전략을 예측할 수는 없어도 상대의 체질적 특성을 이해하는 것은 대응전략을 수립할 때 매우 중요하다. 그러나 수많은 지휘관이 상대를 인정하고 예측하기보다는 자신의 틀에 맞추려는 경향이 있다. 상대가 혁신적 창의적인 군대일수록 이런 태도는 치명적이다.

무하마드 2세에게는 말 못 할 또 다른 이유가 있었다. 호라즘의 주력군이 이민족 군대였던 것이다. 무하마드 2세의 주력군은 투르크계의 유목민인 캉글리 족이었다. 무하마드 2세의 모친 투르칸 카툰이 이곳 출신으로, 캉글리 족은 투르칸 카툰의 지휘를 받았다. 하지만 무하마드 2세는 모친과의 불화로 그들을 신뢰할 수 없었기에, 소극적인 방어 전략에 기대를 걸었다.

테무친의 귀환 이후 주요 전투를 이끈 장군은 제베와 수부타이였다. 두 사람 다 낮은 신분 출신이지만 능력을 인정받아 칭기즈 칸에게 등용되었다. 칭기즈 칸의 눈은 정확했다. 그들은 몽골 족의 새로운 능력을 누구보다 정확히 알았다. 그들은 놀랍도록 용감하고 진취적이었으며, 창의적이고 정열적인 전술을 무섭게 쏟아냈다. 칭기즈 칸이 사망한 후 1221년부터 러시아 정복을 주장하고 추진한 사람이 수부타이였는데, 그는 단 20,000명의 병력으로 쉴 새 없는 기습전을 통해 러시아를 단기간에 그로기 상태로 만들었다. 1236년, 마침내 12만 명으로 본격적인 러시아 정복에 나선 수부타이는 3년 만에 러시아를 정복했다. 나폴레옹과 히틀러도 실패한 러시아 정복을 그렇게 적은 병력으로 단숨에 해치운 사람은 수부타이뿐이다.

호라즘 전선으로 돌아오면 무하마드 2세의 방어 지침 때문에 호라즘군에게 망구다이는 소용이 없었다. 그러나 몽골군에게는 망구다이보다 무서운 유인 전술, 약탈이 있었다. 적이 요새에 웅크리면 요새를 공격하지 않고 주변 도시와 마을을 약탈한다. 몽골 기병은 보통 한 명이 2~5마리의 말을 거느리고 있으므로 약탈의 속도와 약탈물의 양이 보병에 비할 수 없을 정도로 많았다. 참혹한 약탈은 적을 요새에서 끄집어내거나 굶주리게 한다. 아무리 강력한 요새라도 주변 지역이 초토화되면 살아갈 방법이 없다. 그들이 요새에서 나오면 몽골군은 자신들이 원하는 장소로 그들을 끌어낸다. 이때 약탈을 위해 몽골군이 사방으로 흩어지는 것은 기본이다. 그래야 적이 자신감을 가지고 요새 밖으로 나올 수 있다. 망구다이가 기습을 위한 유인 작전이라면 약탈 작전은 내가 원하는 장소에서 싸운다는 전술적 유인이다. 적이 결전의 장소에 도착하면 이미 연락을 받고 신속하게 달려온 몽골군이 사방에서 몰려든다.

몽골군이 약탈 전술로 나오자 알라딘은 최대한의 병력을 모아 약탈하는 몽골군을 타격하는 대응책을 세웠다. 호라즘군도 유목기병이 있어서 기동력에서 일방적으로 밀리지 않았다. 게다가 다행히 몽골군이 병력을 나누어 호라즘으로 침공했다. 간단히 설명해서 호라즘으로 오는 길이 세 길이 있었다고 하면 첫 번째 북부길로 몽골군 일부 부대가 진출해 약탈을 시작했다. 알라딘이 모든 병력을 모아 그곳을 달려가자 수적으로 열세인 몽골군은 약탈을 마치고 철수했다. 몽골군은 이 지역을 모조리 약탈하고 초원에는 불을 질러 사람이 살 수 없는 곳으로 만들어버렸다.

이듬해 20,000명의 몽골군이 험준한 파미르 고원을 넘어 호라즘 남부를 습격했다. 이미 북부는 초토화되었으므로 무하마드 2세는 북부로는 몽골군이 진출하지 않을 것이라고 생각했다. 그는 모든 병력을 남쪽으로 모아 방어선을 구축했다. 그러나 몽골군은 전해에 자신들이 초토화한 바로 그 지역으로 10만 명의 병력을 이동시켰다. 몽골군은 여러 마리의 말을 교대로 타면서 쉬지 않고 달릴 수 있었다. 급할 때는 배설도 말 위에서 해결하며, 잠도 말 위에서 잤다. 식량은 말젖과 말고기를 이용했다. 몽골 말은 풀뿌리를 캐어 먹도록 훈련되어 불에 탄 초원에서도 굶지 않고 행군할 수 있었다. 북쪽에서 나타난 몽골군은 무방비 상태의 북부를 휘저으며 남하했다. 그러자 남쪽의 몽골군도 북상을 시작했다. 양군이 합류해서 호라즘의 중앙을 공격하려는 의도가 분명했다. 무하마드 2세는 이들이 만나는 지역으로 전 병력을 투입했다.

하지만 북부의 몽골군이 남하시킨 군은 일부에 불과했다. 예상치 못한 습격에 당황한 호라즘 사령부는 중요한 실수를 했다. 몽골군의 진짜 주력은 서쪽으로 크게 우회해서 횡단이 불가능하다고 여겼던 사막을 횡단해서 호라즘의 뒤쪽 후방, 즉 서부 지역에 나타났다. 이 지역은 아직 군도 징발하지 않은 상태였다. 몽골군은 전부 다섯 개의 군단으로 나뉘어 동서남북으로 흩어지면 호라즘의 전 영토을 유린했다. 단번에 호라즘의 전 국토는 마비되었고, 무하마드 2세의 군대는 전쟁 수행 능력과 전투 의지를 상실했다.

이 대단한 후방기동 전술은 현대 전격전의 추종자들이 보았다면 침이 꼴깍 넘어갈 만한 대단한 사례였다. 전격전의 이상이 한 전투에 완벽하게 구현되어 있다. 이처럼 완벽하고 대담하고 성공적인 전격전은 역사상 다시는 등장하지 않았다. 아무리 사관학교에서 칭기즈 칸의 성공을 가르쳐도 좌우로 늘어선 전선대형을 포기하고, 화살처럼 앞으로 튀어나가 적의 전선과 후방을 격리하고, 보급을 차단해서 전투 의지를 소멸시키는 전쟁을 할 수 있을 만한 용기를 지닌 자, 알렉산드로스처럼 뒤에서 따라붙는 적을 개의치 않고 목표를 향해 앞으로 돌진하는 용기를 지닌 지휘관은 드물다. 그래서 미국의 패튼은 "사자가 되라. 측면 고립을 걱정하는 것은 겁쟁이나 하는 짓이다. 대담하라. 대담하라"고 끊임없이 외쳤지만,

좌우에서 그를 잡아당기는 수십 개의 사단 덕분에 그의 유명한 진격은 언제나 길고 두터운 대형에서 앞으로 튀어나온 삼각형이었다. 단 한 번도 활을 떠나 적진을 가로지르는 화살이 되어보지 못했다. 독일의 로멜은 아프리카라는 특수한 곳에서 거의 독립적인 군사 왕국을 거느린 덕에 패튼보다 칭기즈 칸에 좀더 가까이 갈 수 있었다. 그러나 보급 부족과 열악한 전력이 그의 발목을 잡았다.

20세기의 탱크와 말은 다르다고 반박할 수도 있다. 탱크와 현대의 병사는 지속적인 보급 체제를 유지해야 하기 때문에 철저하게 현지 조달이 가능한 유목기병처럼 자유롭지 않다. 현대에는 그런 무자비한 약탈과 현지 조달은 불가능하다. 설령 현지 조달이 가능하다 해도 전투에 필요한 가솔린과 탄약을 충당할 수는 없다. 현대의 과학 기술이 상실한 것이 있다면 얻는 것도 있다. 공중 보급을 통해 후방에 보급과 지원을 유지할 수도 있고, 폭격이나 전자유도 미사일로 전차의 궤도가 갈 수 없는 곳을 공격할 수도 있다. 문제는, 어떤 천재가 제시하는 동시대인의 보편적 상식과 용기를 초월한 전술을, 다수결이 지배하는 민주주의 사회에서 관철시키고 준비할 수 있느냐는 것이다.

호라즘에서 보여준 몽골의 기동전은 전술의 모든 기본 원칙을 파괴한 것이었다. 전체 병력 수에서 밀리는 군대가 오히려 병력을 분산시켰고, 적의 후방으로 들어가 상호지원을 무시하고 사방으로 뻗어나갔다. 그러나 몽골 기병의 지휘관과 전격전의 수호자들은 자신들이 상식 파괴자라는 비판을 수용하지 않을 것이다. 전술의 상식성을 규정하는 상식 중의 상식은 전술의 목적은 빠르고 효율적이며, 아군의 희생이 가장 적은 승리를 획득하는 것이다. 전격전과 기동전은 이 원리에 충실하다. 그러나 사람들은 과거의 경험, 교과서의 문구를 상식과 혼동한다. 진정한 창의는 전례가 없다. 전례와 과거의 기억이 아니라 최대 효율과 최소 희생으로 상식을 판별해야 한다.

칭기즈 칸은 이런 원칙을 이해하는 지휘관을 발굴하고, 상식을 초월하는 전술을 지원했다. 그는 몽골 사회에 찌든 인의 장막과 인정의 한계를 넘어 제베와 수부타이라는 명장을 발굴했고, 모든 두려움과 반대를 극복하고 그 전술이 실현가능하도록 병사들을 훈련시켰다. 전쟁이 벌어지면 자신의 아들들이라도 그들의 천재적이고 대담한 작전을 방해하지 못하게 했다. 반면 20세기에는 적의 후방으로 전차대를 밀어 넣는 전술에 대해 대부분의 장군들이 심장마비를 일으킬 정도로 놀라면서 그들을 붙들어 앉히느라고 안간힘을 썼다. 이것이 전쟁 사상 몽골 기병이 다시 출현하지 않은 진정한 이유다.

호라즘의 전 지역을 석권한 몽골군은 마지막으로 호라즘의 수도 사마르칸트로 집결했다. 사마르칸트에는 무하마드 2세가 '사용'을 두려워했던 50,000명의 캉글리 족이 있었다. 그들은 유목기병의 명예를 걸고 성 밖으로 출전해서 몽골군에게 도전했다. 그들이 돌진하자 명예보다는 실리를 추구하는 몽골군은 바로 후퇴했다. 캉글리군이 추격하자 몽골군은 우회하며 도주했다. 두 마리의 뱀이 서로 꼬리를 물려고 맴을 도는 형국이 되었는데, 몽골군이 캉글리군보다 더 빨리 달려 역으로 캉글리의 측면을 덮쳤다. 캉글리 족은 허리가 절단되면서 절반은 전멸하고 절반은 도주했다. 전의를 상실한 그들은 항복했으나 칭기즈 칸은 항복한 자를 받아들인다는 원칙을 깨고 그들을 모조리 죽였다. 그 이유는 알 수 없지만 칭기즈 칸은 그들을 믿을 수 없는 자로 낙인찍었다.

도시가 함락되면서 엄청난 약탈이 자행되었다. 칭기즈 칸이 말한 대로 신만이 알 수 있었던 무서운 약탈과 파괴였다. 호라즘의 학살은 몽골군의 잔혹성을 상징하는 표현이 되었다. 호라즘 정복전을 복기해보면 몽골군은 마치 위성으로 적의 근황을 관측하듯 호라즘 병력을 유인하고, 마음먹은 대로 끌고 다니고 있다. 그렇다면 몽골군의 천재적인 예측과 무하마드 2세의 수세 위주인 소극적인 태도가 초래한 것으로 생각할 수 있지만, 그렇지 않다.

제1차 세계대전 때까지도 기병은 운용되었는데, 그들의 주 기능은 수색과 통신이었다. 이미 유선은 물론 무선통신까지 사용되는 전장이었음에도 기병 정찰은 매우 중요했다. 20만 명이 넘는 러시아군 중 40,000여 명이 전사(혹은 부상)하고 90,000여 명이 포로가 된 타넨베르크 전투에서 러시아의 1군과 2군은 서로 매우 근접해 있었으면서도 눈뜬장님처럼 암흑 속을 헤매다가 자신들보다 적은 수의 독일군에게 각개격파당하고 말았다. 러시아군을 장님으로 만든 결정적 원인은 낙후한 통신 체제와 양군 수색 기병의 능력 차이였다. 독일의 기병은 매우 유능했던 반면 러시아의 수색 기병은 기병 정찰의 기본을 갖추지 못해 코앞의 상황도 알지 못했던 것이다.

몽골의 기병은 탁월한 정찰 능력과 더불어 상상할 수 없는 연락망을 지니고 있었다. 이 통신 체제야말로 몽골의 진짜 비밀병기였다. 몽골의 전성기에 그들은 1,000킬로미터 밖의 군대까지도 통제하고 제어할 수 있었다. 이를 통해 제갈공명이 부활한 듯이 적의 의도를 간파하고, 빈 곳을 치고, 전장을 완벽하게 지배했던 것이다.

여기에 하나 더 부가하자면 몽골군은 야만족이란 보통의 이미지와 달

작자 미상, 〈적을 쫓는 몽골기병〉, 14세기
몽골의 기병은 탁월한 정찰 능력과 더불어 상상할 수 없는 연락망을 지니고 있었다. 이 통신 체제야말로 몽골의 진짜 비밀병기였다. 몽골의 전성기에 그들은 1,000킬로미터 밖의 군대까지도 통제하고 제어할 수 있었다. 이를 통해 제갈공명이 부활한 듯이 적의 의도를 간파하고, 빈 곳을 치고, 전장을 완벽하게 지배했다.

리 의외로 교활했다. 칭기즈 칸은 언제나 탁월한 정보 조직을 거느렸다. 적을 공격할 때도 적군 내에서 불만이 있는 2인자, 3인자를 잘 가려내고, 그들을 포섭해서 자기편으로 만드는 데 탁월한 능력이 있었다. 몽골 사회는 부족적 공동체를 유지하고 있지만, 알고 보면 친족과 이해관계로 얽힌 다양한 집단이어서 더 큰 이익만 주어진다면 깨지기도 쉽다. 어쩌면 이런 사회에서 성장한 것이 인간의 본래 모습과 약점을 더 명쾌하게 관찰하고 파악할 수 있는 능력을 주었을 수도 있다. 칭기즈 칸이 정복한 중앙아시아나 유럽도 다양한 봉건국가와 민족이 공존하는 곳이었다. 이 지역으로 세력을 확대하면서 몽골은 자금과 이권을 아끼지 않고 적의 내부에 자기편을 만들고, 정보를 획득했다.

▎기동·자유·소통으로 승리하다

호라즘 전쟁의 성공 이후 몽골군은 점점 더 병력에 개의치 않게 되었다. 적의 규모에 구애받지 않는 것은 과거 그들이 약탈 부대였을 때부터 그랬지만, 하나의 국가를 점령하는 대규모 전쟁에서도 그들은 두려움 없이 전술에 의한 승리를 확신하게 되었다. 몽골이 헝가리를 침공했을 때, 수부타이 휘하 병력은 겨우 10만 명이었다.

실제로 단위 전투력이 강하고 기동력에서 앞서는 군대와 효과적으로 싸울 수 있는 방법을 찾아내기란 쉽지 않다. 그것은 나폴레옹과 스톤월 잭슨을 거쳐 현대에 이르기까지도 그렇다. 제일 좋은 방법은 기동이 불가능한 좁은 장소에서 전투를 벌이는 것뿐인데, 실제 그런 성공 사례가 없지는 않지만 적을 그러한 장소로 유인하기가 결코 쉽지 않다. 전체 병력 수에는 뒤져도 기동에 강한 군대는 분산과 집결을 통해 적군을 유린하고, 전투 현장에서는 언제나 병력의 우위를 달성할 수 있다. 그러나 병력의 우위가 기동의 궁극적 목표가 아니다. 몽골군의 사례로 보면 기동은 병력 수와 무관하게 공세의 우위, 주도권의 우위를 확보하게 한다. 패튼이 강조한 바와 같이 '기동에 의한 현란한 공세'는 전장의 주도권을 장악하고, 쉴 새 없이 적을 흔들어 그들을 피로하게 하고, 적의 실수를 유도하는 가장 효과적인 방법이다. 대승을 거두기 위해서는 적이 실수하는 그 순간을 놓치지 말고 전력을 다해 공세를 퍼부어야 한다. 기동력은 이 부분에서도 최고의 장기였다.

전술적 주도권은 선택의 폭을 넓히고 전술적 자유를 확대한다. 마치 장기판에서 여러 가지 수를 동시에 쥔 것과 같다. 자유는 선택의 폭을 넓힐 뿐 아니라 창의를 제공한다. 많은 사람들이 창의적 전술, 창의적 행동을 중시하고, 동료와 부하 직원에게 강요하지만, 창의를 생산하는 텃밭을 알지 못한다. 창의의 모태는 자유다. 적이 세 가지 선택권을 쥐었다고 보고 그 방어책을 마련하기 위해 전전긍긍하고 있을 때, 전혀 대비하지 못한 네 번째, 다섯 번째 공세가 들이닥친다. 상황이 상황을 만들고, 방법이 방법을 낳는 법이다. 적이 연출한 상황과 방법에 끌려가는 자와 그것을 이끄는 자 사이에는 엄청난 차이가 발생할 수밖에 없다.

칭기즈 칸의 성공 비결 중 많은 사람이 간과하는 부분이 '임기응변의 조직력'이다. 사람들은 흔히 칭기즈 칸은 몽골을 오랜 분열에서 구원하면서 능력 본위의 인재 등용을 실시했다고 했다. 그리고 그것이 성공의 비결이라고 한다. 그러나 이것이 우리가 생각하는 이상적인 제도는 아니었다.

오늘날 우리는 지연, 혈연, 학연을 배제한 인사를 찬양하고 이상으로 삼는다. 그리고 마치 리더가 결단을 내려 그런 인사를 시행하면 모든 것이 해결될 것으로 믿는 사람이 의외로 많다. 정말 그러할까? 유리천장을 배제한 인사만 시행되면 조직의 능력은 최고로 올라설 수 있을까? 아니다. 그런 인사가 이상적이라는 이야기는 사실 국가가 처음 생길 때부터 해온 이야기다. 그렇지만 국가가 처음 생긴 이후 만 년이 넘는 기간 동안 그것이 시행되지 않는 이유는 리더의 이기심 때문만이 아니다. 그런 이상을 구현한 제도와 방법을 만들어낼 수가 없었다. 예를 들어 가게를 운영

한다고 할 때, 자녀나 형제보다 더 믿을 수 있기 때문에 그들 대신 카운터를 맡길 사람을 쉽게 찾을 수 있을까? 조직의 비밀, 마음속의 불만을 아내나 오랜 친구 외에 털어놓고 이야기할 구성원을 찾아낼 수 있을까?

혈연, 지연, 오너십도 긍정적 기능을 하는 부분이 있다. 인재를 양성하기 위해서는 공정한 인사도 필요하지만, 어린 시절부터 너는 장래의 지도자, 임원이라고 확인하고, 자부심과 책임감을 키워야 할 필요도 있다. 세상은 결코 한 가지 원리로 포용할 수도 없고 작동하지도 않는다.

칭기즈 칸은 확고하고 보편적인 제도에 집착하지 않고 당장의 상황에서 몽고의 전통과 자신의 목적을 배합해서 제일 적절한 방법을 만들었다. 다른 제도는 설명이 복잡하므로 쉽게 군대를 예로 들면 종교와 인종을 가리지 않고 각자의 개성을 존중하는 포용 능력을 보였다. 정복지의 병사를 징병할 때도 무리하게 몽골군의 전술을 강요하지 않았다. 적응이 쉬운 유목 민족은 몽골 기병으로 흡수해서 전술을 가르치기도 하고, 좀더 질이 낮은 기병 부대로 편제해서 사용하기도 했다. 중무장 전투와 백병전에 강한 유럽의 전사를 만나서는 이들을 그대로 백병 부대로 수용하고, 자신들의 전술을 바꾸어 이들을 활용하는 백병 전투를 끼워넣었다.

칭기즈 칸은 그의 짧은 인생 동안 독특한 현실 감각과 창의력을 발휘해서 몽골 사회에 엄청난 변화를 이루었다. 칭기즈 칸의 방식이 그 다음 세대에 문제를 일으켰다고 해도 그것은 다음 세대의 몫이고, 이런 변화와 성과가 없었다면 몽골 사회는 근본적인 변화를 위한 정책을 수용하지도 않았을 것이다.

지난 수십 년간 고도성장과 적당주의를 경험한 우리 사회는 이런 방식에 대단히 비판적이다. 그러나 우리가 명심해야 할 것이 보편적·장기적이며, 펀더멘탈Fundamental을 중시하는 구조라고 해도 순간은 언제나 현재 진행이고 임시적이며 요동하고 있다는 사실이다. 더욱이 현대처럼 사회가 신속하게 변하는 시대에는 요동하는 현실과 근본적인 구조의 관계를 상호보완적·변증법적으로 이해해야 한다. 현실의 제도를 원칙에 맞는 제도와 맞지 않는 제도로 이분하고 원리와 현상을 일치하려는 생각은 정체와 파멸을 부를 뿐이다.

역경과 개혁, 스피드와 용기. 알렉산드로스가 창시한 명장의 조건은 칭기즈 칸에게서 한 단계 진보한다. 몽골의 거대한 기병대와 기병 전술은 스피드의 질과 양의 변화를 낳았다. 가장 새로운 진보는 소통의 힘이었다. 혹 여기서 소통이란 표현이 생뚱맞게 느껴진다면 오늘날 한국 사회에서 소통이 잘못된 의미로 사용되는 경우가 많기 때문이다.

칭기즈 칸은 수평적·수직적으로 모래알처럼 분열되어 있던 몽골을 통합했다. 그러나 완전한 통합, 제도적 통합은 아니었다. 칭기즈 칸은 '몽골 울루스'라는 새롭고 거대한 틀을 만들었지만, 그 내부의 몽골 부족은 여전히 예전 그대로의 모습으로 존재했다. 그러나 칭기즈 칸은 이들이 몽골 울루스의 일부로서 최대한의 역할과 기능을 수행하게 했다. 시간이 지나면서 몽골 울루스 안에는 유럽 사람까지 들어왔지만, 수천, 수만의 이질적 집단의 연합체임에도, 몽골 울루스라는 거대한 바퀴는 더욱 맹렬하게 돌았다.

우리는 소통이라고 하면 이해관계의 소통에 집착한다. 아랫사람, 약자, 특정집단의 이익과 고충이, 혹은 그들의 건설적 의견이 상층에 접수되기를 바란다. 그러나 이해관계의 소통이란 이해관계의 충돌이기 때문에 결국은 대립적일 수밖에 없고 모두가 만족하는 소통은 근본적으로 곤란하다. 이런 소통에만 집착하면 조직은 오히려 갈등하고, 응어리만 쌓여갈 것이다. 조직이라는 관점에서 볼 때 진정한 소통은 각 부분의 판단, 정보, 능력이 최대한 발휘되면서 그것이 합쳐져 전체 효율이 극대화될 수 있도록 하는 것이다. 한마디로 욕구의 소통, 활동의 소통, 즉 모든 집단의 정열과 능력이 최대한 발휘되는 소통이 필요하다.

욕구의 실현은 부분과 소집단을 분발시키고, 창의와 역량을 발휘하게 하는 최고의 동인이다. 몽골의 성공 요인 중 하나가 개인과 집단에게 욕망과 비전을 주어 과거의 관습을 극복하게 한 것이었다. 부족에 얽매이고, 부족 내부에서도 차별받던 사람들이 더 넓은 세계에서 자신의 야망을 실현할 기회를 찾았다. 칭기즈 칸은 모든 사람이 평등한 이상적인 신세계는 제시하지 못했지만, 기회의 땅과 방법을 제공했다. 그리고 자신이 만든 질서와 전술체제 속에 들어오고, 세계를 향한 야망과 고난, 모험의 여정에 동참하게 했다. 이것이 칭기즈 칸이 이룬 업적이다.

칭기즈 칸의 직접적인 활약은 몽골 초원의 통일, 실크로드 입구까지의 진출이었다. 그 이후 폭풍 같은 질주는 수부타이처럼 그가 발굴한 장군과 인재들, 그의 야망에 공조하는 새로운 몽골 족에 의해 이루어진 것이다. 소통이 이러한 진정한 목적을 상실하고, 집단 이익의 소통이 목적이 되어버리면 전통과 관습을 극복하기는커녕 그 자체가 욕구의 노예가 되어 집단은 정체하고 전체 조직은 비효율의 늪에 빠진다. 칭기즈 칸은 평민이든 귀족이든 자신처럼 넘치는 에너지를 가진 자를 발굴해서 자신의 근처에 두고 관찰한 뒤 그들을 내보내 조직을 장악하게 했다. 그리고 동북아시아에서 가장 보수적이고 전통에 매여 살던 몽골 족을 쉴 새 없이 새로운 목표와 격동 속으로 몰아넣었다.

06

명나라의 위기를 구한 전술의 마법사

: 척계광

왜구의 침략에 대응할 수 없었던 현실

명나라 시대 절강성은 중국 최고의 부촌이자 경제, 금융, 산업의 중심지였다. 중국의 남북을 연결하는 대운하의 시발점이어서 북으로 가는 모든 상품과 농작물이 이곳을 거친다. 또한 절강성은 중국 최고의 무역 상품인 도자기와 비단의 최대 생산지였다. 물건을 실은 배들은 소주와 항주의 항구를 통해 전 세계로 수출되었다.

소주와 항주의 부자들 중에는 황제도 가지지 못했거나 황제의 것보다 더 좋은 물건으로 방과 정원을 치장하며 생활한 자들도 있었다. 이 도시들은 중국 최고의 미녀와 술이 있는 곳이기도 했다. 이 지역에서 미인을 많이 배출해서가 아니라 돈과 부자가 넘치다보니 전국의 미녀가 몰려들었기 때문이었다. 그녀들의 옷과 장식, 화장은 다른 지역에서는 볼 수 없는 것이었다. 수백 년 후 태평천국군이 절강성과 안휘성을 장악했을 때, 수십 만의 포로 중에서도 소주와 항주의 여인들은 옷차림새만으로도 구분이 가능했다고 할 정도였다.

1550년 무렵, 병부로부터 절강성의 상해나 소주, 항주에 가서 근무하라는 사령장을 받은 군인이라면 주먹을 불끈쥐고 환호했을 것이다. 절강성에는 청년 장교의 야망을 실현하기 위한 모든 조건이 완비되어 있었기 때문이다. 잘생긴 청년 장교라면 부잣집 외동딸을 만날 수도 있었고, 늙은 부자의 후처로 끌려온 가련한 여인, 삶에 지친 호스티스, 혹은 심술궂은 마님에게 학대받는 신데렐라와 영화 같은 사랑을 나눌 수도 있었다. 모험과 로맨스가 기다리고 있는 중국의 맨해튼이었다.

그러나 한 세기 넘게 절강성은 왜구의 침입으로 고통 받고 있었다. 10~20,000명까지 규모도 다양한 왜구는 절강성의 촌락과 산업 단지, 시장, 부잣집을 겨냥해 온갖 종류의 습격과 약탈을 감행했다. 그들은 전술적으로 능란했고, 중국에서는 낯선 무술과 최고의 무사를 보유하고 있었다. 하지만 군인이라면 위험을 회피해서는 안 된다. 왜구와 대결해서 승리한다면 그 군인은 당당하게 자신의 가치를 증명할 수 있었다.

자신의 능력에 대한 확신과 자신감이 충만하고, 의욕과 사명감에 불타는 명나라의 젊은 무장이 있다고 가정해보자. 그러나 부대에 도착한 그는 곧 절망에 빠질 것이다. 병사들은 거무튀튀하고 핏기가 없다. 그들이 입고 있는 갑옷은 제멋대로였는데, 심지어 종이로 만든 갑옷까지도 있다. 손에 들고만 있을 뿐 제대로 다룰 줄도 모르는 무기 역시 형편없다.

법대로라면 명나라의 모든 장병은 대를 이어 내려오는 무인가 출신이어야 했다. 태조 주원장은 명나라를 세운 후 '군호'라는 병역 의무를 담당할 군인 집안을 정해주었다. 그들은 평소에는 농사를 짓고, 농한기에는 훈련을 했다. 전쟁이 나면 소집되어 군대를 편성하고, 그중에서 뛰어난 무사는 시험을 보게 해서 장교와 군관으로 삼았다. 이론적으로는 팬찮은 제도 같지만, 봉급도 받지 않고 위험한 병사 생활을 하고 싶은 사람이 있을 리가 없다. 결국 대부분의 군호는 도망쳐서 장부상에만 이름이 남았다. 그리하여 서류상으로 명나라에는 200만 명의 병사가 있었지만, 실제로 남아 있는 군호는 몇 만 명도 되지 않았다.

명나라는 할 수 없이 강제로 병사를 끌어모았다. 당연히 부자는 빠지고 백성 중에서도 제일 힘없고 가난하며 삶의 의욕이 결여된 자들이 병사가 되었다. 그들이 전부는 아니었지만, 그런 병사들이 상당수를 차지했다. 그들은 몽둥이에 창날을 달고 칼을 들었지만 하찮은 농민에 불과했다.

명나라에도 전문 무사가 없지는 않았다. 장수는 화려한 갑옷을 입고, 관운장의 청룡언월도처럼 크고 무시무시한 창이나 큰 칼을 들고 위세를 부렸다. 강호에서 스카우트된 무림의 고수도 있었다. 눈빛과 행동이 남다른 그들은 제각각 특이한 복장을 하고 기기묘묘한 무기를 들었다. 평상시엔 공중을 날아다니다시피 하고, 화려한 초식을 보여주는 그들의 존재는 병사들에게 용기와 희망을 주었다.

그러나 그들은 곧 전쟁은 장수 또는 강호의 고수 혼자서 치르는 것이 아니라는 사실을 깨달았다. 뒤늦게 병사들을 훈련시켰지만 초보적이고 기초적인 것에 불과했다. 단기간에 병사들에게 무술을 익히게 할 수도 없었다. 장교들은 실전용 전술을 알지 못했다. 실전이 되면 병사들은 프로 무사들로 구성된 왜구에게 서서 당하거나 쉽게 무너졌다. 장수의 거대한 무기는 큰 만큼 느려서 빠르고 매서운 일본도에 허점을 찔리거나 심지어 동강나기도 했다. 그 큰 무기를 한칼에 잘라버리는 일본도의 위력은 병사들에게 더 큰 공포를 주었다. "물 위를 걸어 달을 벤다", "하늘로

차고 오르는 호랑이의 자세", "바람을 가르고 하늘을 벤다"와 같이 어마어마한 명칭이 붙은 강호 고수들의 현란한 초식은 눈요깃거리에 불과했다. 동네 건달들에게는 그들의 초식이 효과가 있었을지도 모른다. 하지만 전장에서 그들의 무기는 너무 가늘고 얇았다. 실전에서는 그 초식을 사용할 수도 없고, 설사 사용한다고 해도 갑옷과 방패에는 무용지물이었다. 가끔 실전용 무술을 익힌 사람도 있었다. 하지만 무림고수의 특징은 독불장군이다. 그들은 아예 전술을 몰라서 그들끼리 싸우거나 왜구의 계략과 매복에 쉽게 속았다.

청년 장교가 첫 전투에서 살아남았다면 자신의 로망이 진창에 구겨 떨어진 것을 보았을 것이다. 절강성에서 연애는 성공했을 수도 있지만, 전투에서 살아남을 확률은 연애 성공 가능성보다도 낮았다. 해적 떼라고 여겼던 왜구는 공포의 군대였다. 그들이 마을을 차지하고 들어앉아도, 해안가에 진을 설치하고 몇 달씩 머물러 있어도 바라보고만 있을 수밖에 없었다. 한 번은 한 개 소대 규모의 왜구가 제2의 수도라 할 수 있는 남경까지 접근한 적도 있었다. 남경에는 100,000명이 넘는 수비대가 있었지만, 왜구를 방치한 채 그들이 욕심을 채우고 돌아가기만 기다렸다. 그러자 여기저기서 분노가 터져 나왔다. "이런 민병대 수준의 군대로 어떻게 싸우란 말인가." 만일 운 좋게 1555년까지 살아남은 장교가 있었다면 형편없는 명나라 군대를 진정한 군대로 바꾸는 기적을 볼 수 있었을 것이다. 그 마법의 주인공이 1555년경 절강성에 등장한 척계광(1528~88)이었다.

황당한 무기와 전술로 일본도를 잠재우다

왜구는 대부대로 움직일 때도 있었지만 보통은 소규모로 흩어져서 활동했다. 기본 단위는 30명 정도였다. 그래야 넓은 지역을 빨리 약탈할 수 있었다. 명나라 군대는 이 작은 분대, 소대급 병력에도 쩔쩔맸고, 처참한 패배를 당하기 일쑤였다. 왜구가 이처럼 강했던 데는 세 가지 이유가 있다. 개인 역량이 뛰어난 무사, 탁월한 실전 전술, 우리는 인정하기 싫어하지만, 분명 세계 최고의 칼이었던 일본도다.

일본은 고대부터 작은 나라로 분열되어 있었고, 지역 간에 크고 작은 싸움이 그치지 않았다. 지방을 다스리는 영주는 왕처럼 모든 권력을 소유했고, 자신과 지역을 지키기 위해 세습적인 무사 집단을 키웠다. 그들이 사무라이다. 중국과 한국처럼 중앙집권적인 국가를 지향하는 나라에서 보면 사무라이 같은 지방 무사층은 위험하고 말을 듣지 않는 존재다. 그래서 이들을 없애고, 국가에서 직접 고용한 직업 군인으로 대체한다. 이렇게 하면 장교층은 그럭저럭 유지할 수 있지만 부사관과 병사는 아마추어로 대체할 수밖에 없다.

이 점이 일본과 큰 차이다. 일본군은 아주 말단 병사는 아니더라도 중하급의 병사까지 '전문 무사'로 채울 수 있는 충분한 사회적 자원이 있었다. 게다가 일본은 수백 년 동안 내전이 그치지 않았다. 특히 14세기부터 시작된 전국시대는 일본 역사상 최대 규모의 내전이었다. 이 기간 동안 전술과 무기가 급속도로 발전하고, 실전 경험으로 단련된 베테랑 전사들이 양산되었다. 오늘날에도 일본인의 준법 정신은 유명하지만, 16세기에도 일본군의 군기와 복종 정신은 상상을 초월했다. 전투, 행군, 야영, 그

척계광의 초상
척계광이 왜구 소탕으로 명성이 높아지자 명나라 정부는 북쪽으로 가서 몽골군과 싸울 것을 요구했다. 몽골은 왜구와는 전혀 다른 군대였다. 이에 척계광은 예전의 전법은 완전히 버리고 몽골 초원에 적합한 새로운 전술을 개발해 대승을 거두었고, 이후 명나라 역사에 길이 남는 대표적인 명장이 되었다. 그는 자신이 창안한 군대와 전술로 명나라 군대를 개혁하고 싶어했지만, 그 뜻을 실현하지 못했다.

어떤 순간에도 구성원에게는 각자의 역할이 있었고, 그것을 철저하게 이행했다. 승리해서 추격하거나 패배하고 도망할 때도 그들은 정해진 규율과 약속에 따라 움직였다. 그 매뉴얼들은 오랜 실전 경험에서 터득한 것이기 때문에 정교하면서도 효과적이었다. 그것이 때때로 놀라운 역전의 순간을 가져다주었다.

중국에도 무림의 고수들이 있고, 무관층은 세습을 하는 전문 군인 집안에서 충당한다. 그런데 이 세습이라는 것은 예나 지금이나 대를 이어

더 뛰어난 전문가를 양산할 수도 있고, 매너리즘에 빠진 특권층을 생산할 수도 있는 양날의 검이다. 이 둘을 나누는 조건이 실전과 경쟁이다. 일본은 전쟁이 그치지 않았고, 사무라이 간의 대결도 심해서 여차하면 적이나 도전자에게 목이 떨어질 수 있었다. 그렇기에 사무라이층은 실력이 녹슬지 않았고, 오히려 점점 더 직업 정신에 투철한 무사 집단이 되어갔다. 반면에 중국은 전쟁이 적고, 전쟁이 일어나도 먼 국경 지방에서 벌어지다보니 실전 경험이 없는 무장만 늘어났다. 사명감이 있고 자기 단련을 게을리하지 않는 무장도 있었지만, 설령 그렇다 해도 실전 경험의 부족은 큰 약점이었다. 그들은 교련장에서나 큰소리를 내고, 전문가 행세를 할 수 있었지만 전장에 서면 실력이 좀더 나은 아마추어에 불과했다.

실제 전투 현장으로 가보면 상황은 더욱 처참했다. 왜구도 지역에 따라 전술과 무술이 다양했지만, 그중에서도 유명한 부대가 사쓰마 번(현재 규슈의 가고시마 지역)의 군대다. 일본의 서남쪽 끝에 위치한 사쓰마는 중국과 서양의 무역선이 제일 먼저 도착하는 곳이었다. 덕분에 이곳은 밀무역의 온상이며 해적의 소굴이었다. 나중에 '사쓰마 지겐류'라고 불리게 되는 사쓰마 부대의 도법은 겉으로 보면 단순했다. 칼을 머리 위로 높이 쳐들었다가 기합 소리와 함께 일제히 내리친다. 무술에서 머리 위로 칼을 쳐드는 동작은 무모한 자세다. 방어를 포기한 동작인 데다가, 칼을 내리칠 때 동선이 뻔하고, 동작이 커져서 적이 예측하여 피하기도 쉽다. 쓰러진 적을 베거나 민간인을 학살할 때나 사용하는 자세이지 적과의 대결에서 사용할 수 있는 자세가 아니다. 그래서 중국측 기록에는 칼을 높이 들어 중국군을 방심하게 한 뒤에 중국군이 접근하면 지휘관의 신호에 맞추어 일제히 내리쳤다고 기록했다.

하지만 이 도법은 단지 적의 방심을 노린 전술이 아니다. 일본의 사무라이 세계에서도 사쓰마의 일도양단 도법은 공포의 대상이었다. 그들은 내리치는 동작을 병사들에게 반복 훈련을 시켜 단조롭지만 힘과 속도를 독보적인 경지로 끌어올렸다. 일본군이라고 모두 사무라이는 아니다. 전투는 집단전이고, 집단전에서는 개개인의 화려한 무술보다 집단의 능력을 극대화할 수 있는 단순하면서도 파괴력 있는 무술이 효과적이다. 그런 점에서 사쓰마의 도법은 대단히 위력적이었다. 칼은 보이지 않고 단지 번쩍이는 빛만 보인다고 했고, 일본의 무사들도 공히 인정할 정도로 사쓰마 도법은 가장 빠르고 파괴적이었다. 마치 칼날을 단 롤러처럼 한 자루도 아니고 여러 자루가 동시에 연속적으로 치고 나오면, 그 앞에 있는 모든 것을 썰어버린다.

여기서 일본도 이야기를 하지 않을 수 없다. '검'은 양쪽으로 날이 있는 칼을, '도'는 한쪽에만 날이 있는 칼을 말한다. 검은 사용법이 복잡하고 어렵기 때문에 전통적으로 군대에서는 도를 많이 사용했다. 하지만 실전에서 도는 짧고 가벼워서 별다른 위력을 발휘하지 못한다. 전통적으로 집단전에서 최고의 무기는 창이었다. 기병들도 짧은 도보다는 창이나 철퇴 같은 길거나 무거운 무기를 선호한다. 도는 도망가는 적을 치거나 난전이 되었을 때 사용하는 이차적인 무기였다.

그런데 일본도는 두 가지 점에서 기존의 통념을 깬 혁신적 무기였다. 우선, 도를 양손 무기로 변조했다는 점이다. 다른 나라에서 도는 모두 한 손으로 사용하는 무기였다. 그래서 손과 팔을 자유롭게 사용할 수 있기 때문에 빠르고 다양하고 섬세한 동작을 할 수 있다는 장점이 있다. 하지만 한 손으로 사용하는 무기다 보니 짧고 힘이 떨어진다. 그런 도를 양손 무기로 바꾸니 엄청난 힘을 발휘하게 된다. 예를 들자면 야구 경기에서 아무리 거포 선수라고 해도 한 손으로 배트를 휘두르면 공은 내야를 넘어가기 힘들 것이다. 하지만 두 손으로 배트를 잡으면 공은 펜스도 넘어갈 수 있다.

두 손으로 휘두르게 되자 도는 기존의 장점인 섬세함과 정확도, 길이와 힘을 겸비한 무기가 되었다. 다른 나라에서도 이런 생각을 했는지 언월도와 같은 양손도가 탄생했다. 하지만 다른 나라의 양손도는 대부분 크고 무거워서 특별한 장수가 아니면 능숙하게 다룰 수 없었다. 그러나 일본도는 가늘고 길고 매서웠다. 제련법이 비밀에 싸여 있는 일본도는 10여 가지 이상의 금속으로 제련한 특수강을 사용해 제작한다. 척계광도 일본도의 위력에는 경의를 표해서 사람은 물론 중국의 어떤 무기와 방패도 단칼에 동강낼 수 있을 정도로 강하다고 했다.

중국군의 전통적인 보병 전술은 방패와 창을 들고 적을 압박하는 밀집대형이었다. 하지만 왜구는 창을 썰고, 방패를 썰고, 사람을 베었다. 간혹 한 명의 전사가 명나라 군대가 이룬 대형의 안쪽으로 훌쩍 뛰어들어 오기도 했다. 왜구라고 하면 흔히 갑옷을 입지 않은, 혹은 '훈도시'만 착용한 반나체의 병사를 떠올린다. 하지만 그런 복장을 갖춘 까닭이 장비가 열악하거나 가난해서가 아니다. 일본의 갑옷은 가볍고 뛰어난 기능성을 자랑한다. 가끔 그것마저 벗어던질 때는 스피드의 위력을 더하기 위해서다.

긴 일본도를 휘두르는 왜구는 한 명이 18척(약 5.5미터)의 공간을 담당할 수 있었다. 일류 무사는 밀집대형의 가운데로 뛰어들어 적의 창과 방패와 몸통을 한 번에 갈랐다. 그렇게 되면 밀집대형으로 있는 병사들은 속수무책으로 여러 명이 한 번에 쓰러졌다. 왜구는 항상 산비탈에 진을 치고 명군의 공격을 기다렸다. 평지에 진을 치는 습관이 있던 중국군은 그 이유를 알지 못했다. 그저 수가 적고 겁이 나서 고양이처럼 높은 곳에 웅크렸다고 생각했다. 그러나 비탈에서 접전지역은 좁아졌고, 위에서 달려 내려오는 덕에 일본군의 내려찍기 전술이나 뛰어들기 전술의 힘이 배가 되었다.

일본군의 무기가 일본도만 있는 것은 아니었다. 투창도 아주 능숙하고 정확해서 일본도와 마찬가지로 보이지 않을 정도로 빨리 날아왔다. 그러나 나무로 만든 활은 너무 커서 불편하고 위력이 약해 일본군의 약점이었다. 화살도 너무 길어서 속도가 떨어졌다. 그런데 왜구를 워낙 무서워하다보니 그 큰 활과 긴 화살도 공포로 다가왔던 것 같다. '왜구는 칼도 길고 화살도 길고 활촉도 크다'라는 식으로 말이다. 조총은 중국보다 일본에 먼저 보급되었지만 의외로 왜구는 많이 사용하지 않았다. 약탈에는 속도와 기습, 빠른 승부가 중요하다고 보았기 때문인 듯하다.

왜구에게 연전연패하면서 명나라 장수들은 고민하기 시작했다. 전략 전술을 세울 때 기본 원칙은 자신의 장점을 활용하라는 것이다. 전통적으로 중국군의 장점은 많은 인구와 물량이다. 절강성에서도 명나라 군대의 병력은, 소규모 부대로 흩어져서 움직이는 왜구에 비해 병력은 우세했다. 그러나 집단 전술은 일본도 앞에서 대량살상의 기회를 제공해주고 있었다. 무술 고수를 동원해 일대일 전투를 유도해보았지만, 왜구는 그런 수법에 말려들지 않았다. 오히려 사쓰마 도법 같은 집단 전술과 유인, 매복 같은 팀워크로 독불장군으로 싸우는 강호의 고수를 유린했다(다만 왜구가 모두 일본인은 아니었다. 중국 해적도 있고, 중국인으로만 구성된 왜구도 있었다).

전통적으로 이어오던 중국군의 장점이 양보다는 질을 앞세우는 왜구의 장점 앞에서는 치명적인 약점이 되었다. 그렇다면 어떻게 해야 할까? 양에 의존하는 방식을 버리고 질로 전환해야 할까? 그래서 무림의 고수들을 모아 군대도 편성해보았지만, 그들은 개인 기량에서는 왜구를 능가할지 몰라도 전술 능력은 형편없었다. 결과적으로 그것은 더 어리석은 짓이었다. '질'이 떨어지는 군대가, 질이라는 적의 장점으로 적과 맞대결하는 셈이었기 때문이다. 그렇게 명나라 군대가 무력한 딜레마에 빠져있을 때, 척계광이 등장했다.

척계광은 산동반도 끝에 있는 등주(산동성 봉래)에서 태어났다. 이 지역은 산동성 최고의 군항으로, 수나라와 당나라가 고구려와 백제를 침공할 때도 이곳에서 함대가 출항했다. 척계광의 집안은 전형적인 무장 가문으로 척계광도 부친의 지위를 이어받아 장군이 되었고, 멀리 버마 국경 지역까지 가서 원주민 반군과 전투를 했다.

1555년 혼란에 빠진 절강성으로 부임한 척계광도 무능한 병사들 덕분에 처음에는 고전을 면치 못했다. 1559년 패배의식과 타성에 젖은 무능한 군대를 버리고, 이 지역의 농부와 광부 3,000명을 모아 새로운 의용군을 창설했다. 그리고 이들에게 듣도 보도 못한 무기를 나눠주고 역시 듣도 보도 못한 희한한 전술을 조련하기 시작했다. 척계광이 병사들에게 소개한 무기에 대해 병사들의 처음 반응이 어땠는지는 기록이 전해지지 않는다. 그러나 척계광이 죽은 후 그의 부장들이 장수가 되어 절강군을 이끌고 임진왜란에 참전했을 때, 조선 백성들이 보여준 반응이 기록에 남아 있다. 명나라 군대를 보러 연도에 모인 백성들은 그들이 들고 있는 무기를 보자 웃다 못해 조롱하기까지 했다. 나라가 풍전등화의 위기인 상황에서 애타게 기다린 구원 부대에게 백성들이 이런 반응을 보일 정도로 척계광의 무기는 황당했다.

조선 백성들이 보고 웃었던 무기는 당파와 낭선이란 것이다. 당파는 삼지창이다. 요즘 사극에서 조선군은 매번 삼지창만 들고 나와서 전혀 이상하지 않지만, 삼지창이 조선에 보급된 것은 임진왜란 이후였다. 사실 삼지창 자체는 아주 오래된 무기다. 고대 인도의 신인 '시바'의 상징이 삼지창이다. 그러나 실전에서 삼지창은 사용하기 힘든 무기였다. 창은 적을 찌르는 무기다. 삼지창은 창날이 세 개이니 더 효과적인 무기인 듯하지만 전혀 그렇지 않다. 찌르기의 장점은 자신을 향해 다가오는 창끝을 막기가 힘들다는 것이다. 그런데 삼지창은 포크처럼 되어 있어서 칼로 적당히 가져다 대기만 해도 막을 수 있다. 조선 백성들은 그런 사실을 알았기 때문에 삼지창을 줄줄이 든 명나라 군대를 보자 기가 막힐 수밖에 없었다.

그런데 삼지창은 낭선에 비하면 양반이다. 정말로 황당한 무기였던 낭선은 한마디로 말하면 가지가 줄줄이 달린 대나무였다. 이 모양 그대로 나무와 철로 만든 인공 대나무 낭선도 있는데, 명나라 군대가 들었던 낭선이 진짜 대나무인지 인공 대나무인지는 확인할 수 없다. 하지만 조선 백성들에게는 세계 최고의 선진국이자 부국이라는 명나라 군대가 대나무를 무기라고 들고 전쟁터에 왔으니 어이가 없을 노릇이었다. 가지라도 쳐서 대나무 장대를 들었다면 무슨 특수한 용도가 있나보다라는 생각을 했을 수도 있겠지만 아무리 봐도 이건 가지가 주렁주렁 달린 대나무였다. 분명 누군가는 이렇게 말했을 것이다. "저게 뭐야, 저걸로는 개도 때려잡지 못하겠다."

자세히 보면 이 가난한 군대는 가지 달린 대나무로도 모자라 강철 방패가 아닌 나무 방패를 들고 있다. 원래 좋은 방패, 선진 군대의 방패는 나무판에 가죽을 대고, 가장자리는 쇠를 두르거나, 때로는 앞면에 철판을 둘러 화려하고 번쩍이게 하는 법이다. 그러나 척계광의 군대는 밋밋한 나무 방패를 들었다. 분명 누군가는 명나라의 구원 의지를 의심했을 것이다. "우리를 도와주기 싫어서 아주 거지 군대를 보냈구나"라고 말이다. 그러나 이 '거지 군대'가 놀라운 위력을 발휘한다.

척계광은 새의 이름을 따 원앙鴛鴦진법이라 했다. 전투 부대에는 어울리지 않는 이름 같지만, 수컷이 죽으면 암컷이 따라 죽는다는 원앙의 전설에서 따온 것으로 한 팀이 함께 살고 함께 죽는 공동운명체가 되어야 한다는 것을 강조하기 위해서 이렇게 작명했다고 한다. 이 원앙 팀은 열두 명으로 편성하는데, 구성원은 대장 한 명, 화병火兵이라고 부르는 취사병 한 명(전투에 참가하지 않는다), 실제 진을 구성하는 병사 열 명이다. 척계광은 접전 상황과 왜구의 검법을 연구해서 열 명의 임무와 기능을 아주 세밀하게 재구성했다.

맨 앞줄에는 방패를 들고 칼을 든 두 명의 병사를 배치한다. 그들은 각각 오각형의 큰 방패, 둥근 등나무 방패를 휴대한다. 그 뒤에는 낭선을 휴대한 두 명을 배치하고, 이어서 12척 길이의 장창을 든 네 명을 세웠다. 그리고 당파를 든 두 명이 진영의 마지막을 채웠다. 당파는 창대에 화통을 달아서, 비록 한 발이지만 신기전도 발사할 수 있었다. 이렇게 열 명으로 구성된 진을 대장이 지휘했다.

충돌이 발생하면 우선 방패와 낭선이 일본도의 공격을 저지한다. 일본군은 방패를 제거하고 그들을 쓰러뜨리는 법은 알았지만 낭선까지 가세하자 상황이 달라졌다. 낭선은 보기에는 우스운 무기 같지만, 거의 10층의 가지로 구성되어 있고 방어 범위가 넓어서, 빠르고 궤적이 잘 보이지 않는 일본도의 공격을 저지하는 데 효과적이었다. 칼을 든 상대와 싸울 때 전문 칼잡이가 아니면 칼로 맞상대를 하기란 불가능하다. 이럴 때 의자를 들어서 막는 것과 같은 이치다. 일본도는 방패를 가르고 강철도 끊었지만, 의자 다리처럼 간격을 두고 층층이 펼쳐지는 저지선을 한 번에 뚫지는 못한다. 척계광은 지금의 버마 지역에서 정글의 원주민과 싸우다가 이 낭선의 아이디어를 얻었다. 게다가 낭선의 가지 끝에는 크리스마스트리 장식처럼 칼날을 달아서 적의 움직임을 저지하고 신경을 분산시킨다.

낭선의 또 하나의 효과는 자신감이다. 보통 사람에게 칼을 주면서 그 칼로 적의 칼을 막으라고 하면 겁이 나서 상대하지 못한다. 그러나 의자를 주면 방어 범위가 넓어서 막을 수 있다는 자신감이 생긴다. 어쩌면 전문 칼잡이 앞에서는 칼은 물론 의자도 무용지물일 수 있다. 그러나 병사가 자신감을 가진다는 점이 중요하다. 낭선병의 임무는 물러서지 않고 적의 일격을 저지하는 것이다. 그것만 하면 된다.

볼품없는 둥근 방패는 등나무로 만들어 '등패'라고도 불렀다. 등나무 줄기를 둥글게 감아 골조를 만들고 대나무 껍질로 얽었다. 등나무를 감을 때 평면으로 감지 않고, 가운데 부분은 바깥쪽으로 돌출하도록 원뿔형으로 감는다. 등나무는 질기고 가벼워서 일본도와 같이 빠른 무기를 저지하는 데 아주 효과적이었다. 철판이나 나무판이 일본도에 잘리는 것은 한 개의 판으로 되어 있어서 찢어지기 때문이다. 하지만 등패는 낭선과 마찬가지로 여러 겹의 등나무 줄기가 찢어지는 효과를 방지하므로 철판보다 강도가 떨어져도 일본도에 대한 저항력이 훨씬 강하다. 무엇보다 등패의 최고 장점은 싸고 만들기 쉽다는 것이었다. 절감한 군수 비용은 병사들의 임금과 포상금으로 돌렸다.

물론 방패와 낭선은 공격에는 아무 쓸모가 없다. 오직 방어를 위한 무기다. 이들이 왜구의 공격을 저지하고 묶어두면, 이 틈을 노려 2선의 장창병이 왜구를 공격한다. 네 개의 장창병이 시간차를 두고 페인트 모션을 적절히 사용하면서 공격했다. 한 번의 공격으로 성공하지 못할 수도 있고, 일본군이 재빨리 2차 공격을 시도할 수 있으므로, 이때도 당파가 같이 붙어서 방어를 돕는다. 가지가 세 개인 당파도 일본도를 막는 데 효과적이다. 방패와 낭선보다는 방호력이 떨어지겠지만, 1차 공격이 가장 강력할 것이라는 전제로 보면 공격이 전혀 불가능한 낭선과 달리 공격 능력도 보유했다는 장점이 있다. 당파가 공격 능력을 보유한 또 하나의 이유는 원앙진 역시 1차 공격이 실패했을 때, 2차 공격을 감행할 수 있도록 하기 위해서다.

이외에도 원앙진은 매우 정교한 전술을 지니고 있다. 방패가 큰 방패와 작은 방패로 나뉜 이유는 큰 방패를 든 사람은 분대의 선두에서 칼을 들고 지휘하는 임무를 맡기 때문에 스스로를 보호해야 하는 비중이 높기 때문이다. 반면 낭선과 협력 전술을 펴야 하는 등패는 둥글고 작은 방패로 시야를 확보하는 데 효과적이다. 등패를 든 병사들은 다른 무기를 들고 공격을 할 수 없으므로 표창을 지급받았다. 이들은 왜구가 달려들면 표창을 던져 타이밍을 끊고, 방어에 임한다. 왜구가 혹 자신을 지나쳐 뒤의 '창수'와 붙을 때도 표창은 유용하다. 방패와 낭선, 창병을 복수로 구성했기 때문에 왜구의 병력과 위치에 따라 팀을 둘로 나눠서 사용

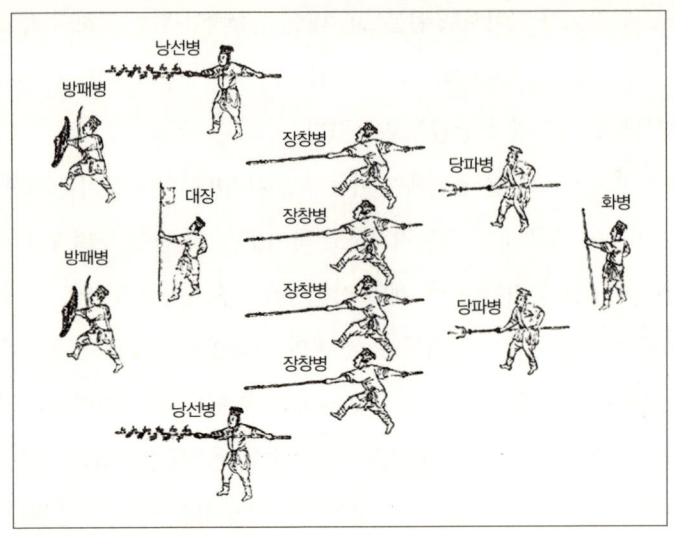

척계광이 고안한 원앙진
맨 앞줄에는 방패를 들고 칼을 든 두 명의 병사를 배치한다. 그들은 각각 오각형의 큰 방패, 둥근 등나무 방패를 휴대한다. 그 뒤에는 낭선을 휴대한 두 명을 배치하고, 이어서 12척 길이의 장창을 든 네 명을 세웠다. 그리고 당파를 든 두 명이 진영의 마지막을 채웠다.

할 수도 있었다.

척계광은 이전의 명나라 군대처럼 대규모로 병력을 운영하지 않고 그 대신 잘 훈련된 소부대로 왜구를 찾아 원앙 진법으로 격파했다. 과거에는 왜구가 명군을 유인해서 자신들이 원하는 장소, 원하는 순간에 전투를 벌였다. 노련한 왜구는 상대를 겁주고, 유인하고, 지치게 하고, 공격 시점을 찾는 데 천재적인 능력을 발휘했다. 그러나 척계광의 병사들은 거꾸로 왜구를 유인해서 격파하는 데 탁월한 능력을 보였다.

척계광의 군대는 1561년에는 6,000명이 되고 다음 해는 10,000명으로 불었다. 그들은 절강성에서 5년간 80여 차례의 전투를 벌여 모두 승리했다. 그의 군대가 유명해지자 척계광은 무장으로는 최고 지위인 총병으로 승진해서 절강성 못지않게 왜구로 고통 받던 남쪽의 광동성, 복건성으로도 파견되었다. 그와 그의 부대는 이곳에서도 단숨에 왜구를 격파하고, 불패의 군대로 명성을 떨쳤다.

자신의 장점을 활용하는 법을 알면 이긴다

척계광은 중국군의 전통적인 전술인 대부대 운영 방식을 버리고, 소부대 운영 전술로 왜구를 격파했다. 이것은 병력이라는 중국군의 전통적인 장점을 포기한 것처럼 보이지만 사실은 그렇지 않다. 과거 명군의 잘못은 병력이라는 장점을 활용하는 방법이 잘못되었기 때문이다. 강연장에서 나는 곧잘 병력이라는 장점을 활용하는 전술이 무어냐고 청중에게 묻곤한다. 그러면 거의 백이면 백, 인해전술이라고 대답한다. 그렇다면 왜 수의 우위를 활용하는 방법이 인해전술일까? 인해전술이 꼭 필요하고 유용한 경우도 있지만 대부분의 경우 이 전술은 엄청난 비효율을 낳는다. 전술의 요체는 효율이다. 그런데 병력과 물량에서 앞선다고 하면 수많은 리더들이 기꺼이 비효율을 감수하려고 하는 이상한 경향이 있다. 병력과 물량의 우위는 결코 효율을 포기하는 것에 대한 면죄부가 아니다. 두 배의 물량을 지닌 군대가 절반의 효율로 싸우면 결국 동격이다.

척계광의 천재성은 병력이라는 장점을 효율적으로 사용하는 방법을 고민했다는 점이다. 과거의 전쟁에서 중국은 우월한 인구, 발달한 병학과 진법 등을 이용해 주변 민족을 상대했다. 특히 인해전술식 병력 투입은 큰 위력을 보였다. 양쪽 군대가 거의 비슷한 형태의 병사와 전술로 무장했기 때문에 병력의 우위는 효율성을 보장했다. 양쪽 전술의 효율성이 같다면 병력의 우위는 병력 수만큼의 전력 증가를 담보했다.

그러나 일본도 앞에서는 같은 형태의 병사를 모아 놓은 벌떼형 집단이 오히려 약점이 됐다. 병력의 우위를 장점으로 만들어준 체제의 효율성, 인구가 주는 장점이 사라진 것이다. 그렇다면 여기서 중국이 지닌 근원적인 잠재력, 즉 병력의 우위에 효율성을 다시 부여하기 위해서는 병사 집단이 효율성을 창출할 수 있는 구조와 방법을 창안해야 한다.

척계광은 전투의 프로세스를 분석하고, 그 프로세스에 병력을 투입하는 새로운 양적 증가책을 찾아냈다. 간단히 말하면 단병접전은 '적을 공격하고 막고, 다시 공격하는' 혹은 '적의 공격을 막고 공격하는' 프로세스로 이루어지는데, 보통은 이 과정을 한 명의 병사가 수행한다. 그러나 척계광은 이 프로세스를 분석해 각 과정에 두 명 이상의 병사를 배치하고, 열 명이 전체 과정을 수행하게 했다. 또한 각자의 과정을 극대화할 수 있는 무기를 고안해서 들려줌으로써 다시 각 과정의 효율을 극대화했다.

항상 무언가 그럴듯한 말을 만들어내기를 좋아하는 이론가들은 원앙진의 장점이 투창, 쾌창(신기전을 단 창)과 같은 장병기와 단병기의 조화, 공격 무기와 방어 무기의 조화라고 말한다. 그러나 이런 추상적인 이해로는 절대 원앙진의 비결을 이해할 수 없다. 가령 장병기와 단병기의 조화를 위해 궁수에게 별도로 칼을 휴대하게 하고, 조총병에게 창을 들려주면 그 군대의 전투력이 일취월장할까? 무게와 불편함 때문에 활과 총의 효율은 분명 떨어질 것이다. 원앙진의 비밀은 프로세스의 분해를 통해 병력의 우위라는 장점을 실현했다는 것이다. 이것이 진정한 분업이었다.

원앙진은 명군 최대의 약점, 아마추어 징집병이 지니는 훈련과 전투 능력의 부족을 극복할 수 있다는 새로운 장점을 주었다. 농민과 광부를 훈련시켜 어릴 때부터 수련을 쌓아온 '사무라이'를 상대할 수 있는 실력자로 만들기란 불가능하다. 그러나 원앙진은 자기가 맡은 무기의 기술만 익히면 되므로 빠른 습득이 가능한 데다가 서로 합치면 한 사람으로는 이룰 수 없는 높은 수준의 기술이 분출될 수 있었다.

원앙진에 대해 비판하는 사람은 전법이 너무 복잡하고 열 명이나 되는 인원이 고작 왜구 한두 명을 상대하는 구조라 비효율적이며 낭비가 많다고 지적한다. 그러나 한 명의 무사, 한 명의 병사가 사용하는 무술은 훨씬 더 복잡하고 어려운 수련 과정을 필요로 한다. 병력 낭비라는 지적은 더 말도 안 되는 비판이다. 애초에 중국은 병력이 장기인 나라다. 그리고 열 명이 한 명을 상대하는 것이 효율이 떨어지는 것도 아니다. 원앙진의 목적은 열 명이 한 명을 죽이는 것이 아니라 열 명이 한 명씩 죽인다는 것이다. 그렇게 하면 열 명이 열 명을 죽일 수도 있고, 백 명을 죽일 수도 있다.

구성원의 행동 양식을 꿰뚫어라

척계광이 원앙진이라는 단 하나의 전술로 불패의 군대를 창조한 것은 아니다. 처음에는 척계광의 군대라고 해서 척가군戚家軍, 나중에는 절강군이라고 불린 그의 부대는 많은 부분에서 혁신을 이루었다. 훈련은 혹독하고 군기는 엄했다. 적에게 패하거나 도망친 부대(혹은 병사)는 용서하지 않고 처형했다. 소대가 돌격했다가 눈앞에서 전멸해도, 다음 소대, 그 다음 소대를 투입했다. 병사들이 그 광경을 보고 돌격할 정도였다. 함께 죽고 함께 산다는 원앙이라는 신조에 맞게 분대장을 보호하지 못해 분대장이 전사하면 분대원 전원을 처형했다. 합리적이지 않은 듯하지만 분대장이 전사했다는 것은 원앙진이 제 역할을 하지 않았다는 의미다. 왜구는 항상 지휘관을 먼저 노리기 때문이다.

이런 사례를 들면서 그의 군대가 비인도적이고 잔혹했다고 하거나, 아니면 요즘도 저렇게 해야 한다고 받아들이는 사람이 있는데, 모두 잘못된 것이다. 어떤 조직이든 훈련이 잘 되고, 엄정한 규율을 지녀야 함은 당연하다. 그러나 그것이 구성원들이 공유하는 상식의 한도를 넘어설 정도로 비인도적이서는 안 된다.

16세기 사회와 사람들이 생각하는 인도주의는 지금과 다르다. 척계광의 군율이 그 시대 사람들도 용납할 수 없을 정도로 강경하고 비상식적이었다면 그의 군대는 스스로 무너졌을 것이다. 같은 이유로 척계광의 군율을 현대 조직에 그대로 적용하면 그 조직은 반발하고 분해될 것이다. 어떤 교훈을 배우든지 간에 리더에게는 창조의 의미가 부여된다. 척계광의 군율이 주는 교훈은, 어떤 조직이든 최고의 효율을 올리고 경쟁에서 승리하기 위해서는 엄격한 규율과 조련이 필요하고, 그 규율을 용납하는 조직원의 인내와 상식의 한도를 최대한 높일 수 있는 교육과 리더의 능력이 필요하다는 점이다.

이런 무시무시하고 극단적인 군율만 있는 것은 아니다. 군대는 가르칠 것이 매우 많다. 보초 요령, 행군하는 법, 군막을 치는 법, 좁은 협로를 통과하는 법, 후퇴하는 법, 야간 전투법, 여기에 깃발과 북, 화포로 사용하는 온갖 전투 신호와 행군 신호를 익혀야 한다. 문제는 이 많은 교육을 병사들이 감당할 수 없다는 것이다. 척계광은 고급 장교와 중견 장교, 부사관, 분대장과 병사가 알아야 할 지식을 세밀하게 나누고, 교육과 전수 체제를 설계했다. 과거의 군대는 목소리나 높이고, 잘 되지 않으면 매나 치고, 그래도 안 되면 적당히 하다가 얼버무리고 마는 그런 식이었다. 그러니 훈련을 아무리 해도 병사들은 적당히 시간 때우는 요령만 배우고, 재수 없는 사람은 얻어맞고 심하면 쫓겨났다. 군대의 전술 능력은 언제나 그 자리에서 맴돌았다.

하지만 척계광의 세밀한 교육프로그램 덕분에 그의 군대는 전술 습득도가 아주 높았다. 여기에는 두 가지 중요한 비결이 더 있었다. 척계광은 확실한 보상 시스템을 시행했다. 전투에서 공을 세운 병사에 대한 포상기준을 만들고 그에 맞게 경제적 보상을 했다. 더 중요한 요인은 그의 병사들, 인간 본성에 대한 탁월한 이해였다.

한국과 중국은 유교의 영향으로 도덕성과 예절을 인간 능력을 판정하는 중요한 기준으로 삼는 경향이 있다. 그리고 인간이 다양한 적성과 개성을 가지고 있다는 사실을 잘 인정하려 들지 않는다. 그건 옛이야기고 오늘날에는 그렇지 않을 것 같지만 생각과 마음은 다르다. 수많은 사람이 말로는 이렇게 하지만 막상 사람을 앞에 앉혀 놓고 평가를 하라고 하면 오랜 관습의 늪에서 헤어나지 못한다.

16세기를 살았지만, 척계광은 인간을 이해하는 데는 대단히 현실적이었고 냉정했다. 그는 자신이 저술한 《기효신서》에서 최고의 병사가 될 수 있는 사람과 절대 뽑아서는 안 되는 인간형을 다음과 같이 구분했다.

최고의 병사 자원은 시골에서 자라 노성하고 진실한 사람이다. 검게 그을려

투박하고 건강하며 괴롭고 고생스러움을 잘 견디며, 손과 얼굴, 피부와 근육이 단단하고 실팍하며, 흙으로 빚어놓은 것처럼 질박한 빛이 나는 사람이 최고다. 그 다음으로 괜찮은 사람이 전투 경험이 있지만 이전에 적을 만나고서도 공을 세우지 못한 사람이다.

이 구절은 의외다. 경력 사원보다 신입 사원이 더 좋다는 말이다. 그러나 그 다음에 이유를 설명하고 있다. 최고의 자원은 당연히 훌륭한 전투 경험자다. 여기서 말하는 바는 전투 경험이 있지만 전쟁에서 도망치거나 용감하지 못했던 병사다. 이들은 전투를 알아서 전투가 벌어지면 판세를 읽고 안전한 곳으로 가려고만 한다. 이런 병사는 아무것도 모르고 순종하는 병사보다 더 나쁘다는 의미다. 척계광은 체격이 좋거나 기운이 세거나 무예가 뛰어나다고 해서 훌륭한 병사가 되는 것은 아니라고 말한다. 최고의 자원은 팀원이 되어 자기 임무에 충실하고, 가르치는 것을 올바로 습득하며, 훌륭한 병사가 되려는 의지와 책임감이 충만한 병사다. 이것을 제외하고 무술, 체격, 힘, 재능, 지혜만 보고 병사를 선발하면 반드시 실패한다.

이런 실천 의지를 지니려면 담력이 중요하다. 척계광이 말하는 담력은 단순히 용기, 배짱이 아니라 조직의 목표에 공감하고 전술을 믿고 참여하는 의지를 말한다. 무술이 뛰어나다고 해서 담력이 생기지 않는다. 무술이 뛰어나지 않아도 군에서 가르치는 기술을 익히고 신뢰하면 담력이 생긴다고 한다. 그래서 그가 제일 증오하고 싫어하는 병사는 학식이 있거나 도시에서 살아 생활할 때 이해관계에 예민한, 아니면 천성적으로 영리하고 눈치 빠르면서 담력은 없는 병사다. '이놈들'은 제멋대로 전황을 판단하고, 가르쳐도 제대로 믿지 않고, 지휘관과 조직을 위해 일하려고 하지 않는다. 제일 극악한 것은 도망칠 때도 자신이 먼저 도망치지 않고 교묘하게 선동해서 병사들을 불안감에 빠뜨리고 남이 먼저 도망치게 한 뒤, 그들을 뒤따라 도망친다는 것이다.

척계광의 인간 이해는 결코 타고난 것이 아니다. 실은 척계광도 절강에 와서 처음 치른 전투에서는 왜구에게 무참하게 패했다. 이 패배로 절강성의 부호들로부터 신망을 잃었고, 그렇게 척계광의 절강 전역이 그대로 끝날 뻔했다. 그때의 군대는 기존의 병사들과 도시에서 모집한 병사들이었는데, 도무지 훈련시킬 수가 없었다. 도시 출신과 약아빠진 자, 군대 경력이 있고 뭘 좀 안다고 새로운 전술을 도무지 받아들이지 않는 병사들에 대한 증오는 이때의 경험이 바탕이 된 것이다. 척계광은 전투를 전혀 모르는, 그러나 순박하고 자신의 훈련과 지휘를 받아들일 자세가 되어 있는 인재가 필요하다는 사실을 깨닫고 과감하게 어렵게 모집한 병사들을 모두 버렸다. 그리고 농촌과 광산촌을 돌아다니며 지원자를 다시 모집했다. 또한 자신에게 실망한 절강 부호들을 설득해서 기부금을 모았다. 척계광의 불패의 군대는 그렇게 탄생했다.

이 일화는 그의 인간에 대한 통찰력이 천재적 품성이 아니라 부단한 노력으로 만들어진 것임을 말해준다. 그는 철학자도 아니었고 심리학자도 아니었지만, 최소한 군에서 벌어지는 인간관계의 양상, 다양한 인간의 행동과 반응을 끊임없이 관찰하고 연구했다. 예를 들면 병사들은 아무리 훈련을 시켜도 막상 적과 맞서게 되면 공포에 질리고 그동안 배운 것을 새까맣게 잊는다. 여기까지는 한 번만 전투를 경험한 사람이면 누구나 안다. 그러나 진짜 지식은 몇 명이 어느 정도나 잊어버리느냐는 것이다. 아무리 뛰어난 병사라도 전쟁터에서 자기가 배운 것을 100퍼센트 소화하지는 못한다. 그러면 병사 중 몇 퍼센트나 배운 것을 발휘할까? 우수한 병사와 평범한 병사, 가망성 없는 병사는 각각 얼마나 능력을 발휘하고 배운 것을 기억할까? 그리고 공포와 망각을 최소화하기 위해서는 어떤 교육을 시켜야할까?

척계광은 이런 식으로 치열하게 고민했고, 적어도 자기 조직에서 벌어지는 인간행동의 양상에 대해서는 통달했다. 그리고 그것을 모든 부분에서 세밀하게 이용했다. 예를 들어 보병의 전술 훈련에서 그는 병사들이 꼭 알아야 할 것, 보통의 병사들이라도 습득할 수 있는 최하위를 정해놓고 교육을 시켰다. 그러면서 이런 당부를 빼놓지 않았다. "만약 교육받은 내용에 만족하지 않고 전술에 대해 더 알고 싶어 하는 병사가 있다면 그를 무시하지 말고 내용을 알려주어라. 그리고 그 병사를 잘 관찰해라. 그런 병사가 훌륭한 군인이 될 가능성을 지닌 인재다."

훈련 상황과 똑같은 전투는 결코 벌어지지 않는다. 현장은 언제나 크고 작은 창의성을 요구한다. 그런데 엄한 군율과 군기는 종종 창의성을 억압한다. 그러면 창의성을 위해 군율과 군기를 느슨하게 할 것인가? 아니다. 그랬다가는 그의 군대의 창의성은 도망가고 내빼는 데 활용될 것이다. 척계광은 자신뿐 아니라 그의 부하들에게도 병사들에 대한 끊임없는 관찰을 요구했다. 훈련을 시킬 때도 병사들을 관찰하고, 조금이라도 효과적인 훈련법, 창의적인 해결법을 찾아내서 응용하는 병사를 관찰하고 찾아내라고 요구했다. 그들이 진정한 인재다.

∷ 현실에서 뒹굴 것을 고민하라

앞의 손은 태산은 밀듯이 하며, 뒤의 손은 범의 꼬리를 잡듯이 하여 한 손으로 활을 꽉 쥐어서 몸의 앞뒤가 곧고 바르게 해야 하며, 활을 당길 때는 느리게 하고, 화살을 쏠 때는 신속해야 한다. (중략) 형세는 따라가는 바람 같고, 눈빛은 흐르는 번개와 같아 활을 힘껏 잡아당기고 힘차게 화살을 놓아야 한다.

— 모원의, 《무비지》

활을 쏠 때의 신속함은 회오리바람과 같고, 굳셈은 태산이 짓누르는 것 같이 하며 왼쪽으로 베풀고 오른쪽으로 꺾어서 나는 새의 날개와 같이 해야 한다.

— 작자 미상, 《흑건유사》

전통 병서에서 묘사한 활 쏘는 법이다. "도대체 이런 설명을 어디다 쓰느냐, 우리 중에 태산을 밀어본 사람, 호랑이 꼬리를 잡아본 사람이 누가 있느냐?"고 불평하면 누군가 꼭 이렇게 면박을 준다. "그건 네가 모르는 소리다. 활을 쏘는 사람은 안다. 이것이야말로 정말 심오하고 활을 당길 때마다 영감과 깨달음을 주는 신묘한 표현이다."

중국과 한국 전통 병서의 특징은 이 말처럼 '도가 통한 사람', '경지에 오른 사람'만이 소통할 수 있는 코드로 채워져 있다는 것이다. 어차피 한문은 고급 지식인들만이 읽을 수 있는 글이니 당연한 결과일 수도 있다. 그러나 이처럼 달통한 경지를 눈힐 수 있는 사람은 군대의 장교 중에서 1퍼센트도 안 된다. 나머지 99퍼센트, 그리고 그들보다 몇 십 배는 많은 병사들을 가르치고 교육할 매뉴얼이 없다.

이런 풍조는 현학적이고 고상하게 보이는 저술을 해야 지식인으로 대접을 받는 풍조가 한몫을 했다. 흔히 '문무 차별'이라고 하는데, 문무 차별의 진짜 속성은 이런 '허위의식'이다. 실용적이고 구체적인 지식을 전하면 하찮거나 사람이 낮아 보이고, 거대 담론이나 추상적·철학적 명제를 뽑아내야 고급스러워 보인다. 그런 관행은 우리 사회에 지금도 남아 있다. 문제는 이런 허위의식이 조직의 문제를 진단하고, 자신의 경험을 지식화하는 데서도 큰 왜곡과 손실을 낳는다는 것이다.

명나라의 명장 척계광은 이런 오랜 관행을 깨뜨린 최초의 장군이다. 그가 쓴 《기효신서》에서는 활 쏘는 법을 이렇게 설명한다.

엄지손가락으로 활을 누르고, 가운뎃손가락으로는 활을 잡아야 한다. 이는 매우 중요한 법식으로 예부터 전해오는 것이니 반드시 따라야 한다.
말 위에서 활을 쏠 때는 반드시 활시위가 9할에 이를 때까지 가득 당겨야 한다. 이를 기억하고 기억하라. 만약 7이나 8할만 당겨도 맞추기 어렵다.

첫줄은 활을 잡은 손의 파지법이다. 활을 쏘는 요령은 여러 가지가 있고, 사람마다 신체 조건이 달라서 사소한 요령은 조금씩 다르다. 그는 그 많은 요령 중에서도 어떤 경우에도 지켜야 하는 철칙을 골라내서 제시했다. 다음 구절도 마찬가지다. 물론 척계광이 전통 병서에서 사용한 현학적인 표현을 완전히 배격했던 것은 아니다. 앞에 인용한 범의 꼬리 어쩌고 하는 구절도 《기효신서》에 수록되어 있다. 그러나 적어도 자신이 직접 쓰는 부분은 실전적이고 기능적인 지식을 채우기 위해 부단히 노력했다.

그런 사례 중 하나가 '야간 경계'에 관한 요령이다. 지금도 사극을 보면 야간 경계병이 횃불을 들고 오락가락하거나 성벽에 화톳불을 밝혀 놓고 경계병들이 왔다갔다하는 장면이 곧잘 나온다. 그 행동은 정말 멍청한 짓으로, 적에게 내 위치를 가르쳐주는 것에 불과하다. 경계는 기본적으로 매복이다. 불은 탐조등이 되어야 하고, 경계병은 광량이 미치는 바깥 어둠 속에 숨어 있어야 한다. 그러나 의외로 전쟁에서는 이런 멍청한 짓이 곧잘 벌어진다. 한말 의병이 일본군을 공격할 때 야습을 한답시고 밤에 공격을 개시하면서 횃불을 들고, 초가집에 불을 질러 야간 조명을 밝히면서 공격하는 경우가 종종 있었다. 의병만 그런 것이 아니다. 제대로 훈련을 받았다는 제2차 세계대전 때의 병사들도 이런 식의 공격을 한 적이 있다. 이렇게 야간 조명 아래서 쳐들어오는 적을 공격하면 주간 공격 때보다 명중률이 30~40퍼센트 이상 높아진다. 척계광의 시대에도 그런 일이 많았던 모양이다. 척계광은 야간 경계와 조명에 대해 아주 꼼꼼하게 기술하며 나무란다. 더 중요한 지식은 전투를 해보지 않으면 알 수 없는 지식이다.

화살이 날아갈 때에는 차라리 높이 날아 표적을 지나갈지언정 절대로 낮게 날아가 미치지 못해서는 안 된다.

이 구절은 사소한 듯하지만 아주 중요하다. 다른 병서들은 사격에 대해 이야기하면 마지막 부분은 늘 '이런 마음으로, 자신감을 갖고 쏘면 반드시 맞는다'는 식의 격려로 끝낸다. 하지만 아무리 조준을 잘 하고 열심히 쏘아도 백발백중은 없다. 척계광은 아무 소용없는 큰소리 대신에 실전에서의 경험을 바탕으로 화살이 적의 발 앞에 꽂히는 것보다는 타고 넘어가는 것이 적의 기세를 꺾는 데 효과적이라는 중요한 요령을 전해준다.

이 한 구절이 의미 있는 이유는 실전을 경험해보지 않은 사람은 백이면 백, 적의 머리를 넘어 뒤로 넘어가는 화살보다는 적 앞에서 꽉꽉 꽂히는 화살이 적의 기를 죽이는 데 유효할 것이라고 생각하기 때문이다. 그리고 현대전에서는 머리 위로 넘어가는 총알보다는 참호 앞에 퍽퍽 꽂히는 총알이 제일 무섭다. 그러나 화살과 신기전 같은 구형 화약 무기가 날아가는 전쟁에서는 그 반대였던 모양이다. 16세기 전쟁터를 경험하는 사람들에 이 한마디는 엄청난 영감을 주는 정보였다.

16세기는 신기전, 화차, 홍이포 같은 화약 무기가 실전에서 터지기 시작하던 시기였다. 진보적 장군이었던 척계광은 화약 무기를 이용한 전술 개발에도 상당히 깊은 연구를 했다. 그런데 16세기 화약 무기의 문제는 명중률이 형편없다는 것이었다. 전투가 벌어진 뒤 형편없는 명중률 등의 보고가 조정에 들어가면 황제와 높은 자리에 있는 문관들은 노발대발했고, 현장에서 목숨을 걸고 싸운 무장들은 싸우고도 비난을 들었다. 이런 사례는 조선에도 있었다.

화약 무기의 부정확성은 무장의 지도력과 훈련으로 개선할 수 있는 것이 아니었다. 그러나 척계광은 아주 중요한 발견을 한다. 적진에서 화기가 폭발하고, 불과 검은 연기가 치솟으면, 마치 다 이긴 싸움인 것처럼 병사들의 사기가 오르고 용기가 백배한다는 사실이었다. 신참 병사들이 전쟁에서 사용하는 화약 무기가 단지 '공갈포'일 뿐 실제 효과가 별로 없다는 사실을 모르기 때문이 아닐까? 척계광은 그런 사실을 뻔히 아는 고참병들도 마찬가지로 사기가 오른다는 것도 관찰했다. 척계광 자신도 이유를 알 수 없었지만, 그것이 현실이었고, 화약 무기의 신나는 효용이었다. 그래서 그는 화약을 아끼지 말고 발사할 것이며, 화살과 마찬가지로 적군의 앞이 아니라 머리 뒤로 넘겨야 효과가 크다고 충고한다.

간혹 실전적·기능적 지식을 경시하는 사람들에게 그런 지식은 테크닉일 뿐이다. 진실한 인문학적 지식은 그런 세세한 기술이 아니라 통찰과 영감을 주는 지식이라고 말한다. 그러나 구체적인 지식은 영감을 주지 못하고, 현학적·사변적인 구절만이 영감을 주는 고급 지식이라는 분류는 잘못됐다. "인간은 모두 죽는다"는 식의 경구는 우리에게 긍정은 주지만 반드시 영감을 주지는 않는다. 물론 이런 뻔한 한마디가 어떤 제품 개발자에게 영감을 줄 수도 있다. 그러나 그런 우연한 기회는 "자전거는 페달을 밟아 바퀴를 돌린다"는 구절에서도 똑같이 발생할 수 있다.

능력 있는 리더라면, 혹은 능력 있는 리더가 되고자 하는 사람이라면 자신의 경험을 "범의 꼬리를 잡듯이 활을 잡아라"는 식의 비유로 만들어내는 것이 아니라 자신의 영역에서 영감을 주는 지식을 찾아내고 정리할 수 있어야 한다. 반대로 타인의 경험에서 그런 지식을 받아내려는 자세, 주변에서 벌어지는 모든 것을 객관적이고 실용적으로 분석할 수 있는 능력을 키워야 한다.

중국인들의 커다란 자부심 중 하나가 무술이다. 무협지가 탄생하기 전부터 중국인들은 무술을 좋아하고 무림의 고수들에게 상당한 기대를 가졌다. 그러나 척계광은 강호 고수들의 전투력에 대해 아주 회의적이었다. 그가 부임하기 전 무림 고수들을 왜구와의 전투에 투입했던 적도 있듯, 대부분의 징수들은 무사와 병사를 뽑을 때 무림 고수들을 신발하고 싶어 했다. 그러나 척계광은 그들을 거의 쓸모없는 존재로 취급한다. 우선 그들이 배우는 무술 자체가 전쟁에서는 소용없다. 도장에서 배우는 기술은 화려하고 춤추는 듯이 요란하다. 현란한 무술을 뽐내기 위해 무기는 작고 짧고 가볍게 만든다. 그렇게 싸우면서도 상대를 격파하고 늘 이기니 자신이 무적이라고 여긴다. 그러나 이런 기술은 시골에서 일대일로 싸우는 데나 유용하지 전쟁에서는 쓸모가 없다.

전쟁터로 가보자. 병사들이 빽빽하게 밀집한 곳에서는 그런 요란한 무술을 사용할 수 없다. 짧고 가벼운 무기는 아무리 현란하게 사용해도 적 근처에도 미치지 못한다. 어찌어찌 요란하게 가까이 가서 일격을 가한다고 해도 급소를 치지 않는 이상, 일격으로 적을 죽이지 못하고, 결과적으로 자기가 죽는다.

제일 나쁜 것은 자기 무술에 대한 집착 때문에 전투용 기술을 가르쳐도 배우려 들지 않는다는 것이다. 그 결과 자신의 경험과 무술이 군인으로 성장하는 데 방해가 될 뿐 전혀 도움이 되지 않는다. 자기 것에 집착하지 않고 받아들이고 배우려는 자세, 척계광이 중시한 인성의 제일 요건이다. 그래서 그는 차라리 배우지 못하고 무지몽매한 농민을 선호했다. 그들을 가르쳐 군인으로 만드는 것이 더 빠르다는 것이었다. 이를 잘못 이해하면 척계광이 똑똑하고 창의적인 병사보다는 아둔하고 순종적인 병사를 좋아하고 무조건적인 복종을 요구했으며, 그리고 그것은 현대의 리더십에서는 맞지 않는다고 생각하기 쉽다. 하지만 그것은 완전한 오해다. 앞서도 말했지만 척계광은 결코 맹목적으로 순응하는 병사를 요구하지 않는다. 그는 창의의 가치를 알고 스스로가 그것을 증명했다.

척계광의 인생 2막은 몽골 평원에서 펼쳐진다. 북로남왜北虜南倭라는 말이 있지만, 명나라는 왜구 못지않게 몽골의 침략으로 고통을 받았다. 그래서 척계광이 왜구 소탕으로 명성이 높아지자 정부는 북쪽으로 가서 몽골군과 싸울 것을 요구했다. 몽골은 왜구와는 전혀 다른 군대였다. 척계광은 절강에서의 전법은 완전히 버리고 몽골 초원에서 싸우는 전술을 순식간에 개발했다. 그것까지 자세히 설명할 필요는 없겠지만, 원앙진과 마찬가지로 그 누구도 생각하지 못한 전술이자 발상이었다. 척계광은 새로운 전술로 몽골군과 싸워 대승을 거두고, 효과적인 거점 방어 대책까지 완벽하게 작동시켰다.

이처럼 창의적인 아이디어를 발휘하려면 과거의 성공, 자신의 재능과 경험에 대한 집착을 버리고 마음을 비우는 데서 시작해야 한다. 현학적·관념적인 사고도 버리고 철저한 현실주의자가 되어 적의 전술, 적의 무기까지도 경청하며 해답을 찾아야 하는 것이다.

척계광은 무지하고 순종적인 병사를 좋아한 것이 아니라 마음을 비울 줄 아는 병사를 원했다. 그리고 현실에서 그런 인재들이 너무나 적었기 때문에 차라리 백지 상태의 병사를 모았다. 하지만 백지 상태라고 해서 아무것도 모르는 무지렁이 농부면 다 되는 것은 아니었다. 그들은 무능한 정부와 군대로 인해 동포들이 고통 받는 현실에 분노하고 왜구와의 싸움에 자원하는 의지와 용기는 갖춘 자들이어야 했다. 결코 현실에 안주하거나 의욕도 지능도 없는 그런 무지렁이가 아니었다.

몽골과의 전쟁마저 대승리를 거두면서 척계광은 명나라 역사에 길이 남는 대표적인 명장이 되었다. 그는 자신이 창안한 군대와 전술로 명나라 군대를 개혁하고 싶어 했지만, 그 뜻을 실현하지 못했다. 명나라의 문관들은 성공하는 무장을 극도로 경원시하는 풍조가 있었다. 관원들은 거의가 책임감이나 사명감과는 거리가 멀었고, 정파적 이익에만 몰두했다. 그나마 척계광이 전국적인 명장이 될 수 있었던 것도 명나라 역사상 최고의 재상이라는 장거정의 후원이 있었기에 가능했다. 그러나 장거정이 죽자 황제는 바로 장거정 일파를 숙청했는데, 척계광도 숙청의 대상에 포함되었다.

1583년, 척계광은 탄핵을 받고 파면되었다. 그는 고향인 등주로 은퇴했다. 파면 조치는 3년 후에 철회되었지만, 황제는 척계광을 다시는 등용하지 않았다. 그리고 그를 추천하는 사람이 있으면 바로 처벌했다. 실의에 빠진 척계광은 1588년에 사망했다. 그가 사망한 뒤에도 그가 키운 군대와 부하들과 그가 쓴 《기효신서》는 남았지만, 이상하게도 그 이상 발전하는 것을 보지는 못했다. 그의 부장 중 일부는 임진왜란 때 절강군과 함께 조선에 와서 공을 세웠다. 척계광의 마지막 승리였다.

세상은 점점 더 빨리 변하기 시작했지만, 척계광의 부하와 군대는 자기 발전도 멈췄고, 전술적 발전도 멈췄다. 여기에는 명나라의 조정의 부패와 몰이해도 한몫했다. 그의 부하 중 일부는 몽골과의 전쟁에서 전사했다. 마지막까지 살아남은 장병들은 요동에서 흥기한 만주 족과의 전투에 동원되었다가 무참하게 패배했다. 그것으로서 척계광의 유산은 효력을 다했고, 명나라는 멸망했다.

07

격동과 기동을 최대로 활용한 전략가

: 로멜

▎ 킬링 존의 고군분투

병사들은 자신들의 키보다 높은 참호벽 앞에서 기도하듯이 서 있다. 그들은 가끔 고개를 돌려 붕대와 들것을 부산하게 쌓아놓고 있는 의무병과 예비대로 배정되어 그들의 뒤에서 구경하듯이 서 있는 중대를 부러운 듯이 바라본다. 예비 중대의 병사들도 간간이 처량하고 하소연하는 듯한 눈빛으로 그들을 바라본다. 그 표정이 말하는 바는 한결같다. "제발 너희들 선에서 끝내다오."

포성이 멈추면 잠시 침묵이 흐르고 길게 이어지는 호각 소리가 울린다. 제1차 세계대전의 전장에서 지휘관들은 돌격 신호로 호각을 사용했다. 병사들이 사다리를 타고 키보다 높은 참호 위로 기어오른다. 가끔 2미터를 오르지 못하고 사다리에서 굴러떨어지는 병사도 있다. 적탄에 맞은 것이 아니라 두려움에 몸이 굳었거나 혹은 일부러 굴러떨어진다. 참호 밖으로 나온 병사들은 긴 횡대로 대형을 이루고 전진을 시작한다. 그러나 생각처럼 빠르지는 않다. 고운 흙으로 덮인 프랑스 평원은 조금만 물기를 먹으면 차진 찰흙으로 변해 병사들의 발을 붙든다. 곳곳에 키보다 깊게 포탄 구덩이가 파여 있다. 병사들은 구덩이 속으로 떨어지지 않도록 그 가장자리를 따라 조심스럽게 돌아야 한다. 물이 고인 진흙 구덩이에 빠지면 헤어나오지 못하고 익사한다. 곳곳에 박혀 있는 불발탄도 조심해야 한다. 조금 전진하면 적의 포격이 시작된다. 포탄은 마치 고래가 물을 뿜듯 흙을 품어 올린다. 유산탄의 강철알갱이가 흙덩어리에 섞여 날아든다. 흙과 돌알갱이가 철모와 얼굴을 때릴 때마다 깜짝 놀란다. 그것이 유산탄이었다면 놀랄 틈도 없이 뇌에 구멍이 났을지도 모른다.

드디어 죽음의 철조망 지대에 도착했다. 이미 수십 번 끊어지고 찢어진 온갖 종류의 철조망이 땅에 뒤엉켜 있다. 땅은 끊어진 철조망이 너무 많아 진흙과 가시를 버무린 스파게티처럼 되어 있다. 하지만 이곳이 죽음의 장미밭이 된 이유는 철조망 때문이 아니다. 병사들이 가시밭 사이에서 통로를 찾아 우왕좌왕하는 동안 적의 기관총 사격이 시작된다. 지그재그로 파인 참호선을 따라 적군은 좌우로 기관총 화망을 형성하고 기다린다.

이 화망, 즉 '킬링 존' 안에 들어온 자의 운명은 불을 보듯 뻔했다. 노련한 병사들은 철조망 사이로 난 전진로를 찾는 것이 아니라 조금이라도 이 킬링 존의 사각으로 나가기 위해 버둥댄다. 그러나 그곳이 어딘지는 아무도 모른다. 사격이 시작되고 단 5분이면 하나의 중대가 사라진다. 수많은 포탄 구덩이와 곰보처럼 울퉁불퉁해진 땅이 총알을 막아주면 최초의 살육에서 벗어날 수 있다. 그러나 철조망과 구덩이에 갇힌 그들을 향해 박격포탄이 찾아오기 시작한다. 이제 전진대형은 끊어지고, 전진할 수도 달아날 수도 없다. 어두워질 때까지 포탄이 자신을 찾아내지 못하기만을 기도할 뿐이다. 그러나 공세가 너무 둔해지면 적군이 반격할 수도 있다. 그러면 포로가 되거나 사살당할 것이다.

가능하면 병력을 모아 방어태세라도 갖춰야 하지만, 동료들이 어디에 있는지 알 수 없다. 중대장의 호각 소리도 끊어진 지 오래다. 어린 소대장들에겐 기대할 것도 없다. 모든 병사들이 누군가가 무언가 해주기를 바라면서 포탄 구덩이와 진흙더미에 박혀 있다. 평원에 비라도 쏟아지면 자신의 키보다 깊게 파인 구덩이 안에 있는 그들은 집단으로 익사할 수도 있다.

기회는 언제나 신속함을 요구한다

제1차 세계대전 당시 중대 공격은 대체로 이런 식으로 진행되었다. 공격 목표를 탈취하는 경우는 극히 적었고, 성공했다고 해도 일부 중대만 목표에 도달하기 때문에 얼마되지 않아 반격을 받아 점령한 목표에서 쫓겨나거나 그곳에서 포위되어 전멸하기 일쑤였다. 이것은 공격 부대가 너무나 긴 횡대를 이루며 모든 전선에 걸쳐 부딪혔기 때문이다. 전쟁은 횡대가 아니라 종대로 해야 하며 좁은 지점을 집중공격한 뒤 돌파구를 형성하고 밀어붙여야 한다는 생각은 전쟁 후반기에나 약간 시도되었다(그러나 수비 측도 종심방어 전술로 전환하면서 별 효과는 없었다).

소대장과 중대장의 사망률도 너무나 높아서 노련한 지휘를 기대하기 힘들었다. 중대장은 로마 시대의 백부장처럼 전투와 야전지휘를 겸할 수 있는 최초이자 최후의 보직이다. 그래서 전투에서의 승리는 훌륭한 중대장을 얼마나 확보하느냐에 달려 있다고도 한다. 아무리 멋진 작전계획을 세워도 전장에서 그것을 실현하는 사람은 중대장이다. 총알을 토해내는 적의 기관총 앞으로 병사들을 돌격시키는 것도 중대장의 리더십에 달려 있다. 애국심, 전우애, 사명감 등 온갖 이유를 들먹여도 병사들이 싸우는 이유는 형님 같은 중대장과의 의리 때문이다.

그래서 중대장은 리더를 꿈꾸는 청년 장교들에게는 꿈 같은 직책이다. 아무리 사망률이 높아도 야심 있는 장교는 후방에서 서류를 만지거나 보급 수레를 끌기보다는 전투 중대장이 되고 싶어 한다. 로멜(1891~1944) 소위도 그런 장교 중 한명이었다. 1914년 9월 1일, 124연대 2대대 7중대에 배속된 로멜 소위는 프랑스 뫼즈 강 부근에서 소대장으로 복무 중이었다. 그는 막 소대장으로 보직되었으며, 8월 21일에 첫 전투를 겪었다.

9월 1일, 둘콩의 삼림 지대로 전진하던 그의 중대는 좌우로 날개처럼 펼쳐진 삼림 앞의 개활지에서 강력한 적의 공격을 받았다. 적은 삼림 안쪽에 포대를 두고, 독일군의 접근을 기다렸던 것 같다. 로멜 중대는 갑작스런 공세로 고전했다. 적탄이 쏟아지는 중에 중대원들은 참호부터 파야 했다. 얼마 후 나무 뒤에서 지휘하던 중대장이 부상을 입어 후송되자, 로멜은 참전 열흘 만에 중대장이 되었다. 이때부터 로멜의 신화가 시작된다.

경력 10일의 중대장은 곤경에 처한 중대를 맡았다. 이때 우측에서 독일군 부대가 나타나는 바람에 프랑스군이 뒤에 있는 숲 속으로 후퇴하기 시작했다. 그 순간에 로멜은 개활지를 가로질러 숲의 좌측면으로 돌아간 뒤, 삼림으로 후퇴하는 적을 측면에서 타격한다는 과감한 발상을 한다. 전멸의 위기에서 간신히 살아난 순간에 이런 공세를 생각한다는 것 자체가 로멜의 비범한 용기와 전투 감각을 보여준다. 신속한 공격이 중요했으므로 그는 주변에 있던 열두 명만 이끌고 달렸다. 그러나 적군이 숲 속이 아닌 숲 반대편으로 들어가는 바람에 차단에 실패했다.

로멜은 좌절하지 않았다. 이 상황에서 그는 새로운 상황을 발견했다. 반대편에서 독일군이 계속 공세를 퍼붓고 있고, 자기 앞에는 적이 없었다. 그는 중대 본대를 내버려두고 열두 명으로 적의 중심부를 향해 돌진했다. 물론 중대의 나머지 병력이 자신의 뒤를 따라올 것이라 생각했지만 그렇지는 않았다. 로멜의 돌진은 반대편에서 공격 중이던 연대가 로멜과 병사들을 적군으로 오인하고 집요하게 사격을 하는 바람에 성공하지 못했지만, 열두 명은 부상자 한 명 없이 돌아왔다. 중대로 돌아오니 다들 로멜이 전사한 줄 알고 있었다.

중대장 로멜의 첫 전투는 1944년까지 이어지는 로멜의 파란만장한 전역의 예언과도 같다. 아무리 어려운 상황에서도 공세를 궁리하고, 작은 틈과 전기만 발견하면 결코 망설이지도 놓치지도 않는 신속함, 병력보다는 빠른 기동과 전기를 중시하고 후방 고립을 걱정하지 않는 대담함, 이 모든 것은 가우가멜라 전투에서 컴패니언 기병을 이끌고 다리우스의 본진으로 돌진한 알렉산드로스의 유산이다. 다만 알렉산드로스의 충성스러운 부하들과 달리 로멜의 중대는 중대장의 담력을 따라오지 못했고, 이웃 부대는 로멜의 전투를 아예 이해하지 못했다. 로멜이 사단장, 군단장으로 진급한 뒤에도 이와 같은 몰이해와 비협조는 계속 그의 전쟁을 어그러뜨렸다.

알렉산드로스가 몸소 보여주었던 그의 전투 방식은 오랫동안 전장에서 사라졌다. 몰라서가 아니라 실현하기가 쉽지 않았기 때문이다. 위대한 한니발조차도 알렉산드로스의 전술을 그대로 재현하지는 않았다. 알렉산드로스의 격동은 《손자병법》처럼 원리로 변화하고, 다른 형태로 실현되거나 성공한 전투를 포장하는 데 사용되었다. 17세기가 지나자 알렉산드로스의 재림 가능성은 더욱 낮아졌다. 화약 무기가 등장하면서 기병은 일선에서 퇴장했고, 전쟁은 총과 대포에 살과 뼈로 맞서는 형태가 되었다. 다시 보병의 시대가 도래하면서 전쟁은, 마치 중장보병대가 적의 화살과 투창 등의 세례를 받으면서도 전진하는 그리스·로마 시대의 밀집대형 전투처럼 되었다. 하지만 화살과 투창이 기관총과 대포로 바뀌면서 살상력이 10만, 100만 배 이상 높아졌다. 병사들에게는 그들을 보호해줄 방호구가 전혀 없었다. 제1차 세계대전은 현대판 그리스식 보병 전투의 가장 나쁜 형태였다. 5년의 전쟁 동안 서부전선에서만 1,000만 명이 전사했다. 이렇게 피로 범벅이 된 진흙탕에서 알렉산드로스의 전술을 재현한다는 것은 상상하기 어려웠다.

첫 전투에서 상징적인 활약이 있었지만 로멜의 만개는 시간이 걸렸다. 그는 바라는 것을 바로 얻을 수 있는 왕자가 아니라 지방도시 중학교 교장의 아들이었고, 평범한 중위였기에 그에게 필요한 것을 자신이 직접 만들어야 했다. 프랑스 전선에서 로멜은 그의 중대원들에게 철저한 감투정신과 의욕을 요구했다. 몽브랭빌에서 그의 중대는 프랑스군의 혹독한 포격에 노출된 고지에 배치되었다. 프랑스군은 포와 포탄의 양이 독일군의 두 배가 넘었고, 그의 중대가 배치된 고지는 불모의 바위산이라 시야를 가리는 것도 없었다. 로멜의 대책은 깊은 참호뿐이었다. 그의 계산으로는 최소한 1.6미터는 파야 했다. 그러나 단단한 바위산이라 50센티미터를 파는 데만 네다섯 시간이 걸렸다. 로멜 중대와 대대 병사들은 끼니와 잠을 거른 채 밤새도록 작업을 했다. 이윽고 가혹한 포격이 시작되었다. 인근 대대는 큰 피해를 입었지만 로멜의 중대와 대대 전체는 참호 덕에 별다른 피해를 입지 않았다. 로멜은 그런 무리한 작업을 알아서 해내는 병사들에게 놀랐다고 말했다. 그러나 한편으로는 그것이 로멜과 장교들이 갖춘 리더십의 결과였다는 말도 숨기지 않았다. 이것은 로멜의 삶에 아주 중요한 교훈이 되었다. 병사들은 고된 작업과 힘든 병영생활을 불평한다. 그렇다고 해서 그들이 원하는 것이 편안한 삶과 휴식은 아니다. 그들이 진정으로 원하는 것은 능력 있는 리더다. 리더의 능력을 신뢰한다면 병사들은 더 어렵고 고된 작업도 해낼 준비가 되어 있다.

로멜이 바로 그런 리더였다. 그는 결코 병사들을 편안하게 해주지는 않았다. 그러나 승리와 생명을 주었다. 어떤 전투에서든 중대원들은 그의 비범함을 체득할 수 있었다. 전투가 시작되면 로멜은 결코 만들어진 길로 공격하지 않았다. 아무리 힘들고 고통스러워도 전장을 뒤져 적이 예상하지 못하고, 은폐나 엄폐가 가능한 길을 기어이 찾아냈다.

알렉산드로스와 싸웠던 포로스 왕의 사례에서 보듯 전쟁에서 모든 접근로를 차단하고 감제한다는 것은 불가능하다. 우회하고 돌아서 찾아보면 적이 생각하지 못한 접근로를 개발할 수 있다. 대신 그것은 엄청난 노력과 체력, 고통을 수반한다. 로멜은 기꺼이 그것을 해냈고, 병사들에게 요구했다. 로멜의 중대는 어떤 중대보다도 적은 희생으로 공격을 완수했다. 그러나 그 피로도는 엄청났다. 병사들은 전투 후 녹초가 되었다. 로멜 또한 엄청난 자기 단련의 결과로 누구도 감당할 수 없는 놀랄 만한 체력의 소유자였지만 만성적인 위장병을 앓았다. 그건 체력과는 무관한 약점이었고, 평생 그를 고통스럽게 했다.

하지만 언제나 목표를 점령하고 나면 더 멋있고 새로운 기회가 보였다. 그 기회의 특징은 언제나 신속한 행동을 요구한다는 것이다. 후퇴하는 적의 퇴로를 차단하고, 혼란으로 잠시 무방비 상태가 된 포대를 점령할 수 있는 순간은 언제나 찰나였다. 로멜은 중대원을 닦달해서 일으켜 세웠다. 그해 9월 말 제1차 세계대전 최대의 격전지였던 아르곤 삼림 지대에서 전투를 벌이며, 로멜은 그의 중대원들의 자세에 대해서 이렇게 묘사했다.

> 예상한 대로 새로운 임무를 부여받은 병사들은 피로마저 잊었고, 나는 배가 아픈 것도 모를 정도였다.
>
> — 엘빈 로멜, 《롬멜 보병전술》, 65쪽

이 글이 정직한 묘사인지, 로멜 자신의 바람인지는 알 수 없다. 분명한 것은 이것이 로멜 평생의 모토였다는 것이다. 로멜은 남이 하지 못하는 일, 새로운 일에 도전하고 성취하는 것을 삶의 쾌감으로 삼는다고 말했다. 이것이 그를 명장으로 만든 첫 번째 비결이다. 분명한 사실은 이런 태도를 지닌 사람은 극히 드물고, 그런 태도를 지닌 사람으로 변화시키는 것은 더욱 힘들다는 것이다. 그런 이유로 중대원들이 정말로 자신들의 특이한 중대장과 병사를 녹초로 만드는 중대장의 취미와 영혼을 공유했는지는 알 수 없다. 하지만 최소한, 희한한 취미를 지닌 중대장을 따르도록 하는 데는 성공한 듯하다. 중대원들은 로멜의 이상에 공조하지는 못해도, 로멜을 따르기도 죽도록 힘들지만, 그와 함께라면 죽지 않고 살아날 확률이 제일 높으며, 언제나 승리한다는 사실은 금세 깨달을 수 있었다.

두 번째로 로멜이 강조한 것은 부단한 훈련이었다. 맹목적인 훈련 예찬론이 아니라 전쟁터에서 한순간의 쓸모를 대비해, 신념을 갖고 꾸준하고 착실하게 훈련했고, 또한 병사들이 그 내용을 잊지 않도록 관리해온 능력이다. 로멜뿐 아니라 독일의 장교들은 그런 교육을 신뢰했고, 전 유럽의 군대 중에서 가장 우수했다.

9월 22일, 새로운 임무에 흥분했던 중대원들(실제로는 전 대대가 로멜의 건의에 따라 이 작전에 참여했다)은 프랑스군 한 개 여단을 격퇴하고, 50명을 포로로 잡았다. 로멜이 소속된 대대의 희생은 전사 네 명, 부상 열한 명이었다. 승리를 해도 최소한 적과 거의 같은 수의 희생자를 내야 하는 제1차 세계대전의 전장에서 이는 기적에 가까운 승리였다.

그러나 이 전투에서 로멜은 다리에 부상을 입고, 후송되었다가 1915년 1월에 전장에 복귀한다. 총알을 피해 다닌다는 평을 듣던 그는 평생 두 번 부상당하는데, 이것이 첫 번째 부상이었다. 그는 2대대 9중대장이었다. 3대대 공격의 후원으로 참가한 9중대는 프랑스군 진지를 멋지게 점령했다.

로멜은 어느 때처럼 절대 다치지 않는 길을 찾아 중대를 이끌었다. 프랑스군 진지 전방 90미터 지점까지 접근한 그는 무슨 수를 썼는지 모르지만 절묘한 시점에(사실은 3대대가 공격을 시작해서 막 적의 주의가 흩어진 틈에) 중대를 돌격시켰다. 프랑스군은 예상치 않은 공격에 혼비백산했다. 그러나 더 놀라운 것은 중대의 돌격 속도였다. 대부분의 군대는 목표를 탈취하면 스스로 정지한다. 나름 합리적인 이유도 많다. 그러나 로멜은 무너지는 적을 절대 그냥 두지 않았다. 그렇다고 무모한 돌격은 결코 아니었다. 로멜은 별 넷으로 진급한 후에도 중대 공격의 선두에서 달렸지만,

부상 한 번 당하지 않았다. 그의 두 번째 부상은 미군 전투기의 기총 소사를 피하다가 교통사고가 나서 입은 것이었다.

그는 무너지는 적을 보고 목표를 달성했다는 이유로, 혹은 함부로 적을 추격하다가는 무슨 일이 벌어질지 모른다는 걱정으로 스스로 주저앉는 어리석은 짓을 경멸했고, 적을 몰아붙이는 데도 일가견이 있었다. 그 이유도 분명했다. 후퇴한 적이 전세를 추스르면 그들을 공격하기 위해 수많은 병사를 또 희생시켜야 한다. 그것은 지휘관으로서 용납할 수 없는 행동이다. 중대장 로멜은 부하들을 앞으로 내몰았고, 2~3선까지 단숨에 점령했다. 그동안 로멜 중대의 사상자는 단 한 명도 없었다.

하지만 여기까지 오자 적이 격렬하게 저항하기 시작했다. 그러나 여기서도 멈추지 않은 로멜은 철조망 사이로 난 작은 통로를 발견했다. 다른 사람들은 왜 이런 것을 찾지 못했을까? 로멜처럼 총알을 피해가는 재주가 없었기 때문일까? 아무리 우세한 적을 만나도 대담하고 빠르게 움직이면 기회가 온다는 알렉산드로스적인 믿음, 그 신념에 따라 아무리 불리한 상황에서도 공격을 생각하고 기회를 찾는 열정, 천부적인지 노력의 결과인지는 알 수 없지만 열정과 노력의 혼합물이 분명한 지형판독 능력의 힘이었다.

철조망 통로는 겨우 한 사람이 기어갈 수 있는 길이었다. 군사들은 이미 엄청난 진격을 했는데, 강력한 적의 진지를 향해 한 줄로 기어 들어가자고 하자 아무도 따라오려고 하지 않았다. 이에 로멜은 소대장을 향해 즉결처분하겠다는 위협을 가해 그들을 움직이게 했다. 로멜이 이런 협박을 한 것은 평생 처음이자 마지막이었다. 한 줄 공격의 성과는 엄청났다. 알고 보니 로멜군에게 가해지던 적의 사격은 위협사격에 불과했다. 적은

프랑스군의 참호를 공격하는 독일군 (1917년 플랑드르 지역)
평범한 중위였던 로멜은 첫 전투였던 프랑스 전선에서 위기를 맞았다. 시야가 탁 트인 바위산에서 포탄을 피할 수 있는 대책은 깊은 참호를 파는 것뿐이었고, 병사들은 끼니와 잠도 거른 채 밤새 작업을 했다. 이윽고 프랑스의 포격 후, 큰 피해를 입은 인근 대대에 비해 로멜의 중대와 대대 전체는 참호 덕에 별다른 피해를 입지 않았다. 로멜은 이 경험을 계기로 중요한 삶의 교훈을 얻었다.

요새화된 주방어진지를 포기하고 이미 도주했다. 로멜은 득의만만해서 이 진지에 스스로 '상트랄central(중심)'이라고 이름까지 붙였다.

로멜은 프랑스 보병이 겁을 먹고 전술적으로 자신들에게 우세한 진지를 포기했으며, 안전지대에 거치한 기관총의 맹렬한 사격만으로 공세를 제압하려고 한 것은 오산이며 이해할 수 없는 행동이었다고 평가했다. 그러나 우리 시각에서 보면 이해하지 못할 행동은 아니다. 프랑스군의 잘못이라면 늘 하던대로 했던 것이 죄라면 죄였다.

우리는 전쟁과 경영을 맹렬한 경쟁이라고 수식어를 붙이길 좋아한다. 그러나 인간 사회에서의 격전은 늘 보편적 인간의 한계만큼만 벌어진다. 평준화의 법칙, 악화가 양화를 구축하는 인간 본성에 의해 아무리 극악한 경쟁(혹은 격전)이라고 요란을 떨어도 구석구석 들여다보면 '인간적인 타협'에 의한 관행이 곳곳을 지배한다. 단 한 명도 맞추지 못하고 허공으로 뿜어대는 요란한 사격만으로 대대, 중대 공격을 저지할 수 있는, 서로 간에 적당히 살아갈 수 있는 관행과 규칙이 생겨나는 것이다. 그것이 로멜 같은 천재가 싹트고 활동할 수 있는, 그리고 사관학교 출신이라면 모두가 익히 알고 있는 알렉산드로스의 전법이 여전히 놀랄 만한 효과를 거두는 이유다.

로멜은 거의 희생을 내지 않고 주방어선에 침투했다. 그곳은 한 개 연대가 기관총 밥이 되어도 도달하기 힘든 위치였다. 하지만 후속 부대가 따라오지 않았다. 이것이 로멜처럼 용감하고 적극적인 중대장이 잘 나오지 않는 본질적인 이유였다. 나중에 로멜은 연대에 예비대가 없고, 탄약이 보급되지 않아 파견할 병력이 없었던 것이 이유였다고 했다. 통신, 수송 기능이 떨어졌고, 황소가 돌진하듯 전력을 기울인 정면 대결을 선호하던 제1차 세계대전에서는 이런 일이 너무나 흔했다.

프랑스군도 노련하게 로멜 중대를 포위해서 고립시켰다. 로멜군은 탄약이 떨어지도록 용감하게 싸웠지만 끝내 지원이 오지 않았다. 이 상황에서 침투한 길로 돌아나가려면 인솔하는 병력 가운데 50퍼센트 정도의 사상은 각오해야 했다. 절체절명의 위기였다.

이때 로멜은 프랑스군이 자신들의 공격에 저항만 했지 선제공격을 해오지 않는다는 사실을 떠올렸다. 그는 과감하게 프랑스군 후방으로 돌격했다. 그것도 서쪽에 있는 강력한 적을 공격했다. 동쪽 프랑스군은 병력이 적지만 멀리 떨어져 있는데다가, 그들을 습격할 경우 강력한 서쪽 프랑스군에게 후방을 공격당할 우려가 있었다. 듣고 보면 당연하지만, 보통 현장에 있는 지휘관이라면 로멜과는 달리 대부분이 약한 적을 칠 것이다. 서쪽으로 돌격한 로멜은 적을 밀어내고, 그 틈에 후방으로 탈출했다. 그의 예상대로 동쪽의 적은 습격해오지 않았다. 사격은 계속했지만, 300미터 이상 떨어진 곳에서 하는 사격인 까닭에 정확하지 않았다. 설령 맞는다 해도 치명적이지 않았다. 방어 진지에서 발생한 중상자 다섯 명은 두고 와야 했지만, 전사자는 한 명도 없었다. 이 공적으로 그는 '1급 철십자훈장'을 받았다. 연대에서 위관 장교로 이 훈장을 받은 사람은 로멜이 처음이었다. 그는 중위로 진급했고, 병사들 사이에서 신으로 불리기 시작했다.

도전하는 사람에게 행운이 온다

훈장은 로멜에게 또 하나의 선물을 주었다. 창의력과 결단력이 넘치는 이 장교를 눈여겨본 사령부에서 그를 동부전선에 새로 창설되는 산악대대로 발령했다. 로멜에겐 커다란 행운이었다. 그가 배치되어 있던 서부전선은 맹목적인 돌격과 반격이 반복되는 지루한 참호전과 소모전으로 변해가고 있었다. 로멜이 창의성을 발휘할 수 있는 기회도 줄어들었다. 종전 때까지 로멜이 아르곤에 있었다면 천하의 로멜도 부상을 당하거나 죽었을 것이다. 그러나 산악대대의 전장은, 늘 도전거리를 찾고 보통 사람의 타성에서 벗어나는 전투를 치르고자 하는 로멜에게는 천혜의 땅이었다. 산악대대는 오스트리아와 트란실바니아, 루마니아 사이에 펼쳐진 험악한 산지(보주 산맥)에서 싸우기 위해 창설한 산악 전문 부대였다. 명목은 그렇지만 실상은 좀 달랐다. 산악대대는 제2차 세계대전 때 등장하고 오늘날에는 보편적이 된 공정사단이나 특공연대 같은 정예 특수 부대의 효시였다.

독일의 주전선은 서부전선이었다. 그러나 전쟁이 길어지면서 동부전선도 만만치 않은 골칫거리가 되었다. 러시아, 루마니아, 이탈리아가 전부 독일의 적이 되었다. 오스트리아와 헝가리가 독일편에 붙었지만 전투력은 중세 군대 수준이었다. 적의 전투력이 우수하지는 않았지만 그래도 오스트리아보다는 우세했고, 병력 역시 만만하지 않았다. 오스트리아가 급하게 지원을 요청하자 병력을 아껴야 했던 독일은 소수 정예를 보내 그들을 상대하는 전략을 세운다. 장교는 사령부에서 선발했다. 대부분 등산전문가 출신이었다. 로멜은 등산과 무관했지만 드물게 선발된 경우였다. 누군가가 로멜의 재능을 제대로 알아본 것이 틀림없었다. 사병은 지원을 받았다. 2,000미터가 넘는 고봉이 즐비한 험지에서 전투를 치르려면 강인한 체력과 훈련, 스키 기술도 필요했다. 하지만 정작 자원자들에게 필요한 것은 훈련을 감내할 의지와 목표의식이었다. 산악대대에 자원한 병사는 이 지역 출신들이 많았지만, 서부전선에서 방출한 문제 사병이거나 그곳에서 훈장을 받은 병사들도 있었다. 그들은 살육전이 되어가는 참호전의 공포에서 벗어나기 위해서가 아니라 제대로 된 전투를 하고 싶어서 산악대대에 지원했다. 로멜 같은 중대장에게 필요한 병사의 자질이었다.

그뿐 아니었다. 획일화된 평지 전투와 다른 산악 전투의 특수성을 감안해서 산악대대는 중대 단위로 임기응변적인 전투를 할 수 있는 개성과 재량을 부여했다. 장비도 경량화했다. 산악에서는 포병 지원이 어려웠으므로 박격포와 기관총만을 지원화기로 삼아 기동성 있는 전투를 수행하게 했다. 누가 로멜을 발탁했는지 알 수 없으나 제1차 세계대전의 모든 전장에서 로멜에게 가장 적합한 곳이었다.

그에게는 행운이 하나 더 있었다. 대대장 스프뢰서 소령을 만난 것이다. 40대 중반으로 로멜만큼이나 강인하고 대담했던 그는 로멜이 평생 만났던 상관 중에서 아마 로멜을 가장 잘 이해하고, 잘 '컨트롤'했던 장교였을 것이다. 자존심이 강한 로멜은 절대 그런 말을 입 밖에 내지 않았지만, 제2차 세계대전 당시 상부에서 자신의 전술에 이의를 제기하거나 실행을 훼방할 때마다 스프뢰서를 그리워했을 것이다.

산악대대가 상대할 루마니아, 이탈리아군은 오랜 옛날 알렉산드로스가 상대했던 페르시아군만큼이나 허약했다. 독일편이었던 터키군은 러시아군과 상대할 경우 러시아군과 독일군의 차이만큼이나 전력이 떨어지는 군대였다. 하지만 터키군도 루마니아군에게는 우세를 보였다. 이탈리아군의 전력은 명확히 규정하기 쉽지 않지만 터키나 루마니아군보다는 좀더 강한 군대였다고 봐야 할 듯하다.

신속하게, 면밀하게, 과감하게 실행하라

산악대대의 한 중대를 지휘하게 된 로멜은 고기가 물을 만난 듯이 싸웠다. 산악 전투는 전선을 형성하기가 어려웠으며 고지 중심으로 진행되었다. 높은 산은 곳곳에 삼림과 바위 그늘, 골짜기와 같은 사각지대를 제공했다. 봄까지도 고지는 상상할 수 없게 추웠다. 수비대의 집중력이 저하할 수밖에 없는 곳이었다. 신속한 전황 판단, 면밀한 정찰을 통한 사각지대와 접근로의 발견, 과감한 기습과 점령, 이것이 로멜식 전투였다.

그러나 1917년 8월 14일 자정 무렵, 스프뢰서 소령에게 급히 호출되어 대대 본부에 도착한 로멜은 충격적인 소리를 듣는다. 러시아와 루마니아군이 기습적으로 전투단 후방으로 진출해 퇴로가 차단되었다는 것이다. 전투단은 헝가리군으로 구성된 대대를 포함해 모두 다섯 개 대대로 구성되었다. 하지만 산악대대를 제외한 나머지 대대의 전투력은 믿을 수 없었기에 전투는 산악대대가 도맡아야 했다. 대대 본부에 모인 산악대대의 다른 중대장들은 대대장 스프뢰서 소령에게 후퇴를 건의했다.

로멜의 의견은 달랐다. 그는 사령부가 있는 고지를 중심으로 원형의 방어선을 설치한 뒤 적과 싸울 것을 주장했다. 그것은 대대장이 기다리던 답변이었다. 대대장은 헝가리군까지 지휘해야 했으므로 로멜에게 산악대대의 지휘를 맡기고, 방어에서 제일 중요한 지역을 담당하게 했다. 로멜은 죽을 수도 있는 위험한 임무임을 알았지만 흔쾌히 받아들였다. 나중에 로멜은 어려운 일, 해보지 않은 일을 한다는 호기심에 이 임무를 기쁘게 받아들였다고 말했는데, 로멜의 부대원들이 이 말을 들었다면 어떻게 반응했을지는 모르겠다.

방어 지역인 '코스나 산'으로 간 로멜은 산등성이를 따라 병력을 배치했다. 예상되는 위험 지역은 두 곳이었다. 능선으로 이어진 방어선 중앙에 또 하나의 능선이 전방으로 흘러나갔다. 이 능선은 안장처럼 생겨 내려앉았다가 올라가, 방어선 건너편에 작은 봉우리를 형성했다. 로멜은 그 봉우리에 소대를 배치했다. 완전히 고립된 지역이었지만, 바다 위에 솟아난 망대처럼 전 방어선을 조망할 수 있는 곳이었다. 또한 방어선을 공격하는 적군의 측면과 후면에 사격을 가할 수 있는 곳이기도 했다.

다음으로 위험한 곳은 2중대가 위치한 러시아 언덕이었다. 로멜은 그곳에 제일 유능했던 목사 출신의 휘겔 중사의 소대를 배치했다. 그들은 방어선의 맨 좌측이었고, 지형적으로는 산등성이가 아래로 흘러내리다가 약간 돌출한 언덕이었다. 적이 우회하면 삼면에서 포위 공격을 받고, 적이 정면의 방어 능선을 점령하면 위에서 아래로 공격을 받을 곳이었다. 그들이 뚫리면 대대 방어선의 좌측면과 후방이 완전히 노출된다. 게다가 그들의 측면은 채석장처럼 크게 잘려나간 가파른 골짜기였다. 병력 부족으로 전체 방어선을 이어 붙일 수 없었던 로멜은 골짜기 건너편 사령부 언덕이라고 불리는 곳에 5중대와 기관총 소대를 배치했다. 2중대와 5중대는 산성에서 돌출한 치雉와 같은 위치가 되었다. 만약 적이 골짜기로 들어오면 마치 두 개의 치 사이로 들어온 격이 되어 양쪽에서 쏘아대는 십자화망에 갇힐 것이다.

적의 첫 번째 공격은, 방어선에서 마치 미끼처럼 튀어나온 '방어 전초'의 공격으로 시작되었다. 이어 방어 능선 전체에 강렬한 압박이 들어왔다. 보통 지휘관이라면 방어 전초와 그곳을 지키는 병력들은 승리를 위한 희생양으로 간주할 것이다. 그러나 로멜은 절대로 부하를 미끼로 사용하지 않았다. 그것이 그의 리더십 핵심이자 장점이다. 로멜에게 그곳은 자신들을 향해 돌격하는 적을 사방으로 공격할 수 있는 요지일 뿐이다. 그만큼 위험하지만 지킬 필요가 있었기에 그는 지원 전략을 세워두었다.

총성이 울리자마자 로멜은 지원 부대를 이끌고 선두에 서서 전초 쪽으로 달려갔다. 아니나 다를까 전초 소대의 지휘관은 벌써 겁을 먹고 후퇴하고 있었다. 로멜은 전광석화 같은 역습으로 전초를 탈환하고 후퇴하던 전초의 병력을 다시 배치했다. 로멜이 그들에게 숭고한 희생을 강요했다면 이 전투는 어찌해서 이긴다고 해도, 그리고 병사들은 희생자에게 경의를 표하면서도, 자신들이 희생자로 선택되지 않기 위해 소심해지고 비겁해질 것이다. 중대는 팀워크를 상실하고 세우는 작전마다 어그러질 것이다. 로멜은 전쟁에서 언제나 비범한 대담함을 요구하지만 절대 순교를 강요하지 않았다.

그렇게 시작된 전투는 고지방어 전투의 교범이라고 할 수 있는 수준으로 진행되었다. 그는 잠시도 쉬지 않고 전투를 지휘했다. 통신이 불완전한 상황에서 위험한 곳이 발생하면 기가 막히게 그 순간에 나타나 포격을 유도하거나 지원병을 투입하고, 병력을 교대시켰다. 사령부 언덕도 적군의 돌격으로 함락될 위기에 처했는데, 그 순간 로멜이 나타나 후방

고지에 기관총을 배치하면서 동시에 언덕에 있던 병사들을 철수시켰다. 그리고 적이 진지로 뛰어들자 일제 사격을 가해 그들을 소탕한 뒤 재빨리 다시 병사를 투입했다. 골짜기 건너편에 배치한 5중대의 기관총 소대도 신나는 순간을 맞았다. 로멜의 예상대로 적군이 2중대의 측면을 공격하기 위해 골짜기로 진입했던 것이다. 로멜은 이 순간을 위해, 사전에 불을 피워서 이 골짜기에 본부가 있는 것처럼 위장하기까지 했다.

전투가 잠시 소강상태로 들어가면 그는 예비대를 다시 편성하고, 지원하기 쉬운 곳에 배치했다. 로멜은 방어선이 일시적으로 뚫리는 것을 두려워하지 않았다. 그는 적이 방어선을 뚫고 들어올 경우, 후방에 배치한 강력한 예비대로 하여금 적을 공격하여 격멸했다. 바로 종심방어 전술의 일종이다. 이 전술이 효과적으로 운용되려면 방어선의 병사들은 적의 측면 돌파에도 당황하지 않고 자기 자리를 지켜야 하며, 지휘관은 신속하게 예비대를 투입해야 한다. 한마디로 방어 전투에서도 끊임없는 격동과 용기가 필요하다. 그러나 자신의 불안감과 병사들의 불안감을 이겨내지 못한 지휘관은, 이 전술 대신 모든 병력을 제일선에 촘촘하게 배치하는 일선방어를 선택하기 십상이다. 이런 방어 형태는 방어선 한 곳이 뚫리면 전군이 바로 무너진다. 전투가 끝난 후 로멜은 만약 일선방어를 택했다면 이 전투에서 방어에 성공하지 못했고 희생은 더 컸을 것이라고 말했다.

종심방어 전술은 제1차 세계대전을 거치며 효과적인 방어 전술로 증명되었지만, 전술을 얼마나 대담하고 역동적으로 수행하느냐는 어디까지나 지휘관에 달려 있다. 게다가 방어 전략이 '탁상'으로 올라가면 '한 치의 땅도 양보할 수 없다'라는 식의 형식논리와 뭔가 확실하지 않은 격동보다는, 일목요연하고 정제된 설명을 요구하는 문서의 법칙에 의해 방어선에 병력을 집중하는 일선방어로 바뀌는 경우가 허다한데, 이런 오류는 현재까지도 수없이 반복되고 있다.

루마니아군의 공세는 5일간 쉴 새 없이 계속되었다. 로멜은 5일간 한잠도 자지 않고 군화조차 벗지 않은 채 전투를 지휘했으며 마침내 승리했다. 하지만 아직 로멜의 전설은 시작하지도 않았다.

10월 24일부터 3일간 로멜이 대대 병력을 지휘한 크라곤자-마타주르 산 전투는 진정 전쟁사의 전설이라고 말할 만한 것이었다. 그는 1,000~2,000미터에 이르는 요새화된 고지 다섯 개를 3일 만에 점령했다. 각각의 고지는 이탈리아군 다섯 개 연대가 하나씩 맡아 방어하고 있었다. 마지막 공격에는 겨우 100명의 소총병과 여섯 정의 중기관총만이 나섰다. 마지막 공격 전, 고지를 모두 점령했다고 생각한 상부가 철수 명령을 내렸던 것이다. 최후 목표를 앞에 두고 철수할수도, 명령을 위반할 수도 없었던 로멜은 최정예 100명을 남기고 병력의 대부분을 철수시켰다. 그리고 그들을 이끌고 1,500여 명이 지키는 고지를 공격했다.

1.5개 소대 병력으로 1개 연대가 지키는 고지를 공격하는 것이 가능할까? 지금까지 로멜의 기적 같은 전투를 경험하고 경험했던 병사들도 믿지 않았다. 그러나 로멜은 작전계획을 설명하며 그들을 설득했다. 고지의 이탈리아군은 병력 배치가 엉성했다.

한국전쟁 때도 그런 일이 곧잘 벌어졌는데, 고지 전투에 초보이거나 열정이 조금 부족한 장교들로 구성된 부대는 감제고지라는 이점에 쉽게 안주해서 사격 진지의 구축이나 사계 청소 등을 소홀히 하는 경우가 많았다. 그런데 고지는 시야가 탁 트여 있는 반면, 은폐나 엄폐가 가능한 접근로도 함께 갖고 있다. 특히 바위로 된 산일수록 이와 같은 작은 골짜기와 접근로가 많아 방어하는 입장에서는 진지 구축이나 병력 배치에 더욱 유의해야 한다. 그러나 로멜은 고지 이탈리아군의 엉성한 진지 배치로 사각지대가 있다는 사실을 간파하고 있었다. 그래서 100명을 적의 방어선에 침투시킨 후 양측으로 소탕해나가게 했다. 이탈리아군의 부실한 훈련과 유약한 전투 의지라면 측면에서 오는 압력을 절대 견디지 못할 것이다.

망설이던 병사들이 자신감을 회복했다. 로멜은 제일 믿을 만한 2중대 휘겔 중사를 공격소대의 지휘관으로 임명했다(이미 장교들은 대부분 부상으로 전열에서 이탈했다). 휘겔은 겨우 수십 명의 병사로 이탈리아군이 진 치고 있는 고지로 파고들었다. 그러자 이탈리아군이 손을 들고 참호에서 나오기 시작했다. 몇몇 젊은 장교들은 저항하려고 했지만 병사들이 말을 듣지 않았다.

3일간의 전투에서 로멜은 500~600명의 병사로 다섯 개 연대를 공격해서 9,000명을 포로로 잡았다. 이 과정에서 로멜 부대의 병사 두 명이 사망했다. 나중에 부상자 중 네 명이 사망하여, 부대의 전사자는 총 여섯 명이었다. 이 공적으로 스프뢰서 소령과 로멜은 독일군 최고의 훈장인 블루맥스를 받았다. 하나의 대대에서 동시에 두 명이 이 훈장을 받은 것은 최초였다. 1918년 로멜은 대위로 진급했고 전쟁은 끝났다. 그러나 로멜의 전설은 이제 시작이었다.

관습과 습관도 합리적으로 이용하면 효율적이다

로멜은 제1차 세계대전의 전투 현장에서 몇 가지 중요한 체험을 했다. 보통의 군대는 정면으로 공격하고, 적이 후퇴하면 병력을 분산한 뒤 일부를 우회시켜 적을 차단하려고 한다. 그러나 이런 고급스런 전술 놀이는 단지 병력을 분산시킬 뿐이다. 더구나 불완전한 통신 수단 때문에 그렇게 분산된 병력 간의 협조는 잘 이루어지지 않는다. 하지만 로멜은 정면이 아니라 우회해서 공격했고, 병력 분산 대신 집중해 적을 덮쳤으며, 적이 무너지면 기동이 쉬운 소수 정예로 숨 쉴 틈을 주지 않고 적을 몰아쳤다.

군대는 측면이나 후방에서 오는 강렬한 압박에 의외로 쉽게 무너진다. 강렬한 압박을 위해서는 지형의 숙지, 대담한 습격, 무엇보다도 빠른 기동과 확신과 신념을 지닌 공격이 중요하다. 적이 이 압박을 견디지 못하는 이유는 방어에 불리한 측면이나 배후를 찔렸다는 심리적 압박도 있지만, 평소에 이런 공격을 받아본 적도 없고, 자신들이 그런 공격을 해본 적도 없기 때문이다. 측면이나 후방 공격을 위해서는 자신도 측면과 후방을 노출하는 위험을 감수해야 한다. 그러나 교과서와 지도로 전쟁을 하는 대부분의 지휘관은 절대로 그런 위험을 감수하려고 하지 않는다. 그 결과 측면과 후방에 대한 두려움은 한 번도 대기에 노출되지 않은 여린 살과 같아서 더욱 연약해진다.

이런 전술 행동을 위해 필요한 조건은 기동력을 지닌 뛰어나고 용감하고 충성스러운 병사들이었다. 로멜은 산악대대는 병사 한 명이 적군 스무 명을 감당할 수 있다고 했다. 정말 한 명이 적군 스무 명을 감당하지는 못하겠지만, 험한 산악 지형과 추위에 잘 단련된 산악대대의 병사들은 허약한 징집병보다 스무 배는 왕성하게 움직일 수 있었을 것이다. 하지만 평지에서의 정규전으로 내려오면 체력적으로 그만한 우위를 확보하기는 힘들다. 또한 사단, 군단 규모가 치르는 전쟁이 되면, 모든 병력을 산악대대와 같은 엘리트 병사로 운영하는 것도 불가능하다. 특공대대, 특공연대를 운영한다고 해도 넓어진 전선에서 보병의 기동력은 한계가 있을 수밖에 없다.

제1차 세계대전에서 제2차 세계대전 사이에 산악대대와 로멜의 전공을 검토한 장교들은 분명 로멜의 전술은 특수한 지형에서 벌어진 대대 이하 규모의 전투에서나 가능한 전술이라고 단정했을 것이다. 그리고 로멜의 교훈을 '버린다.' 그것이 대부분의 사람이 역사에서 교훈을 얻는 방식이다. 이어서 질투심이라는 인간의 본성에 따라 약간 삐딱한 비평을 첨가하는 것으로 검토 혹은 평가를 마무리한다. 그러나 진정한 비평가는 그런 단점과 제약을 극복하는 방법을 궁리한다. 로멜 자신이 그런 사람이었다.

제1차 세계대전이 종전된 후 로멜은 주로 보병 학교 교관으로 활약했다. 블루맥스를 받은 전설적인 무훈의 산증인이었으므로 많은 장병들이 그의 강의를 듣고 싶어 했다. 게다가 로멜은 글과 말도 뛰어났다. 무슨 일을 하든 관행을 뛰어넘어야만 직성이 풀리는 사람이었던 그는 남다른 교수법을 개발했고, 실전 위주의 교육으로 큰 인기를 끌었다. 로멜은 언제까지나 위관, 영관 장교로 머무를 생각도 없었다. 대단한 야심가였지만 평범한 가정에서 태어나 군부에 인맥이 전혀 없는 장교였기에, 진급을 위해서는 남다른 업적이 필요하다는 사실도 잘 알고 있었다. 그러기 위해서는 그의 전술을 사단, 군단급에서도 사용할 수 있게 해야 했다. 보병 학교에서 로멜의 노력은 승부사적인 천성, 남다른 출세욕도 작용했지만, 그가 가진 전술적 문제의식도 중요했다. 그는 교육과 훈련의 가치를 믿은 사람이었고, 자신의 전술 세계를 위해 병사와 보병 장교의 수준을 어디까지 높일 수 있는지를 스스로 확인하고 싶었을 것이다.

파괴력과 기동을 갖춘 부대, 컴패니언 기병과 같은 부대를 갈구하던 로멜에게 답을 준 사람은 다른 선각자들이었다. 1917년 서부전선에 탱크가 등장했다. 최초의 탱크는 속도가 시속 7킬로미터에 불과했고, 힘이 약한 엔진 덕에 장갑도 약했다. 중세의 갑옷을 뒤집어 쓴 달팽이 수준이었다. 하지만 구데리안이나 패튼 같은 소수의 선각자들은 탱크가 무자비한 살육전으로 전개되는 보병전의 양상을 바꿀 수 있는 신의 무기라는 사실을 간파했다.

의외로 로멜은 제2차 세계대전 이전까지는 탱크의 가치를 알아차리지 못했다. 그는 보병이었고, 탱크는 이때까지도 병과로 살아 있던 기병이나 포병의 범주로 간주되었다. 보수적인 것과는 거리가 먼 듯한 로멜이지만 그는 자기가 속한 조직에 대한 강한 충성과 헌신이 있었다. 자기 조직에 충성해야 한다는 수준이 아니라 내가 속한 조직이 최고라는 자부심을 포함한 헌신이었다. 이런 태도는 그의 혁신성의 한계라기보다는 집단을 중시하는 보편적인 군인 정신과 천재에게 흔히 내재해 있는 본래적인 자부심('우리는 최고이며, 최고가 될 수 있다'는 믿음)의 결과였다고 보인다. 그러나 1930년대 폴란드 침공에서 구데리안이 육성한 독일 기갑 부대의 능력을 목도한 로멜은 즉시 탱크가 자신이 찾던 동반자임을 깨달았다.

로멜의 이름을 세계에 알린 전투는 1940년 독일의 프랑스 침공이었다. 제1차 세계대전 당시 두 나라는 4년간 국경에서 일진일퇴의 혈전을 벌였다. 그러나 두 번째 대전은 '전격전'이라는 새로운 전술을 앞세운 독일의 일방적 승리였다. 전격전의 주역은 'A집단군' 참모장 만슈타인과 15기갑군단장 구데리안이었다. 뒤늦게 제7기갑사단장이 된 로멜은 전격전의 돌격대장이 되었다. 총 일곱 개 기갑사단이 참여한 전격전에서 로멜은 단연 두각을 나타냈다.

전격전의 핵심은 집중돌파와 속도다. 제1차 세계대전 후반 동부전선에서 독일군은 새로운 전술을 개발했다. 집중포격과 정예 부대에 의한 후속돌파였다. 탱크는 집중포격과 빠른 돌파를 한 몸에 구현한 무기였다. 이제는 속도도 시속 30~50킬로미터로 증가했다. 여기에 강력한 공중 지원까지 가능했다. 그렇게 한 점을 돌파한 뒤 우회해서 적의 측면이나 후방을 압박하면 전의를 상실한 적은 항복한다. 문제는 기갑 부대가 어디까지 얼마나 깊이 침투하느냐는 것이었다. 어선이 멀리 가서 크게 돌수록 고기를 그물에 많이 가둘 수 있다. 하지만 부대가 나 홀로 전진하면 고립되고 포위되어 자멸할 것이다.

이 터닝포인트를 결정하는 것은 그야말로 지휘관의 담력과 판단력에 달려 있다. A집단군이 아르덴 숲을 빠져나와 단 이틀 만에 마지노선을 돌파했을 때, 전격전은 이미 제1차 세계대전의 참호전의 악몽을 떨쳐내는 성과를 거두었다. 돌파한 다음, 이제부터는 어떻게 할까? 돌파구를 부챗살 모양으로 확장하고 봇물처럼 들어오는 아군(독일군)을 기다릴 것인가? 아니면 기갑 부대를 좌회전시켜 마지노선의 뒤를 달리면서 마지노선에 붙어 있는 프랑스군을 궤멸시킬 것인가? 물론 이 경우 후방에서 프랑스군이 재정비해 반격하면 거꾸로 독일군이 마지노선과 지원군 사이에

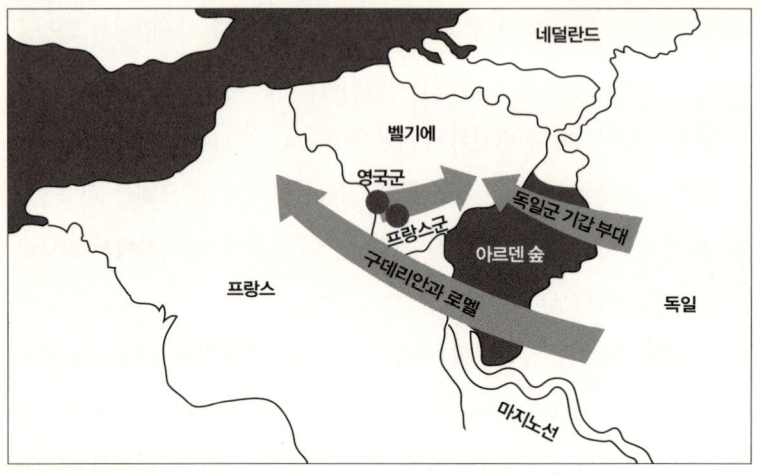

1940년 독일의 프랑스 침공(전격전)
전격전의 핵심은 집중돌파와 속도였다. 독일군은 벨기에로 침공하는 척해서 영국과 프랑스 연합군이 전진하도록 한 뒤, 아르덴 숲을 통과해 기갑 부대를 내보내 영–프 연합군의 후방을 끊었다.

서 압착될 것이다.

 그러나 놀라서 붕괴하는 프랑스군을 본 구데리안은 더욱 과감한 결정을 내린다. 기갑 부대를 둘로 나누고 하나는 우회전해서 서쪽의 대서양까지, 하나는 좌회전해서 동남쪽의 스위스 국경까지 내달리게 했다. 로멜은 대서양쪽으로 진격하라는 명령을 받았다. 그는 구데리안이 예상한 이상으로 달리기를 준비하고 있었다. 그는 기갑사단장이 되자마자 '3보 이상 승차'에 길들여 있던 기갑병들을 차에서 끌어내려 구보 훈련을 시켰다. 전투는 단기 승부이며, 이 기간 동안에는 모든 체력과 정열을 쏟아야 한다는 것이 그의 지론이었다. 빠른 돌파를 위해 그는 탱크가 달리면서 사격을 하는 이동사격을 최초로 훈련시키기도 했다.

 제1차 세계대전 때와 마찬가지로 로멜은 빠르고 우수한 정찰병을 활용했다. 주로 오토바이 부대로 구성된 현대판 '정찰기병'들이 정찰을 하고, 뒤를 따르는 기갑 부대가 포격과 사격으로 적진을 제압하며 돌파한다. 또한 빠른 전진을 위해 최대한 도로선을 사수하며 돌파한다. 잔적의 소탕은 후속 부대에게 맡긴다. 강력한 저지선을 만나면 공군 지원을 받고, 지원을 받아도 돌파가 쉽지 않은 거점과 부딪히면 거짓말처럼 나타나 기발한 작전으로 상황을 해결한다. 나폴레옹과 패튼이 말한 것처럼 뛰어난 지휘관은 그가 필요한 시간과 장소에 정확히 있는 사람이다. 로멜이 딱 그러했다.

"멈추지 마라. 갑작스런 전리품과 2차적 목표에 현혹되지 마라." 로멜 부대는 말 그대로 광란의 질주를 시작했다. 한 번은 야간에 야영 중인 영국군 부대 앞을 지나쳤다. 탱크로 감으면 부대 전체를 포로로 잡을 수 있는 상황이었다. 그러나 로멜은 그대로 진격했다. 정문에 있던 영국군 사병이 큰소리로 '받들어총'을 했다. 신사였던 로멜은 탱크 위에서 답례를 했고, 뒤따르던 독일군 장교들도 대장의 행동을 따랐다. 팔이 떨어질 정도로 계속 받들어총 자세를 유지해야 했던 그 영국 사병은 아마 속으로 '망할 놈의 프랑스군'이라고 욕지기를 했을 것이다. 멀쩡한 부대가 전선의 반대 방향으로 냅다 달리고 있으니 말이다.

독일군 총사령부는 전격전의 성과에 크게 기뻐했지만, 곧 로멜의 미친 질주에 패닉에 빠졌다. 그들은 로멜을 멈추게 할 지점을 찾으려고 지도판 앞으로 달려갔다. 그러나 로멜은 아랑곳하지 않았다. 본부에서 어느 지점을 찾을 때쯤이면 로멜 부대는 이미 그 선을 넘어서 있었다. 그의 병사들은 자지도 쉬지도 않고 평균 시속 30킬로미터 정도의 탱크로 하루에 200킬로미터 넘게 진격을 했다. 깊이 들어갈수록 로멜 부대도 서로 멀어지고 떨어졌지만, 로멜은 개의치 않았다. 심지어 무선이 끊어져 그의 지휘차량(장갑차) 홀로 적진 후방에 고립된 적도 있었다. 하지만 그는 태연하게 도로를 따라 자기 부대를 향해 달렸다. 도중에 도로를 가득 메우며 후퇴 중인 프랑스군 사단과 조우했으나 도망가지 않고 그들을 향해 달려갔다. 그리고 얼굴 표정하나 변하지 않고 그들에게 다가가 항복을 받았고, 40대의 트럭을 뒤에 달고 독일군 진영으로 돌아왔다.

프랑스군 병사들 중에서 단 한 명이라도 용감하게 방아쇠를 당길 수 있었다면 로멜의 업적은 그 순간 종말을 맞을 수도 있었다. (중략) 그는 셀 수 없을 만큼 많은 사건에서 마법 같은 생존력으로 살아남았다.

— 칼하인츠 프리저, 《전격전의 전설》, 427쪽

로멜을 인터뷰할 수 있다면 그는 "무슨 마법?"이라고 되물을 것이다. 로멜은 철저한 합리주의자다. 적의 사단장이 아군의 한복판에 드라이브하듯이 들어와 있다고 생각할 수 있는 자가 어디 있겠는가? 보통 사람들은 주어진 관념, 습관대로 행동한다. 반면에 로멜은 대단히 합리적으로 그 당연한 관념을 이용했을 뿐이다.

칭기즈 칸이 호라즘 정복에서 보여준 것처럼 적진 후방으로 들어가면 들어갈수록 적의 군대는 전혀 준비가 되어 있지 않다. 즉, 싸우지 않고 적의 전력을 무력화시킬 수 있다. 설령 자신이 고립되어 자멸할 수도 있겠지만, 제1차 세계대전의 참호전처럼 서로 준비를 갖추고 맞붙는 전투는 더 많은 희생과 더 불합리한 죽음을 요구한다.

로멜 부대는 거의 광란의 질주라고 할 정도로 프랑스 후방으로 파고 들었다. 독일 사령부는 당황하다 못해 경악했고, 이제는 장소불문하고 무조건 로멜을 멈춰 세우려고 했다. 그러나 대서양까지 거의 다다른 로멜이 정지할 리가 없었다. 게다가 로멜 입장에서는 정지하면 오히려 더 위험한 상황이었다.

그는 마침내 전 부대에 무전을 끄라는 위험한 명령을 내린다. 로멜 사단은 거짓말처럼 사라졌고, 사령부에선 난리가 났다. 나중에 히틀러는 로멜을 만난 자리에서 "장군이 진격하는 동안 나는 매일 잠을 이루지 못했소"라고 말했다. 프랑스에 들어와 있던 영국군은 로멜 부대를 유령사단이라고 불렀는데, 독일군이 영국군을 기만하기 위해 후방으로 침투한 독일사단이 있는 것처럼 무선 통신을 조작했다고 생각했을 정도였다.

좌우간 로멜은 대서양에 도착했다. 개전 15일 만이었다. 로멜을 비롯해 제1차 세계대전 참전 경험이 있는 고급 장교들은 대서양의 파도가 부딪히는 해안 단구와 해변을 바라보며 할 말을 잊었다. 로멜처럼 제1차 세계대전 중 블루맥스를 수훈했던 연대장 로젠버그 대령은 차를 몰고 그대로 대서양에 뛰어들었다. 젊은 병사들의 감격도 그 못지않았다. 대부분의 병사들은 그들의 부친이나 친척 아저씨가 제1차 세계대전의 참전 용사이거나 전사자이거나 부상병이었을 것이다. 30년 전 1,000만 명에 달하는 사상자를 내면서도 도달하지 못했던 곳을 그들은 15일 만에 횡단했다. 그 과정에서 로멜 사단은 포로 97,648명을 잡았다. 반면에 피해는 전사 600여 명, 실종 200여 명에 불과했다.

개전한 지 6주 만에 프랑스가 항복했다. 하지만 독일 기갑 부대가 대서양에 도달했을 때, 전쟁은 이미 끝난 것이었다.

: 모든 노력은 변화를 위한 준비여야 한다

독일 기갑군과 로멜의 극적인 전투와 전격전은 세계를 경악시켰다. 그리고 현대 전쟁의 개념을 바꾸어 놓았다. 전격전 자체는 로멜이 창안한 전법도 아니었고 독일군만이 구상한 전술도 아니었다. 프랑스, 영국, 미국에도 드골, 리델하트, 패튼, 아이젠하워 등 몇몇 장교와 전술가들이 비슷한 전술을 구상하고 있었다. 물론 그들의 구상은 조금씩 차이가 있다. 다만 로멜과 패튼의 생각을 빌려 정리하면, 전격전은 기병의 전술과 현대전의 특징, 기술을 종합한 것이라고 할 수 있다.

16세기까지 기병은 군과 전술의 꽃이었다. 기병이라고 해서 보병보다 전투력이 항상 우월한 것은 아니다. 유럽의 중장기사단이라고 할지라도 알렉산드로스의 장창보병대를 정면으로 뚫기는 힘들었다. 비잔틴 기병의 다양성, 유목 기병의 궁술과 기동력은 기병의 새로운 가능성과 장점을 열었다. 그렇지만 그들의 전투력은 제한적이었고, 늘 우세하지도 않았다. 기병의 진정한 장점은 그들이 지닌 스피드와 기사들의 사명감으로 전술의 결정적 장면을 담당할 수 있다는 것이었다.

적을 유인하고, 분리하고, 전선에서 아군에 유리한 돌발 상황을 만들어냈을 때, 그 기회를 놓치지 않으려면 스피드와 사명감, 전술적 혜안이 반드시 필요했다. 그것을 담당해줄 수 있는 엘리트 계층이 기병이었다. 하지만 17세기부터 총과 대포가 전장에 등장하면서 기병의 전술적 기능이 장벽에 부딪혔다. 이전의 무기들보다 파괴력이 강력한 총과 대포는 굳이 기사를 맞출 필요가 없었다. 게다가 말은 체격 덕분에 사람보다 총과 대포의 파편에 맞을 확률이 서너 배는 높았다. 총과 대포에 말이 부상당했으며, 달리는 말에서 사람이 떨어졌다. 결국 기병의 중요성이 감소하고 새로운 보병의 시대가 열렸다. 이는 수천 년간 전쟁을 구실로 유지해왔던 기사와 귀족의 시대가 종언을 고하게 됨을 의미하기도 한다. 평민이 총을 들고 대포를 밀게 되면서 1주일만 훈련하면 20년 이상을 수련한 기사를 탄 하나로 죽일 수 있게 되었다.

그러나 새로운 무기는 권리의 대가를 참혹하게 거두어갔다. 전쟁은 상상할 수 없는 살육장으로 변했다. 총포의 위력 때문만이 아니었다. 기동과 스피드가 사라지면서 과거 알렉산드로스나 칭기즈 칸이 보여주었던 극적인 승리가 사라졌다. 전쟁은 살과 살이 정면으로 맞부딪히는 격전장으로 변했다. 보병의 시대에도 그 나름의 전술과 변화가 있었지만, 기관총과 현대식 대포가 등장하면서 대형 변경과 같은 '술수'는 어린애 장난 같은 것이 되었다. 남북전쟁과 제1차 세계대전에서 하루에 100,000명이 쓰러지고, 하나의 중대가 5분 만에 전멸하는 것은 예삿일이 되었다. "이것은 전쟁이 아니라 도살이다." 승전국의 장교들조차 이렇게 부르짖었지만 살육을 막을 방법을 찾을 수가 없었다.

탱크가 등장했을 때, 전격전의 창시자들은 기병이 전장에 돌아왔고, 전술의 시대가 다시 열렸음을 깨달았다(그들은 기갑전 전문가 중에서도 소수에 속했다). 그러나 그렇다고 기병 전술을 그대로 적용하는 것은 위험한 일이다. 그들은 현대전이 가져다준 중요한 변화를 하나 발견했다. 창과 칼로 싸우는 병사는 식량만 있으면 싸울 수 있다. 즉 적진에 고립되어도 현지에서 조달을 하거나 하다못해 시체를 뜯어먹으면서라도 싸울 수 있다. 그러나 현대전은 보급이 끊어지면 끝이다. 이 두 가지 아이디어에 집중포격 전술이 결합해서 전격전이 탄생했다. 집중포격으로 전선의 한 점을 돌파하고, 적의 뒤로 돌아가 도로를 장악한 뒤 보급을 끊는다. 그리고 공황에 빠진 적은 무너지거나 항복한다.

하지만 제2차 세계대전 당시 독일 기갑 부대의 성공을 보면서도, 노르망디 상륙 작전 이후에는 패튼 전차 군단의 전과를 목격하면서도 많은 장군들이 옆과 뒤를 돌아보지 않고, 적의 뒤로 약진하는 전술을 두려워했다. 그들은 끊임없이 적이 너의 측면이나 후방을 공격하면 어떻게 하겠느냐고 물었고, '기동은 기동으로 제압하면 된다'는 로멜식의 답변이나 '겁쟁이 놈'이라고 되받아치는 패튼식의 답변을 미덥지 못하게 여겼다. 심지어 지금까지도 로멜의 성공은 운이었다거나 패튼의 성공은 저널리즘의 과장이라는 비판이 끊이지 않는다.

로멜은 "나는 미친 것이 아니라 더 높이, 더 멀리 보고 있을 뿐이다", "도박과 용기는 다르다"고 반박했다. 패튼은 꽤 많은 명언을 쏟아냈지만 이 한마디가 제일 적절한 듯하다. "참호에 숨어 눈만 내놓고 있는 쥐가 사자의 싸움을 어떻게 이해하겠느냐." 그러나 본질은 쥐와 사자의 문제가 아니라 대부분의 사람은 변화를 준비하며 성장하지 않는다는 것에 있다.

현대인들은 경쟁과 변화의 사회에 살고 있고 대부분이 그 점은 인식하고 있다. 그래서 끊임없는 자기 개발 욕구와 노력이 필요하다는 사실도 잘 안다. 그러나 제일 중요한 본질, 일상의 모든 노력이 변화를 위한 준비여야 하며, 자신이 축적한 정보와 경험은 재활용을 위한 소장품이 아니라 변화를 위한 소모재가 되어야 한다는 사실을 놓친다.

그리고 정보와 경험을 축적하려고만 할 뿐, 경험이 주는 교훈을 파괴하고 도전을 통해 새로운 경험과 실패를 맛보기를 꺼려한다. 그러다가 막상 변화된 환경에 닥치면 자신이 전혀 준비가 되어 있지 않다는 사실을 발견한다. 로멜과 패튼을 비판했던 장군들은 그들이 전격전의 가치를 몰라서라기보다는 그것을 실행할 준비가 되어 있지 않았던 데 더 큰 원인이 있을 수 있다. 그들은 그런 방식으로 싸울 수 없었고, 그렇기 때문에 로멜과 패튼이 자신들에게 맞춰줄 것을 요구할 수밖에 없었다. 전격전의 주창자들은 제각기 이 난관을 해결해야 했다. 게다가 약간의 운도 필요했다. 로멜의 경우는 그를 위한 맞춤형 전장이 떨어졌다. 그곳은 북아프리카의 사막이었다.

독일군이 프랑스를 점령하고 영국이 고립되자 리비아를 식민지로 장악하고 있던 이탈리아가 영국 식민지였던 이집트에 눈독을 들였다. 그리고 1940년 9월 이탈리아군이 이집트로 침공했다. 그러나 로멜의 분석에 의하면 제1차 세계대전 수준의 장비와 그보다 못한 지휘관, 전투 의지가 별로 없는 병사로 구성된 이탈리아군은 영국군의 반격에 속수무책으로 무너졌다. 영국군 사령관 리처드 오코너는 프랑스에서 로멜이 했던 것보다는 조금 안정적이었다고는 해도 그와 동일한 전술을 추구하는 지장이었다. 이탈리아군의 무력함을 본 그는 이탈리아군 방어선을 소탕하는 데 시간을 허비하지 않고, 방어선 안으로 송곳처럼 뚫고 들어갔다.

사막전은 기본적으로 기동전이다. 북아프리카 전선의 양쪽 끝인 리비아의 트리폴리에서 이집트의 카이로까지는 4,000킬로미터가 넘었다. 사막은 도로가 없지만, 무한궤도조차 빠지는 연한 모래가 아니라면 어디로든 달릴 수 있었다. 이탈리아군보다 훨씬 훈련이 잘 되어 있고, 기동화 장비도 잘 갖추고 있던 영국군은 이탈리아군을 바람 앞의 등불로 만들었다. 카푸초 전투에서 영국군은 이탈리아군 38,000명을 포로로 잡았다. 반면 손실은 부상 500명에 불과했다. 계속된 전투에서 영국군은 총 13만 명을 포로로 잡고, 리비아 국경을 넘어 수도인 트리폴리 앞까지 진격했다.

당황한 무솔리니는 히틀러에게 도움을 요청했다. 러시아 침공을 준비하던 히틀러는 가용 병력이 없었지만 이탈리아의 도움을 무시할 수도 없어서 영국군을 저지할 최소한의 병력을 파견하기로 한다. 그럼에도 병력이 너무 적었다. 나중에 아프리카 군단이라는 이름으로 불멸의 명성을 얻게 되는 독일군 파병 부대는 겨우 기갑사단 하나에 경장비사단 하나였다(나중에 두 개의 기갑사단과 한 개의 경장비사단으로 증강된다). 이탈리아군은 있으나 마나 했고, 영연방군(영국군은 영국·호주·인도의 혼합 부대였다)은 네 개 사단이었다. 제해권과 제공권도 영국군이 장악하고 있었다. 다윗과 골리앗의 싸움에서 승리하려면 대담함과 천재적인 영감을 갖춘 지휘관이 필요했다. 히틀러의 머릿속에 적격인 인물이 떠올랐다. 바로 로멜이었다.

방어가 아닌 기동으로 이겨야 한다

1941년 2월, 로멜은 리비아에 도착하자마자 정찰기를 타고 현지 정찰을 시작했다. 최고 사령관이 무장도 안 된 정찰기를 타고 직접 전선을 순회하고 전황을 판단하는 방식은 이후 대담한 지휘관들 사이에 큰 유행이 된다. 한국전쟁 때도 제8군 사령관이 된 워커와 리지웨이도 항공 시찰을 선호했는데, 이미 사망한 로멜과 용기 경쟁이라도 하듯 각자 무모하고 대담한 정찰로 일화를 남겼다. 그러나 이때는 미군이 제공권을 확실하게 장악하고 있을 때였다. 하지만 로멜은 제공권이 위태로운 상황에서 적진을 날아다녔다는 점에서 그들과 차이가 있다.

훌륭한 지휘관이 되기 위한 절대적인 조건은 지형 파악 능력이다. 우수한 지휘관들은 예외 없이 이 부분에서 탁월한 능력을 지녔다. 그러나 그런 장군들의 눈으로 보아도 로멜의 방향 감각과 지형을 보는 눈은 신이 내린 수준이었다.

아프리카에 올 때부터 로멜은 방어전으로 일관할 생각은 전혀 없었다. 항공 정찰을 시작할 때부터 그는 방어 지형은 전혀 고려하지 않고, 매의 눈처럼 적을 파고들 지점만 찾았다. 이 점에 대해서 로멜을 비판하는 사람들은 그가 지나치게 공격적이라거나, 평생 제1차 세계대전 때 경험한 돌격대 전술을 신봉했다고 비난한다. 심한 경우 그의 전술을 과한 과시욕과 영웅주의, 타인과 독일의 전쟁 수행 전략을 고려하지 않는 이기심의 소산이라고 비판한다.

그러나 과연 그럴까? 로멜이 탁월했던 이유는 현대전은 기동전이라는 사실을 누구보다 먼저 간파했던 탓이다. 그는 공격지상론자가 아니다. 요새와 고정된 방어선에 집착하는 방어전은 결코 성공할 수 없음을 간파했던 것이다. 이 진리는 놀랍게도 미국의 남북전쟁(1861~65)에서부터 노출되었다. 역설적으로 남북전쟁은 근대 콘크리트 건축술의 위력을 제대로 증명한 전쟁이었다. 요새화된 축성 진지는 병사들에게는 말 그대로 죽음의 신이었다. 제1차 세계대전이 되자 기관총과 고성능 야포까지 장착한 죽음의 신은 열 배의 제물을 거두어갔다. 대부분의 지휘관들은 강철과 콘크리트의 신에게 매료되었고, 프랑스군은 맹신도가 되어 마지노선을 건설했다.

그러나 조금만 생각을 돌이켜보면 남북전쟁이 배출한 최고의 지휘관인 로버트 리와 토머스 잭슨은 강철과 콘크리트에 의존하지 않고 기동을 이용한 공세적 방어에 승부를 걸었다는 사실을 발견할 수 있다. 진정한 천재들은 이런 상황에서도 축성 진지 안에 들어앉아서는 지킬 수도 이길 수도 없다는 사실을 간파했던 것이다.

오랜 역사 동안 수많은 전술가들과 탁상공론가들이 고정 거점에 의존하는 방어전에 대한 이상한 기대를 버리지 못했다. 물론 공세가 우선이고, 수비는 필요없다는 의미가 아니다. 전쟁은 어차피 공격과 수비의 조합으로 이루어진다. 그러나 전쟁에서 열세인 부대에게는 공격보다 수비가 유리하고, 수비 전술은 언제나 공격하는 쪽에 더 많은 손실이 발생한다는 생각은 완전한 착각이다. 알렉산드로스와 로멜은 반대로 수비 전술이 더 비효율적이며, 더 적은 병력으로 수비에 치중하는 적을 궤멸시킬 수 있다는 진실을 몇 번이고 보여주었다. 수비든 공격이든 고정된 도그마는 없다. 적절한 목적과 전술이 결합하면 전혀 다른 결과를 초래할 수 있다. 무엇보다도 내가 아무리 객관적인 전력이 불리해도 전장은 적을 이길 수 있는 기회를 준다는 의지가 바탕이 되어야 한다.

수비와 공격에 대해 고정된 선입견에 집착하는 것은 수많은 경영자들이 모험도 투자도 필요 없는, 현상 유지만 해도 되는 안정적인 경영 환경에 집착하는 것과 같다. 그러나 이런 방식은 패망의 시간을 연장시킬 뿐이다. 일단 미국 평원과 북아프리카 사막에는 우회로가 얼마든지 있다. 아무리 철통 같이 지켜도 병사들은 언젠가는 줄고, 철조망은 녹슨다. 최악의 약점은 고정 거점에 의지하는 순간, 우리의 전술과 행동 방식도 고정되고, 적에게 예측된다는 것이다.

1941년 3월 하순, 로멜의 공세가 시작되었다. 이 공세는 로멜 스스로 자랑했듯이 아무런 사전 준비 없이 공격을 실시한 유일무이한 사례였다. 이 말의 의미를 알고 보면 공포스러울 정도다. 공세를 시작할 때 주력대인 제15기갑사단은 아직 도착하지도 않았다. 로멜은 먼저 도착한 제5경장비사단과 싸울 생각이 전혀 없는 이탈리아군 한 개 사단만으로 공격을 시작했다. 제5경장비사단은 두 개 대대의 전차 부대 밖에 없었다. 전차는 총 150대로, 그중 신형인 3호, 4호 전차는 80대뿐이었다. 그러나 신형이라 해도 영국군 전차를 격파할 능력이 없었다. 더욱 황당한 것은 제15기갑사단과 제5경장비사단 모두 로멜과 단 1분도 함께 있어본 적이 없는 부대였다는 사실이다. 그들은 트리폴리 항에 도착해서야 비로소 로멜을 만났다. 첫 대면 자리에서 로멜이 내린 명령은 당장 전선으로 나가 공격을 개시하라는 것이었다.

당시 영국군은 좋지 않은 상황에 놓여 있었다. 이탈리아군을 궁지로 몰아넣은 영국군 주력 부대는 처칠의 명령으로 그리스로 파병되고, 일부는 이집트로 돌아갔다. 훈련과 장비가 부족한 신참 사단이 전선을 교체했는데, 지휘관은 이집트로 돌아간 명장 오코너 장군의 후임으로 무능한 필립 님 장군이 부임했다. 하지만 가장 치명적인 실수는 영국군의 안이한, 아니 상식적인 판단이었다.

영국군은 독일군이 항구에 도착하면 전차 조립과 부대 정돈은 물론, 로멜과 장교들이 대면식을 하는데만도 한참은 걸릴 것이라 생각했다. 또한 작전계획을 토론하고 확정하고, 사막 적응 훈련을 하고 장비를 사막전에 맞게 개조하면, 전투는 적어도 5월이나 되어야 가능할 것처럼 보였다. 사실 그것이 정상적인 군대의 행동이었다.

원래 사막에서 전차를 운행하면 모래가 들어가 쉽게 고장난다. 그러므로 몇 시간마다 분해해 청소해야 했다. 전차가 장거리를 이동할 때는 기차나 별도의 운송 차량을 이용했다. 전차 자체를 구동시키는 장거리 운행은 금지였다. 그 외에도 모래 위로 운전하려면 다양한 경험이 필요했다. 사막에는 적당한 모래, 돌이 섞인 단단한 모래, 무한궤도도 빠져버리는 연한 모래가 있는데, 이 모래는 색깔로 구분한다. 사막은 평평해서 도로가 필요 없고 아무 곳으로 달릴 수 있지만, 모래 상태에 따라 무조건 가능한 것은 아니었다.

무엇보다도 영국군은 독일군이 이 적은 병력으로 공세로 나올 리 없다고 믿었다. 반면 로멜은 영국군이 방심하고 신병으로 교체된 지금이 공격하기에 알맞은 시기라고 믿었다. 독일군이 사막에 적응하는 동안, 영국군 역시 사막에 적응하고 진지를 보강하면 독일군의 공세는 더 어려워진다. 사막을 본 적이 없는 로멜은 병사들이 단지 '잘 해줄 것이라 믿고' 생면부지의 땅으로 내몰았다.

독일군의 기습을 당했지만 영국군은 잘 싸웠다. 독일군의 공세는 시작부터 좌절 위기에 빠졌다. 그러나 로멜은 조금도 당황하지 않고 몸소 최전선을 시찰하며 어딘가에는 있을 방어선의 약한 고리를 찾았다. 그러고 나서 찾은 약한 고리에 기갑 부대가 쇄도하여 적 후방으로 돌입한 뒤 보급로를 차단했다. 현대전에서는 보급로가 차단되면 하루도 버틸 수 없다. 영국군은 무너졌고, 로멜은 기회를 놓치지 않았다.

4월 2일, 독일군은 아지다비야를, 다음 날에는 벵가지를 함락했다. 다음 목표는 메킬리였다. 메킬리까지는 세 갈래 길이 있었다. 로멜은 적보다 열세인 상황에서 병력을 분할하지 말라는 전술의 기본 원칙을 무시하고, 제5사단을 분할해서 세 방향으로 모두 진격시켰다. 로멜은 적이 당황하고 무너지고 있으므로 아군 병력이 많다는 인상을 주기 위해서라고 했는데, 적이 무너지는 순간에 압박해야 적군의 기세를 완전히 꺾을 수 있다는 것은 전술의 모든 기본 원칙에 우선하는 전술이었다. 그러나 진정으로 위대하고 대담한 지휘관들만이 할 수 있는 전쟁의 예술이기도 했다.

병력을 분산하지 말라는 원칙은 적군과 기동 능력이 동일하고, 직접 격돌할 때의 이야기다. 지금 영국군은 무너지고 있다. 교본에 충실한 영국군은 병력 분산 금지의 원칙에 따라 세 길 모두에서 방어선을 구축하지는 못할 것이다. 그러므로 어느 한 길에서 저지된다고 해도 다른 길을 통해 한 부대는 신속하게 메킬리에 도달할 수 있다. 그렇게 하면 배후가 함락된 영국군은 놀랄 것이고, 메킬리를 점령하면 나머지 길에 있는 영국군도 퇴로가 막혀 결국은 항복할 것이다. 이로써 리비아의 영국군은 궤멸되고 이집트까지 무방비 상태가 된다.

하지만 한 판으로 끝날 뻔했던 북아프리카 전쟁은 독일군이 보급 부족과 훈련 부족이란 암초를 만나면서 양상이 달라졌다. 승리를 목전에 둔 독일군이었지만 결국은 좌절할 수밖에 없었다. 그러나 로멜은 전황을 다시 수세에서 공세로 전환시켰고, 영국군 최고 명장 오코너 장군을 생포하는 전과를 올렸다. 영국군은 무능한 님을 해임하고 오코너로 교체했는데, 교대하기 위해 오코너가 사령부에 도착했을 때, 독일군이 쇄도했다. 포로만 되지 않았다면 로멜의 멋진 라이벌이 되었을 오코너조차 로멜이 이렇게 빨리 진격할 줄 몰랐다고 회고했다.

이후 1943년 5월까지, 로멜과 영국군 사이에 일진일퇴의 공방전이 벌어졌다. 이 기간 동안 부족한 물자와 병력, 제공권의 완전한 열세로 고전하던 로멜은 두 번이나 패배 직전까지 갔다. 그러나 수천 킬로미터를 후퇴하다가도 기적처럼 전세를 전환시켜 영국군을 궤멸시키는 기적을 발휘했다. 이 과정에서 그는 몇 번의 전설을 다시 만들어냈다. 결과적으로 아프리카 전쟁은 독일의 패전으로 끝났다. 로멜은 아프리카 군단의 철수를 요청했으나 히틀러는 로멜만을 소환하고, 병사들의 전멸을 방치했다.

본국으로 송환된 로멜은 노르망디 방면군의 사령관이 되어 연합군의 유럽 침공을 방어하게 되었다. 여기서도 로멜의 전술은 연합군에게 커다란 타격을 줄 뻔했지만, 패망해가는 독일은 그에게 필요한 자원을 제공할 수 없었다. 게다가 히틀러는 상륙 지점이 노르망디가 아닌 노르웨이나 영불해협에서 제일 짧은 지역인 칼레 쪽이라고 보았고, 전술적 이견으로 인해 해안에서 적을 타격해야 한다는 로멜의 방안이 채택되지 않았다. 전쟁의 결과를 예견한 로멜은 히틀러 암살 모의에 가담했으나 실패했다. 히틀러는 로멜의 명예를 생각해 자살을 명령했다.

비록 아프리카 군단은 리비아 사막에서 소멸되었지만, 그와 함께 싸웠던 아프리카 군단은 전쟁사에서 길이 남는 최고의 부대로 역사에 남았다. 역전에 역전을 거듭하는 공방전을 펼치며, 그들은 수많은 창의와 용기로 무수한 난관을 극복해냈다.

1943년 3월 로멜이 독일로 소환되고 아프리카 군단의 최후가 다가오고 있을 때, 로멜의 부관이었던 하인츠 시미트 중위는 미군 셔먼 전차 한 개 중대의 공격과 맞서게 되었다. 그의 휘하에는 탱크가 없고 자주포 세 대만이 있었다. 미군이 접근하자 자주포가 은신처를 탈출해서 도망치기 시작했다. 시미트는 그들을 저지하려고 했지만, 자주포를 지휘하는 장교는 "우리가 탱크를 상대할 수는 없다"고 말하고 후퇴했다(그들은 진짜 아프리카 군단이 아니라 아프리카 서부에서 추가로 투입된 부대였던 듯하다). 사실 당연한 이야기였지만 시미트는 이렇게 중얼거렸다. "로멜 시대에 아프리카 군단에서는 이런 일이 벌어지지 않았다." 비록 패전의 일화이지만 아프리카 군단이 어떻게 싸웠는지를 보여주는 일화다.

생존자가 극히 드물어 그들의 무용담이 대부분 사장되었지만, 전사가들은 제2차 세계대전 당시 최고의 부대로 아프리카 군단을 꼽는 데 주저하지 않는다. 그것은 로멜의 에너지와 도전 정신이 병사들에게 전해진 결과였다.

| 참고문헌 |

노병천,《도해세계전사》, 연경문화사, 2001.
데니스 쇼월터, 황규만 옮김,《패튼과 롬멜》, 일조각, 2012.
라시드 앗 딘, 김호동 역수,《칭기스칸기》, 사계절출판사, 2003.
레이 황, 박상이 옮김,《1587 아무 일도 없었던 해》, 가지않은길, 1997.
마크 힐리, 정은비 옮김,《칸나이 BC 216》, 플래닛미디어, 2007.
맥스 부트, 송대범·한태영 옮김,《Made in War 전쟁이 만든 신세계》, 플래닛미디어, 2007.
바바라 터크먼, 이원근 옮김,《8월의 포성》, 평민사, 2008.
B.H. 리델하트, 박성식 옮김,《스키피오 아프리카누스》, 사이, 2010.
_____, 주은식 옮김,《전략론》, 책세상, 1999.
_____, 황규만 옮김,《롬멜 전사록》, 일조각, 2003.
버나드 몽고메리, 송영조 옮김,《전쟁의 역사(1~2)》, 책세상, 2001.
베빈 알렉산더, 김형배 옮김,《위대한 장군들은 어떻게 승리했는가》, 홍문당, 1995.
스기야마 마사아키, 임대희 옮김,《몽골 세계제국》, 신서원, 1999.
스탠리 허쉬슨, 전경화 옮김,《제너럴 패튼(1~2)》, 이룸, 2006.
에드워드 기번, 송은주 옮김,《로마제국 쇠망사(1~6)》, 민음사, 2010.
엘빈 롬멜, 황규만 옮김,《롬멜 보병전술》, 일조각, 2006.
장폴 루, 김소라 옮김,《칭기스 칸과 몽골제국》, 시공사, 2008.
존 노리치, 남경태 옮김,《비잔티움 연대기(1~3)》, 바다출판사, 2007.
존 엘리스, 정병선 옮김,《참호에 갇힌 제1차 세계대전》, 마티, 2009.
존 워리, 임웅 옮김,《서양 고대 전쟁사 박물관》, 르네상스, 2006.
존 키건, 정병선 옮김,《전쟁의 얼굴》, 지호, 2005.

주디스 헤린, 이순호 옮김, 《비잔티움》, 글항아리, 2010.
찰스 바우텔, 박광순 옮김, 《무기의 역사》, 가람기획, 2002.
척계광, 국방군사사편찬연구소 옮김, 《기효신서(상·하)》, 국방군사사편찬연구소, 2012.
카를 폰 클라우제비츠, 류제승 옮김, 《전쟁론》, 책세상, 1998.
칼 하인츠 프리저, 진중근 옮김, 《전격전의 전설》, 일조각, 2007.
케네스 막세이, 이용호 옮김, 《롬멜 전차군단》, 백조출판사, 1974.
퀸투스 쿠르티우스 루프스, 윤진 옮김, 《알렉산드로스 대왕 전기》, 충북대학교출판부, 2010.
크리스터 외르겐젠 외, 최파일 옮김, 《근대 전쟁의 탄생》, 미지북스, 2011.
크세노폰, 천병희 옮김, 《아나바시스》, 단국대학교출판부, 2001.
＿＿＿, 최자영 옮김, 《그리스 역사》, 안티쿠스, 2012.
톰 홀랜드, 이순호 옮김, 《페르시아 전쟁》, 책과함께, 2006.
투퀴디데스, 박경순 옮김, 《펠로폰네소스 전쟁사(상·하)》, 범우사, 2001.
티모시 메이, 신우철 옮김, 《몽골 병법》, 코리아닷컴, 2009.
폴 카트리지, 이종인 옮김, 《알렉산더》, 을유문화사, 2004.
플루타르코스, 이다희 옮김, 《플루타르코스 영웅전(1~6)》, 휴먼앤북스, 2010~2011.
피터 심킨스 외, 강민수 옮김, 《모든 전쟁을 끝내기 위한 전쟁》, 플래닛미디어, 2008.
한스 델브뤼크, 민경길 옮김, 《병법사(1~4)》, 한국학술정보, 2009.
헤로도토스, 천병희 옮김, 《역사》, 숲, 2009.
Dennis Showalter, *Tannenberg: Clash of Empires 1914*, Brassey's Inc., 2004.
Heinz Guderian, *Panzer Leader*, DA CAPO PRESS, 2001.

명장, 그들은 이기는 싸움만 한다

초판 1쇄 발행 2014년 1월 6일 **초판 5쇄 발행** 2017년 8월 11일

지은이 임용한
펴낸이 연준혁

출판 1본부 이사 김은주
출판 4분사 분사장 김남철
편집 신민희 **디자인** 윤정아

펴낸곳 (주)위즈덤하우스 미디어그룹 **출판등록** 2000년 5월 23일 제13-1071호
주소 (410-380) 경기도 고양시 일산동구 정발산로 43-20 센트럴프라자 6층
전화 031)936-4000 **팩스** 031)903-3893 **홈페이지** www.wisdomhouse.co.kr

값 15,000원 ⓒ임용한, 2014
 ISBN 978-89-6086-642-3 13320

* 잘못된 책은 바꿔드립니다.
* 이 책의 전부 또는 일부 내용을 재사용하려면
  사전에 저작권자와 (주)위즈덤하우스 미디어그룹의 동의를 받아야 합니다.

국립중앙도서관 출판시도서목록(CIP)

명장, 그들은 이기는 싸움만 한다 : 전설의 군대에서 찾은 100퍼센트
 승리의 비결 / 지은이: 임용한. -- 고양 : 위즈덤하우스, 2014
   p. ; cm

 ISBN 978-89-6086-642-3 13320 : ₩15000

 성공법[成功法]

 325.211-KDC5
 650.1-DDC21   CIP2013028189